Die Rechtshülfe

im

Norddeutschen Bunde.

Erläuterungen des Bundesgesetzes vom 21. Juni 1869.

Von

Dr. W. Endemann,
ord. Professor und Ober-Appellationsgerichts-Rath zu Jena.

(Separat-Abdruck aus der Zeitschrift für Gesetzgebung und Rechtspflege in Preußen.)

Berlin.
Verlag von J. Guttentag.
1869.

Vorwort.

Die Schwierigkeiten, welche bei der praktischen Anwendung des Bundesgesetzes über die Rechtshülfe sich darbieten, kann Niemand besser würdigen, als derjenige, welcher den Berathungen desselben beigewohnt hat. Da mir beschieden war, an der Bearbeitung jenes Gesetzes in der Civil-Prozeß-Kommission des Bundes, wie an der Verhandlung in dem Reichstage Theil zu nehmen, hielt ich es für eine Pflicht, der von mehreren Seiten ausgesprochenen Aufforderung nachzugeben und die für das unmittelbare Verständniß nothwendigsten Erläuterungen zusammenzustellen. Von einer umfassenderen Entwickelung der Lehre von der Rechtshülfe sollte und konnte keine Rede sein. Ebensowenig durfte ich daran denken, in einer möglichst erschöpfenden Kasuistik die Konsequenzen des vorliegenden Gesetzes zu verfolgen. Was bei einem so außerordentlich wichtigen Gesetze, zu dessen Anwendung bei den heutigen Verkehrsbeziehungen in der That einem jeden Gericht, einem jeden Anwalt täglich Gelegenheit werden kann, vor allen Dingen nothwendig erschien, war die einfache Erklärung des Inhaltes der einzelnen Bestimmungen, welche gerade darum so vielfach der Erklärung bedürfen, weil sie mit den von den Meisten keineswegs in vollem Maße erkannten Verschiedenheiten des bestehenden Rechtszustandes zu rechnen haben. Zu diesem Behufe ist das Material der Entstehungsgeschichte des Gesetzes ausführlich benutzt worden. Wenn auch voraussichtlich durch die rüstig fortschreitende Bundesgesetzgebung die Hauptabschnitte hoffentlich in wenigen Jahren überholen und überflüssig machen wird, so ist doch die für die Zwischenzeit nunmehr hergestellte Rechtshülfe gleichsam eine Vorbereitung und Probe der künftigen Rechtseinheit. Dazu, daß diese bedeutsame Aufgabe von den Praktikern möglichst vollständig begriffen und gelöst werde, möchte die vorliegende kommentirende Bearbeitung gern nach Kräften beitragen.

Berlin, den 10. Oktober 1869.

W. Endemann.

Einleitung.

Von jeher wurde in Deutschland das Bedürfniß gefühlt, den innigen Verkehrsbeziehungen, welche innerhalb seiner Grenzen bestanden, durch Erleichterung des Rechtsverkehrs zu Hülfe zu kommen. Dieses Bedürfniß und das niemals ganz zu verleugnende Bewußtsein nationaler Zusammengehörigkeit erwiesen sich auch nach dieser Seite hin mächtiger, als die politische Zersplitterung. Je mehr der Verkehr von Staat zu Staat zunahm, je mehr man sich im modernen Staate der Aufgabe der Rechtsverwirklichung in ganz anderem Maaße bewußt wurde, als dies in dem alten patrimonial-feudalen Staatswesen von ehedem der Fall war, desto mehr fühlten sich die einzelnen Staaten veranlaßt der Rechtshülfe im Verhältniß zu den Deutschen Nachbarstaaten ihre Sorge zuzuwenden. Obwohl viel zu wünschen übrig blieb, nahm doch die Wechselbeziehung der Deutschen Staaten unter einander, trotz ihrer staatsrechtlich souveränen Stellung, dadurch einen ganz anderen Charakter an, als die Beziehungen eines Deutschen Staates zu dem außerdeutschen Ausland.

Nach dem politischen Zustande zur Zeit des alten deutschen Bundes konnte nur der Weg des Staatsvertrages zwischen einzelnen Staaten beschritten werden. Es ist bekannt, daß eine große Menge von Konventionen, oder, wie sie oft genannt worden sind, Jurisdiktionsverträgen, abgeschossen wurden. Allein, so groß die Zahl sein mochte, so waren doch bei Weitem noch nicht alle Deutschen Gebiete durch solche Verträge einander näher gebracht; und die einzelnen Jurisdiktionsverträge erwiesen sich in Bezug auf Gegenstand, Umfang, Charakter so verschieden, daß die Übersicht und die praktische Handhabung des Rechtsverkehrs dadurch wieder außerordentlich erschwert wurde.

Die Lückenhaftigkeit und Buntscheckigkeit des Zustandes, in den sich die Rechtshülfe unter solchen Umständen versetzt sah, erwies sich nachgerade unerträglich, die Forderung einer einheitlichen Ordnung der Dinge unabweislich. Auf wiederholtes Andringen ertheilte endlich die vormalige Deutsche Bundesversammlung der Kommission, welche zur Berathung des Handelsgesetzbuches zusammenberufen war, den Auftrag, den Entwurf eines Gesetzes über Gewährung der Rechtshülfe in den Deutschen Bundesstaaten, jedoch nur bürgerliche Rechtsstreitigkeiten auszuarbeiten. Die damals in Nürnberg tagende Kommission ernannte eine Subkommission für diese Angelegenheit, welche im Jahre 1859 ihren Bericht erstattete[1]) und einen ersten Entwurf aufstellte. Auf Grundlage desselben fanden dann in der Gesammtkommission vom Februar 1861 an die Berathungen statt, deren Ergebniß der unter dem Namen des Nürnberger Entwurfes bekannte Entwurf[2]) bildete. Derselbe wurde noch im Laufe des Jahres 1861 sammt den Protokollen veröffentlicht, blieb jedoch, da er ungeachtet der von vielen Deutschen Regierungen vorläufig ausgesprochenen günstigen Stimmung nirgends gesetzlich eingeführt wurde, schätzbares Material.

Was damals, wenn auch nur für einen Theil der Rechtspflege berechnet, zu erreichen unmöglich war, ließ sich, und zwar in ganz anderem Maaße erreichen, seitdem die Gründung des Norddeutschen Bundesstaates stattgefunden hatte. In Erinnerung an die vergeblichen Versuche der Vergangenheit unterließ die Bundesverfassung Art. 4 No. 11 nicht,

> Bestimmungen über die wechselseitige Vollstreckung von Erkenntnissen in Civilsachen und Erledigung von Requisitionen überhaupt

der Kompetenz der Bundesgesetzgebung zu überweisen. Damit war die Möglichkeit gegeben, sobald es sein müsse, auch auf diesem Gebiete durch ein einheitliches Bundesgesetz zu erzielen, was durch Verträge und gesetzgeberische Akte den einzelnen Staaten in gleicher Weise niemals zu erzielen möglich war.

Kaum ein Jahr nach Publikation der Bundesverfassung fand sich genügende Anregung, von Art. 4 No. 11 Gebrauch zu machen. Mehrfach wurde der Zweifel wachgerufen und öfter in verschiedenem Sinne entschieden, ob nach Artikel 3 der Bundes-Verfassung durch das dort geschaffene Bundesindigenat alle landesgesetzlichen Bestimmungen, welche sich auf Ausländer bezögen, worunter nach den früheren Verhältnissen auch Angehörige eines anderen Deutschen Staates zu verstehen waren, nunmehr noch auf Angehörige des Norddeutschen Bundes anwendbar seien. Namentlich entstanden in den Thüringischen Staaten, deren territoriale Figur dem Rechtsverkehr über das eigene Staatsgebiet hinaus eine besondere Bedeutung gab, mancherlei Unsicherheiten und Abweichungen[3]).

Aus diesem Grunde sahen sich Thüringische Reichstagsabgeordnete schon in der Session von 1868 veranlaßt, den Antrag auf Erlaß eines zunächst die Regelung der Untersuchungshaft und der Zuständigkeit in Strafsachen für den Norddeutschen Bund bezweckenden Gesetzes zu stellen. Der Antrag wurde jedoch nicht weiter verfolgt, nachdem der Bundesbevollmächtigte für Weimar erklärte, daß er seinerseits bei der

---

[1]) Im folgenden mehrfach als Commissions-Bericht zum Nürnb. Entw. citirt.
[2]) Hier als Nürnb. Entw. citirt.
[3]) Auch im Königreich Sachsen, wie die Eingaben der Rechtsanwälte Klein und Martini zu Leipzig vom 26. Mai und 15. Juni 1868 lehren.

von Seiten der Justizbehörden hervorgetretenen verschiedenartigen Auffassung des Art. 3, um den daraus entspringenden Mißständen zu begegnen, die Regelung der Konsequenzen des Art. 3 in Bezug auf die Justiz in dem Bundesrathe beantragen werde.

Noch im Laufe der Bundesrathssitzungen von 1868 wurde von Weimarischer Seite die Erledigung der Sache durch ein Bundesgesetz in Anregung gebracht. Dazu kam weiter ein von dem Bevollmächtigten für Bremen gestellter Antrag auf ein Bundesgesetz zur Regelung der Verpflichtung, alle Personen, auch eigene Angehörige, auf Erfordern eines andern Bundesstaates behufs der Strafverfolgung oder Strafvollziehung auszuliefern. Indessen nahm bald die Angelegenheit viel umfassendere Dimensionen an, als diese Anträge zunächst bezweckten. Während es sich bis dahin nur um die Konsequenzen des Art. 3 der Bundes-Verfassung handelte und ein Einschreiten der Bundesgesetzgebung eigentlich nur zu dem Behufe intendirt worden war, um das, was von Rechtswegen als Sache der Durchführung in jedem einzelnen Lande erschien (nämlich das Landesrecht auf die Konsequenz des Art. 3 hin zu revidiren) durch einen Akt der Bundesgewalten zu ersparen, und dadurch die fernerweite Anwendung des Art. 3 der Justiz der einzelnen, zumal kleineren Staaten leicht zu machen, kam der Justizausschuß des Bundesrathes zu einer viel weiter reichenden Ansicht. In seinem Antrage vom 12. September 1868 sprach derselbe, nachdem eine ausführliche Sammlung des Materials vorgenommen und daraus eine Zusammenstellung der in Folge des Art. 3 entstandenen Streitfragen angefertigt war, die ein mehr lehrreiches als tröstliches Exempel für die praktische Durchführung bundesgesetzlicher Normen darbot, mit vollem Recht seine Ueberzeugung dahin aus:

> daß es sich nicht empfehle, die Zweifel, zu welchem Art. 3 der Bundes-Verfassung auf dem Gebiete der Civil- und Strafrechtspflege Anlaß gegeben haben, unabhängig und getrennt von den im Art. 4 vorbehaltenen Gesetzen über die Gewährung der Rechtshülfe zu entscheiden.

In Gemäßheit seiner Ausführung, wonach auch noch vor Begründung eines einheitlichen Rechtszustandes durch Erlaß von Bundesgesetzen über das Prozeß-, Straf- und Obligationenrecht die Gewährung der Rechtshülfe einstweilen zu regeln sei, wurde die zur Ausarbeitung der Bundes-Civilprozeß-Ordnung versammelte Kommission von dem Bundesrathe beauftragt, ein Bundesgesetz über die Gewährung der Rechtshülfe innerhalb des Bundesgebietes zu entwerfen.

Nach Berathungen, welche 14 Sitzungen in Anspruch nahmen, legte die gedachte Kommission dem Bundesrathe einen Gesetzentwurf vor, welcher von dem Justizausschusse des Bundesrathes zur Annahme empfohlen und ausführlich motivirt, in dieser Gestalt am 22. April 1869 dem Reichstage zur verfassungsmäßigen Beschlußnahme vorgelegt wurde. Daß dort ein Gesetz, welches nach dem Urtheile eines jeden Sachkundigen von tief einschneidender Bedeutung für den Rechtszustand war und eine kaum mindere politische Bedeutung für die Gestaltung des Bundesstaates in sich trug, nicht ohne Anfechtung bleiben würde, war vorauszusehen.

Indessen wurde trotz der in der ersten Berathung geäußerten Bedenken und Antipathieen[4]) der erste Abschnitt in zweiter Berathung mit wenigen Amendements angenommen.[5])

Den zweiten und dritten Abschnitt überwies man einer Kommission, deren mehrfach abändernde Vorschläge auf ausführlichen Bericht[6]) im Wesentlichen den Beifall des Reichstags bei dessen zweiter Berathung fanden.[7]) Die Resultate der zweiten Berathung passirten dann die dritte Berathung) fast ohne Diskussion.

Unter dem 21. Juni (ausgegeben am 10. Juli) 1869 wurde dann das Gesetz in der von dem Reichstage gutgeheißenen Gestalt publizirt.

Das Recht des Norddeutschen Bundesstaates ist dadurch um ein Gesetz bereichert worden, das als ein mächtiger Schritt vorwärts zur Verwirklichung der Rechtseinheit bezeichnet werden muß. Nicht darum allein oder auch nur vorwiegend gilt es, so wie sich dieses Gesetz entwickelt hat, die Tragweite des Art. 3 der Bundes-Verfassung klar zu machen; es werden vielmehr in ganz anderem Umfange die Konsequenzen gezogen, welche sich aus der Konstituirung eines einheitlichen Bundesstaates im Gegensatz zu dem Staatenbund des alten Deutschen Bundes ergeben. Das stand bei Abfassung des Entwurfes fest und ist auch später allen Anfechtungen gegenüber festgehalten worden, daß das Wesen des Bundesstaates unmöglich dulde, innerhalb des Norddeutschen Bundes den Rechtsverkehr zwischen den einzelnen Bundesstaaten auf dem Fuße fortdauern zu lassen, wie wenn sie sich als völlig souveräne, und darum fremde Staaten gegenüber ständen, vielmehr nothwendig erfordere, für den Rechtsverkehr im Gebiete des Bundes die Landesgrenzen thunlichst zu verwischen. Aus dieser nationalen Idee ist das Gesetz erwachsen.

1) Allerdings ist dasselbe nur ein Interimsgesetz. Denn mit dem von der Bundesgewalt ausgehenden Erlaß einer gemeinsamen Civil- und Strafprozeßordnung sammt den daran anschließenden Normen über die Gerichtsverfassung wird das ganze vorliegende Gesetz überflüssig werden. Gleichwohl ist es von Wichtigkeit, schon jetzt dem Rechtsbewußtsein der Nation zur Anschauung zu bringen, daß die Rechtspflege eines andern Bundesstaates nicht mehr in der Weise, wie früher, als eine fremde angesehen werden kann, und zugleich auf das hinzuleiten und im Voraus an das zu gewöhnen, was demnächst die gemeinsame Gesetzgebung bringen muß und bringen wird: den konsequent durchgearbeiteten Gedanken, daß das gesammte Bundesgebiet ein einziges Inland sei, in dem es keinen Unterschied macht, ob das eine Gericht ein Preußisches, das andere ein Sächsisches oder Braunschweigisches.

Neben diesem Zwecke der Vorbereitung künftiger noch viel ener-

---

4) Stenograph. Berichte des Reichstags von 1869 (in der Folge einfach citirt: Stenogr. Berichte), S. 663—672.

5) Desgl. S. 865—874.

6) Erstattet unter dem 25. Mai 1869 Nr. 225 der Anlagen zu den Reichstagsverhandlungen; im Folgenden (bes. zu Abschnitt II., III. citirt: Commissions-Bericht des Reichstags).

7) Stenogr. Berichte S. 1250—1260.

8) Desgl. S. 1296—1297.

gischer wirkender Reform ist es aber auch von hohem Werth, schon jetzt durch Erleichterung der Rechtshülfe eben so dem Verlangen des Verkehrs wie den Anforderungen der nationalen Politik gerecht zu werden. Bis die in Arbeit begriffene Bundes-Civilprozeß-Ordnung, geschweige denn die noch nicht einmal begonnene Strafprozeß-Ordnung wirklich in Geltung treten kann, wird immer noch einige Zeit vergehen; eine Zwischenzeit, genug, um für sie Angesichts des täglichen Bedürfnisses durch ein eigenes Gesetz zu sorgen, zumal wenn sich die Aussicht anknüpft, dadurch die erwünschte Basis für eine weitere Ausdehnung der Rechtsgemeinschaft zu gewinnen.

2) Das Gesetz ist zwar zunächst nur für den **Umfang des Norddeutschen Bundesgebietes bestimmt.** Indessen scheint die Hoffnung begründet zu sein, daß es gelingen wird, die Gewährung der Rechtshülfe, wie sie hier innerhalb des Bundes für die Bundesglieder durch Bundesgesetze garantirt wird, im Verhältniß zu denjenigen deutschen Staaten, welche dem Bunde noch nicht angehören, im Wege des Staatsvertrages herzustellen. Wenigstens hat die Bundesregierung in Uebereinstimmung mit einer darauf hinzielenden Resolution des Reichstags erklärt, daß dies ihre Absicht sei[9]).

Am allernächsten liegt es, ja es ist in der That sogar unausbleiblich, daß das Großherzogthum Hessen dazu die erste Hand zu bieten hat, wenn es, wie hier nur vorläufig angedeutet zu werden braucht, bei Ausführung dieses Gesetzes, wie der meisten anderen Bundesgesetze nicht ganz unleidlicheu Zuständen entgegengehen will. Man mag sich nur in Gedanken selbst ausführen, was daraus werden soll, wenn nur der eine, dem Norddeutschen Bunde angehörige Theil von dem Gesetze berührt wird, der andere nicht. In wieweit bei den anderen Süddeutschen Staaten, bei allen oder nur bei einigen, die Geneigtheit, auf einer gleichen Grundlage trotz der mangelnden politischen Gemeinschaft doch die nationale Rechtsgemeinschaft zu pflegen, vorhanden sein wird, bleibt abzuwarten. Ebenso, ob es möglich sein wird, sich mit Oesterreich, sei es auch nur in Bezug auf den Rechtsverkehr mit dem Cisleithanischen Oesterreich zu verständigen.

Man wird sich ferner der Betrachtung nicht entziehen können, daß das Gesetz, wenn gleich darin nur die Rechtshülfe im Bunde zum Gegenstande genommen ist, auch in Bezug auf die Rechtshülfe im Verkehr mit außerdeutschen Ländern von Einfluß und Anregnug sein wird. In demselben Maße, als der Norddeutsche Bund sich nach innen als ein einheitliches Rechtsgebiet konstituirt, wird es unhaltbar, daß nach außen in Bezug auf die Rechtshülfe noch jeder einzelne Bundesstaat auf die nur von ihm abgeschlossenen und nur für sein Gebiet oder seine Angehörige wirksamen Konventionen gestellt sein soll. Nothwendig wird man dazu übergehen müssen, von Bundeswegen für den gesammten Bundesstaat die Beziehungen zu dem Auslande zu ordnen. Bei dem Abschluß solcher Verträge aber ist das vorliegende Gesetz wiederum eine geeignete Basis, um so mehr als auch in dem internationalen Ver-

---

[9]) Stenogr. Berichte S. 1260.

kehr der civilisirten Staaten immer mehr die Stimmung Platz greift, welche mit Aufgeben der alten Vorsichtsmaßregeln und selbst mit Aufgeben des unbedingten Schutzes der eigenen Staatsangehörigen der bereitwilligen Gewährung jeder Rechtshülfe günstig ist[10]).

3) Das Gesetz ist seinem Inhalte nach kein vollständiges in dem Sinne, daß es das ganze Gebiet der Rechtshülfe umfaßte. Es behandelt die Rechtshülfe in bürgerlichen Rechtsstreitigkeiten, ausschließlich des Konkurses, und in Strafsachen, kündigt sich aber nicht einmal in diesen Zweigen der Rechtspflege als eine Kodifikation an, neben welcher für weitere Bestimmungen kein Raum mehr übrig wäre. Für den Civil- und Kriminalprozeß ist freilich durch das Gesetz in solcher Weise gesorgt, daß a priori kaum anzunehmen sein wird, es würden dadurch nicht alle Vorkommnisse des Civil- beziehungsweise Konkurs- und des Strafgerichts hinlänglich gedeckt. Immerhin gehören aber Fälle, welche das Gesetz nicht bedacht hat, in den Bereich der Möglichkeit.

Ganz ausgeschieden blieb jedoch die große Partie der freiwilligen Gerichtsbarkeit, zu der nach manchen Rechten nicht blos die Vormundschaftsangelegenheiten, die Anordnung einer Vormundschaft und deren Führung sammt Rechnungslegung und Decharge, die Aufhebung einer Kuratel (Entmündigung), sondern auch noch viele andere Sachen gehören, welche nach andern Rechten als wirkliche Prozesse, oder doch in der Form von Prozessen erledigt zu werden pflegen[11]). Der Umfang dieses von dem Gesetze unberührt gelassenen Zweiges der Rechtspflege ist also allgemeinhin gar nicht bestimmt abzugrenzen. Sei übrigens der Umfang welcher er wolle, bei einer Menge von Vorkommnissen jener Branche würde man vergeblich eine Antwort auf die Frage suchen, warum und in welchen Stücken die dort erforderlich werdende Rechtshülfe nicht nach denselben Grundsätzen von Statten gehen sollte, welche für Zustellungen, Ermittelungen und ähnliche Akte, sowie für Vollstreckungen richterlicher Verfügungen in der streitigen Gerichtsbarkeit passend befunden worden sind. Allerdings läßt sich nicht leugnen, daß die sehr verschiedene Behandlungsweise, welcher die Sachen der freiwilligen Gerichtsbarkeit nach den Partikularrechten unterliegen, der Abfassung eines Gesetzes über die Rechtshülfe innerhalb dieses Theils der Rechtspflege erhebliche Schwierigkeiten entgegensetzt. Man hat daher niemals den Plan gefaßt, das gegenwärtige Gesetz darauf zu erstrecken. Indessen darf erwartet werden, daß das Gesetz nicht ohne Wirkung auch nach dieser Seite hin bleiben werde.

Mit vollem Recht kann man sagen, daß das Gesetz, obwohl in beschränkter Anwendung auf die streitige Civil- und Strafrechtspflege, doch die allgemeinen Maximen der Rechtshülfe, wie sie durch die politische Neugestaltung Norddeutschlands geboten sind, überhaupt in sich schließt. Jedenfalls heißt es daher im Geiste der Bundesverfassung und im Geiste dieses Gesetzes handeln, wenn dasselbe, soviel als irgend thunlich, auf

---

10) Andeutungen über die Gründe dieser Erscheinung, von der sich mancherlei praktische Proben anführen ließen, s. Endemann, das D. Civ.-Proz.-Recht §. 46 z. A.

11) Vgl. was unten zu §. 1 unter 1 b zu bemerken ist.

die Erscheinungen des gesammten Rechtsverkehrs angewandt und demgemäß nach jeder Richtung hin die promteste Rechtshülfe gewährt wird. Denn es ist undenkbar, daß die Gerichte des Bundesgebietes auf der einen Seite einander so nahe gerückt, auf der andern sich nach wie vor aus dem Grunde als fremde behandeln sollten, weil sie verschiedenen Bundesländern angehören. Ohne allzugroße Kühnheit der Erwartung läßt sich denken, daß mit unserem Gesetze überhaupt die Frage der Rechtshülfe in Norddeutschlaud schon jetzt vollkommen erledigt ist.

Soweit dieses Gesetz reicht, treten alle seitherigen landesgesetzlichen Bestimmungen, sei es auch, daß sie auf Staatsverträgen zwischen den einzelnen Bundesstaaten beruhen, außer Kraft. Bundesgesetz geht nach Art. 2 der B.-V. dem Landesgesetz vor. Je weiter sich im Wege analoger Anwendung die hier aufgestellten Sätze für das ganze Gebiet der Rechtspflege benutzen lassen, desto mehr wird das Bedürfniß, auf partikulare Konventionen rekurriren zu müssen, eingeengt. Gerade von dem Wunsche beseelt, daß die letzteren möglichst verschwinden mögen und daß die Praxis im Stande sein werde, die Lücken auch ohne ausdrückliche Anweisung im Geiste des Bundesgesetzes auszufüllen, kann nur gutgeheißen werden, daß die Majorität des Reichstages dem Antrage, welcher eine übersichtliche Zusammenstellung der nach Annahme des Rechtshülfegesetzes noch als fortbestehend anerkannten Bestimmungen der sämmtlichen zwischen den einzelnen Bundesstaaten abgeschlossenen Jurisdiktionsverträge vorgelegt sehen wollte, entgegentrat.[12])

Abgesehen von der Mühe und Bedenklichkeit einer solchen Zusammenstellung, würde dadurch gerade der Perpetuation von Sonderbestimmungen eine Stütze geliehen, welche zu verleihen wenig Ursache vorhanden ist.

Von dem rein formellen Standpunkte aus sind allerdings alle derartigen Bestimmungen vorläufig unberührt geblieben, insofern also die einzelnen Staatskonventionen noch bei formeller Kraft erhalten, als sie nicht den Bestimmungen des Bundesgesetzes widersprechen; wie dies in §. 46 ausgesprochen wird. Indessen ist es weit besser, die keineswegs auf den Wortlaut beschränkte, sondern zu verständiger analoger Anwendung unbestreitbar legitimirte und sich selber legitimirende Praxis in der Auslegung und Anwendung des Bundesgesetzes walten zu lassen, als durch eine registermäßige Aufzählung, mag eine solche Manchen noch so bequem dünken, der durch das Bundesgesetz nicht abgeschafften Bestimmungen jedes freiere Urtheil abzuschneiden.

4) Das Gesetz hat den Zweck, die Gewährung der Rechtshülfe auf Grund des dermalen gegebenen Rechtszustandes zu sichern. In einzelnen Punkten war es unvermeidlich, in die geltenden Landesrechte einigermaßen einzugreifen. Prinzipiell aber wurde von vornherein festgehalten, daß für jetzt von jeder Aenderung des Prozeß- oder des materiellen Rechts abzustehen sei. Dadurch, daß bis zu den in Aussicht genommenen einheitlichen Kodifikationen die bunte Mannigfaltigkeit der Partikularrechte wo möglich ganz geschont werden sollte, fand sich die Gesetzgebung des Bundes in einer eigenthümlichen und

---

[12]) Stenogr. Berichte S. 1260.

keineswegs die Aufgabe erleichternden Lage. Man mußte sich mit den vorhandenen Verschiedenheiten des Rechts, der Rechtspflege und der Gerichtseinrichtung abfinden, und zu diesem Behufe entweder Sätze aufstellen, welche trotz dieser Verschiedenheiten allgemein brauchbar erschienen, eben deshalb aber auch sich thunlichst auf die Grundzüge beschränkten, oder, die Gegensätze des einen oder des anderen Rechtsgebietes berücksichtigend, für dieselben ausdrückliche und besondere Bestimmungen aufnehmen, bei denen die Gefahr nahe genug lag, sich in ein unerquickliches, dem ganzen Gesetze schädliches Detail zu verlieren. Es wird sich aus der Betrachtung der einzelnen Abschnitte ergeben, inwiefern es gelungen ist, die von verschiedenen Seiten her drohenden Klippen im Ganzen zu vermeiden.

Angesichts der Abweichungen der Landesgesetze in Bezug auf Prozeß wie in Bezug auf materielles Recht, Abweichungen, welche sehr begreiflich in allen Verhandlungen den Hauptstoff für die Argumentationen der Gegner des Gesetzes lieferten, mußte sich die Gesetzgebung gestehen, daß Nichts übrig bleibe, als mit Entschlossenheit durchzuschneiden. Mit ängstlicher Beachtung aller hier und dort erkennbaren Eigenthümlichkeiten, so viel war klar, ließ sich auf keine Weise zum Ziele gelangen. Wenn es einmal als nöthig erkannt war, über die Partikularrechte hinweg ein solches Stück Rechtseinheit schon im gegenwärtigen Augenblicke zu schaffen, so konnte dies nur mit großen Strichen geschehen. Darauf mußte man verzichten, dasjenige, was hier verordnet wird, dergestalt bis in's Einzelne auszuführen, daß es sich ohne Weiteres kunstgerecht in das bestehende Landesrecht einfügt. Man hat sich vielmehr darauf gefaßt machen müssen, daß manche der hier ertheilten Bestimmungen, Reibungen, Schwierigkeiten und Bedenken, wie damit das Landesrecht in Einklang zu bringen sei, hervorrufen werde. Indessen durfte man darauf vertrauen, daß die praktische Handhabung Vieles abschleifen und ergänzen könne, was auf den ersten Blick ungefügig oder mangelhaft erscheint. Rechtseinheit aus der Zersplitterung, in welcher sich bisher das Recht und der Rechtsverkehr bewegt hat, läßt sich einmal nicht begründen, ohne vorläufig durch den Widerspruch gegen die traditionelle Gewohnheit mancherlei Fragen hervorzurufen, welche nicht die Gesetzgebung, sondern nur die eigene Übung der Praxis zu lösen berufen ist.

Die Eintheilung des Gesetzes in drei Abschnitte ergab sich von selbst. Während der erste Abschnitt von der Rechtshülfe in bürgerlichen Sachen und der zweite von der Rechtshülfe in Strafsachen handelt, sind im dritten Abschnitt mehrere Bestimmungen enthalten, welche eben sowohl auf bürgerliche Rechtsstreitigkeiten als auf Strafsachen Bezug haben und die, wie es schien, am passendsten jenen Abschnitten nachfolgen.

I. Von der Rechtshülfe in bürgerlichen Rechtsstreitigkeiten.

Der Grundgedanke dieses ersten Abschnitts ist in §. 1 ausgedrückt und in den Bemerkungen zu diesem §. näher zu erläutern.

Was die Oekonomie des Abschnittes betrifft, so enthalten

1. die §§. 1, 2 ganz allgemeine Bestimmungen für die Rechtshülfe in bürgerlichen Prozessen überhaupt.

Dann wendet sich das Gesetz

2. zu der Rechtshülfe in Bezug auf andere Prozeßhandluugen, als die Vollstreckung von Erkenntnissen und Verfügungen. Da aber in dieser Beziehung für gewöhnlich schon die allgemeinen Sätze der §§. 1, 2 ausreichen, so behandeln §. 3—6 nur die Rechtshülfe zu solchen Handlungen im Verkehre mit den Gebieten des rheinischen und verwandten Rechts.

3. Die Requisitionen um Vollstreckung bilden den Gegenstand der §§. 7—12, von denen

a) §. 7—9 für das gewöhnliche Verhältniß der altländischen und gemeinschaftlichen Gebiete,

b) §. 10—12 für das Verhältniß zu dem rheinischen und verwandten Rechtsgebieten ertheilt sind.

4. Das Konkursverfahren betreffen §. 13—18; woran sich dann noch

5. in §. 19 eine allgemeine, mehr materiell-rechtliche Norm anschließt.

§. 1.

„Die Gerichte des Bundesgebietes haben sich in bürgerlichen „Rechtssteitigkeiten gegenseitig Rechtshülfe zu leisten. Es macht „keinen Unterschied, ob das ersuchende oder das ersuchte Gericht „demselben Bundesstaate, oder ob sie verschiedenen Bundesstaaten „angehören.

„Das ersuchte Gericht darf die Rechtshülfe selbst dann nicht „verweigern, wenn es die Zuständigkeit des ersuchenden Gerichts „nicht für begründet hält."

1. Der erste Satz des Abs. 1: Die Gerichte des Bundesgebietes — leisten enthält das für die bürgerliche Rechtspflege maßgebende Prinzip. Das Gesetz stellt sich für diesen Theil der Rechtspflege auf den nationalen Boden und proklamirt schon jetzt im gegenseitigen Verkehr aller Gerichte des Bundesgebietes denselben Grundsatz, der in der künftigen Civilprozeßordnung als Ausfluß des einheitlich von Bundeswegen geordneten Civilprozeßrechts und Gerichtswesens an der Spitze stehen wird. Dort wird, wie in dem Berichte des Justizausschusses des Bundesrathes S. 6 bemerkt und im Laufe der Verhandlungen mehrfach als allein richtig bezeichnet wurde, das gesammte Bundesgebiet als ein Inland, als ein einziges Rechtsgebiet erklärt werden; woraus denn unmittelbar folgen muß, daß alle Gerichte des Bundesgebietes von selbst einander, ohne Unterschied, ob sie dem einen oder dem anderen Bundesstaate angehören, zur Rechtshülfe verpflichtet sind[13]).

Hier wird zwar noch nicht das Bundesgebiet für ein einheitliches (Bundes-) Rechtsgebiet erklärt, vielmehr geht man davon aus, daß einstweilen nur Rechtspflege und Gerichte der einzelnen Bundesstaaten bestehen, keine Justiz und Gerichtswesen von Bundeswegen. Wohl aber wird die Konsequenz ausgesprochen, daß sich nicht etwa die einzelnen zu dem Bunde gehörigen Staaten, sondern sämmtliche Gerichte des Bundesgebietes Rechtshülfe zu leisten haben. Und diese Rechtshülfeleistung findet, mögen die partikularrechtlichen Bestimmungen seither lauten, wie sie wollen, zwischen allen Gerichten des Bundesgebietes im Umfange des vorliegenden Gesetzes lediglich nach dessen einheitlichen Bestimmungen statt. Die Landesgrenzen innerhalb des Bundes existiren insoweit nicht mehr; alle Gerichte sind sich in einer solchen Weise zur Rechtshülfe verpflichtet, wie wenn sie Einem Staate und Einem Rechtsgebiete angehörten.

So entspricht es dem Art. 3 der Bundesverfassung, der das Bundesindigenat, mit den in §. 39 dieses Gesetzes gezogenen Konsequenzen geschaffen hat, und dem Wesen des Bundesstaates, innerhalb dessen sich die Gerichte der einzelnen Bundesglieder unmöglich noch in der Weise als fremde gegenüber stehen dürfen, wie dies in dem Rechtsverkehr zwischen Deutschland und Frankreich oder Rußland der Fall ist.

Aus diesen Gründen wurde in der Civilprozeßkommission sofort bei der ersten Berathung des Entwurfs[14]) mit großer Majorität der jetzige §. 1 als auf dem nationalen Prinzip beruhend, angenommen. Man verwarf somit von vornherein jede Regelung, welche die Rechtshülfeleistung als eine internationale Angelegenheit zwischen den Bundesstaaten behandeln möchte, und erklärte sich auch später gegen den anderweitigen Vorschlag einer Redaktion, welcher dahin lautete:

---

[13]) Vgl. Endemann, das Deutsche Civil-Prozeß-Recht, §. 46 z. A. — Es sei mir gestattet, mich in der Regel auf ein Citat dieses Werkes zu beschränken, um nicht die Citate häufen zu müssen. Für den Fall des Bedürfnisses sind an der angeführten Stelle desselben jedesmal die Hinweise auf andere Darstellungen des Civilprozesses oder einzelner Materien zu finden.

[14]) Prot. S. 2—4.

die Gerichte eines Bundesstaates haben den Gerichten der anderen Bundesstaaten dieselbe Rechtshülfe zu leisten, wie den Gerichten des eigenen Staates, soweit sich nicht aus diesem Gesetze ein Anderes ergiebt.[15])

Die Folge des ersten Satzes des §. 1 ist mithin unmittelbar die, daß innerhalb des Norddeutschen Bundesgebietes jedes Gericht, welches der Rechtshülfe eines anderen innerhalb des Bundesgebietes gelegenen Gerichtes bedarf, diese Rechtshülfe kraft dieses Gesetzes zu fordern berechtigt ist, und daß, insoweit (vgl. dazu Einleitung Nr. 3) jede Berufung auf besondere Staatsverträge zwischen den einzelnen Bundesstaaten (§. 46) hinwegfällt.

Ferner steht fest, daß die Rechtshülfe im Umfange dieses Gesetzes lediglich in direktem Verkehr von Gericht zu Gericht gesucht und gewährt wird, wie dies auch aus dem die äußere Form bestimmenden §. 2 erhellt. Vermittlung im diplomatischen Wege, oder durch obere Behörden, Ministerien u. dgl. findet, soweit dieses Gesetz gilt, nicht mehr statt. Die Gerichte haben sich gegenseitig, d. h. zugleich: ohne Dazwischenkunft einer anderen Stelle, in derjenigen Weise und in dem Geschäftsgange, welche das Gesetz vorschreibt, Rechtshülfe zu leisten. Damit hängt auch §. 38 zusammen.

Ueber die objektiven Grenzen der hier konstituirten Verbindlichkeit zur Gewährung der Rechtshülfe s. §. 37.

Im Einzelnen ist zum ersten Satz noch Folgendes zu bemerken:

a) Die Gerichte. Dadurch begrenzt sich der Umfang der hier geordneten Rechtshülfe zunächst subjektiv.

Das ganze Gesetz bezieht sich nur auf die Rechtshülfe der Gerichte mit der Frage, ob und welche Hülfe etwa anderen Behörden, wie Finanzbehörden, Verwaltungsbehörden, Magistraten u. s. w. zu leisten sei, befaßt sich das Gesetz überhaupt nicht. Folglich ist es die allererste Voraussetzung für die von ihm angeordnete Gewährung der Rechtshülfe, daß die Eigenschaft der ersuchenden oder ersuchten Behörde als Gericht feststeht. Der Begriff der gewöhnlichen Gerichte ist im Ganzen so klar, daß nicht wohl ein Zweifel entstehen kann, wenn dabei an die regelmäßige, fast in allen Bundesstaaten bestehende, in mehrere Instanzen gegliederte Organisation des Gerichtswesens gedacht wird.

Indessen können doch Fälle vorkommen, wo in Bezug auf den Begriff des ordinären Gerichts Bedenken nicht ausgeschlossen sind. Die Justizverfassung der Bundesländer bietet noch mancherlei Besonderheiten, wo nicht Sonderbarkeiten dar. Ob Patrimonialgerichte, kommunale Gerichte u. dgl. wirklich in den Organismus der Gerichtsverfassung eines Landes (Mecklenburg) dergestalt eingefügt sind, daß sie zu den Gerichten im Sinne dieses Gesetzes zählen, wird mitunter erst der Prüfung bedürfen. Am wenigsten kann der Name „Gericht“, der zuweilen sehr lax gebraucht wird, allein schon entscheiden. Entschieden werden kann den partikularen Verschiedenheiten gegenüber nur von dem Grundgedanken aus, daß unter „Gerichten“ die nach der Justizverfassung des Landes

---

[15]) Prot. S. 60 und dagegen S. 82.

gesetzlich zu der regelmäßigen Handhabung der Rechtspflege berufenen Stellen gemeint sind [16]). Das Weitere muß, wenn dazu Anlaß kommt, bis zu der definitiven Regelung, welche vermuthlich in Folge einer gemeinsamen Civilprozeßordnung und Gerichtsorganisation eintreten wird, der sorgsamen Prüfung im einzelnen Falle überlassen werden. Eine Aufzählung der wirklich allein zu dem Titel der Gerichte berechtigten Behörden ist, wie sich leicht ergiebt, zur Zeit so gut wie unmöglich.

Noch zweifelhafter aber wird das Verhältniß zu denjenigen Stellen, welche zum Theil mit dem Namen von Gerichten bekleidet, zum Theil unter anderen Namen fungirend, nach der Landesgesetzgebung mit Rechtsangelegenheiten, und darunter auch mit mehr oder minder rechtsstreitartigen, für bestimmte einzelne Zwecke oder Branchen betraut sind. Hierher gehören, abgesehen von den über Ehe- und Sponsaliensachen zuständigen Konsistorien der evangelischen (z. B. Sachsen-Altenburg, Reuß ältere Linie, Lippe-Detmold, Lauenburg) und bischöflichen Behörden der Katholiken (z. B. Oldenburg, Weimar u. a.), um nur einige zu nennen, die Elbstrom- und Rheinzollgerichte, vor allen Dingen aber in mehreren Ländern die Ablösungsbehörden, die Kommissionen oder Behörden für Grundstücks-Zusammenlegungen [17]), für Landeskultursachen, für Bergwerks-, für Fabrikangelegenheiten. Die Stellung und die Ressorts solcher Behörden sind außerordentlich verschieden. Nur zum Theil, zum Theil aber auch gewiß, läßt sich behaupten, daß sie die Funktionen von Gerichten (fora specialia causarum s. ratione materiae) ausüben. Es wird also auch hier, je nach Bedürfniß, einer näheren Prüfung im einzelnen Fall nach Maßgabe des Landesrechts bedürfen, ob der requirirenden Stelle wirklich die Qualität eines Gerichtes beiwohnt.

Der häufigste Fall wird der sein, daß eine solche Behörde, von der es zweifelhaft sein kann, ob sie ein Gericht sei, um Rechtshülfe ersucht. Alsdann hat zunächst das ersuchte Gericht sich über den Charakter der requirirenden Behörde, die ein „Gericht“ sein muß, wenn die Requisition nach Maßgabe dieses Gesetzes zulässig sein soll, zu entscheiden; natürlich mit Vorbehalt des Rechtes der requirirenden Stelle gegen die aus einem solchen Grunde erfolgte Versagung der Rechtshülfe bei der oberen Instanz des requirirten Gerichts Abhülfe zu suchen (vgl. §. 38). Indessen ist es auch möglich, daß, namentlich um gewisser Vollstreckungen willen, eine solche Behörde von einem Gericht requirirt wird. Versagt sie die von ihr verlangte Rechtshülfe, so würde das ersuchende Gericht deshalb Beschwerde zu führen haben. Diese kann aber der Natur der Dinge nach nur an die vorgesetzte Behörde der requirirten Stelle gerichtet werden. Denn diese allein kann Abhülfe gewähren. Hier erzeigt sich denn ein Kriterium aus §. 38. Soll darnach über jede Versagung der nach diesem Gesetze zu gewährenden Rechtshülfe ausschließlich im gerichtlichen Wege des geordneten Instanzenzugs entschieden werden, so ergiebt sich durch Rückschluß wenigstens ein theilweises, negatives Resultat. Sicher können unter „Gerichten“ im Sinne des §. 1 und

---

[16]) Endemann C. Pr. §. 16.
[17]) Endemann C. Pr. §. 2, Not. 15.

§. 20 solche Stellen nicht gemeint sein, für welche entweder kein geordneter Instanzenzug existirt, oder für welche die höhere Instanz nicht bei einem Gericht, sondern bei einer bloßen Verwaltungsbehörde sich befindet.

b. In bürgerlichen Rechtsstreitigkeiten. In §. 41 und §. 42 finden sich zwei Erläuterungen des Begriffs, nämlich in Bezug auf Injuriensachen und auf die von einem Strafrichter zuerkannte Civilentschädigung.

Davon abgesehen muß sich der Begriff der bürgerlichen Rechtsstreitigkeiten, in welchem die hier geordnete Rechtshülfe ihre objektive Grenze findet, nach dem Prozeßrecht des einzelnen Landes bestimmen. Selbst wenn man lediglich an die gewöhnlichen, in Bezug auf ihren Charakter als Gerichte (nach dem unter a. Bemerkten) über jeden Zweifel erhabenen Gerichte denkt, muß erwogen werden, daß auch wirkliche Gerichte häufig noch mehr zu erledigen haben, als bürgerliche Rechtsstreitigkeiten. Auf Sachen der freiwilligen (nicht streitigen) Rechtspflege bezieht sich das Gesetz nicht. Ob aber eine Sache die Natur eines Rechtsstreites hat, oder die Natur einer Angelegenheit der freiwilligen Rechtspflege, das ist nach den einzelnen Landesrechten und Gewohnheiten wiederum keineswegs immer prima facie zu erkennen, bedarf also unter Umständen der genaueren Untersuchung[18]). Ueber den Konkursprozeß siehe unten die Vorbemerkungen zu §§. 13—19 a. E.

Was Gegenstand der gerichtlichen Verhandlung und Entscheidung im Wege der für streitige Rechtssachen gegebenen Prozedur ist, fällt unter dies Gesetz. Und zwar kann es nach der Intention des Gesetzes, welche dem Abs. 2 des §. 1 zu Grunde liegt, sicher nur darauf ankommen, daß die betreffende Sache nach dem Rechte des requirirenden Gerichts als ein Rechtsstreit gilt. Also ist das requirirte Gericht nicht befugt, die Requisition blos aus dem Grunde abzulehnen, weil nach seinem Rechte die fragliche Angelegenheit nicht als streitige Rechtssache betrachtet wird; es sei denn, daß es nach §. 37 die Rechtshülfe zu versagen hat.

Ganz ähnlich verhält es sich mit der Voraussetzung, daß eine bürgerliche Rechtsstreitigkeit vorliegen muß, um die Anwendung unseres Gesetzes zu begründen. Zunächst besagt das Beiwort „bürgerlich" soviel, wie Civilsache, um den Gegensatz gegen die in §. 20 ff. behandelten Strafsachen zu bezeichnen[19]). Allein zugleich bezeichnet „bürgerlich" auch im Gegensatze zu dem was öffentlichen Rechtens, publizistischer Natur und darum nach dem Rechte der einzelnen Länder häufig überhaupt der Rechtssprechung der Gerichte entzogen ist, den Begriff des Privatrechtlichen. Gerade dieser letztere Begriff ist jedoch bekanntlich schwankend und die Landesrechte und Landesgebräuche der Gerichte gehen darin mannigfach auseinander. In dubio freilich ist dasjenige, was den bürgerlichen Gerichten zur Aburtheilung überwiesen ist,

---

[18]) Vgl. Endemann §. 2, III. — Man denke z. B. an die Legung und Feststellung der Vormundschaftsrechnungen u. dgl., welche theils als reine Verwaltungssache des Gerichts im Wege der freiwilligen Gerichtsbarkeit, theils aber auch in der Form eines besonderen Rechnungsprozesses abgemacht werden.

[19]) Endemann C. Pr. §. 2, I.

ein bürgerlicher Rechtsstreit. Auf dieser Unterstellung beruht offenbar §. 41 unseres Gesetzes. Mithin kann die Rechtshülfe nicht etwa deshalb versagt werden, weil der vor dem requirirenden Gerichte spielende Rechtsstreit keinen bürgerlichen, sondern einen publizistischen Charakter hätte. Am wenigstens kann es darauf ankommen, daß nach dem Rechte des requirirten Gerichts solches der Fall, der Rechtsweg ausgeschlossen, oder die Erhebung des Kompetenzkonflikts geboten wäre [20]).

Ueberhaupt muß hier, wie in Bezug auf die Frage, ob Rechtsstreit, so auch in Bezug auf die Frage, ob bürgerliche Qualität desselben, zunächst das Recht des requirirenden Gerichts maßgebend sein. Das requirirte Gericht ist, wie sich aus Abs. 2 ergiebt, in Bezug auf die Frage, ob das requirirende Gericht berechtigt, die betreffende Sache zu verhandeln und zu entscheiden, und daher befugt sei, die Requisition zu erlassen, auf das Aeußerste beschränkt. Es kann daher wegen der Beschaffenheit der Sache nur dann die Rechtshülfe mit Grund verweigern, wenn es durch deren Gewährung gegen den strikt auszulegenden [21]) §. 37 verstoßen würde.

c. Haben sich gegenseitig — zu leisten. Der Ausdruck könnte wie eine bloße Anweisung oder Instruktion klingen. Allein er drückt eine allgemeine gesetzliche Pflicht aus. Daher denn auch die Erfüllung der Pflicht nicht etwa durch disziplinarische Zwangsmittel und disziplinarische Beschwerde gegen das jener Verpflichtung nicht nachkommende Gericht erzwungen, sondern, wie es sachgemäß ist, wenn §. 1 einen allgemein verbindlichen Rechtssatz ausspricht, im Wege des ordentlichen Instanzenzugs (§. 38) verfolgt wird.

Die Verpflichtung zur Rechtshülfe ist nach den Worten „sich" und „gegenseitig" als eine solche gedacht, welche ein requirirtes Gericht gegenüber einem requirirenden Gericht, welches letztere darauf ein gesetzliches Recht geltend machen kann, zu erfüllen hat (s. zu §. 2). Indessen handelt das requirirende Gericht bei Erlaß der Requisition zwar in eigenem Namen, da es sich zunächst um die Beihülfe zur Erfüllung seiner Aufgabe der Rechtssprechung oder deren Vorbereitung handelt, aber doch ebenso gewiß insofern nur im Interesse der Parteien, als diese es sind, welche zur Ordnung ihrer Privatrechts-Beziehungen Prozeß führen und die Entscheidung des Gerichts verlangen; sei es, daß das Gericht die unmittelbare Anregung zum Erlaß der Requisition aus Anträgen der Parteien, welche die fragliche Handlung vorgenommen wissen wollen, empfängt, sei es, daß das Gericht Grund findet, ohne alle Anregung der Parteien, lediglich ex officio, die Requisition zu erlassen. Für den objektiven Inhalt der gesetzlichen Pflicht zur Rechtshülfe erscheint dies gleichgültig. Das requirirte Gericht hat Rechtshülfe zu leisten, und die Aufforderung dazu geht ihm, der regelmäßigen Voraussetzung zufolge, von dem ersuchenden Gericht (§. 2) zu.

Dieser regelmäßige Fall erschöpft freilich nicht Alles. Aus dem weiteren Inhalte des Gesetzes wird ersichtlich, daß mitunter die Anregung

---

[20]) Endemann das. §. 2, II.

[21]) Vgl. auch das unter Nr. 3 zu diesem §. 1 zu sagen ist.

zur Rechtshülfe lediglich dem Selbstbetriebe einer Partei überlassen wird, daß also, wenn man will, die Rechtshülfe nicht einem Gerichte, sondern der Privatperson der Partei zu leisten ist (§. 4); nicht zu gedenken, daß diese Anregung auch durch „Vermittelung der Staatsanwaltschaft" (§. 6) erfolgen kann. Danach erleidet der scheinbar ganz apodiktische Satz, daß sich die Gerichte gegenseitig Rechtshülfe zu leisten haben, praktisch einige Modifikationen; nicht minder dadurch, daß in manchen Fällen das ersuchte Gericht eigentlich die Rechtshülfe nicht selbst leistet, sondern nur deren Gewährung veranlaßt (§§. 3. 4).

Auf die Stellung der Parteien, sowie allenfalls der die Requisition vermittelnden Staatsanwaltschaft ist deshalb schon hier hinzuweisen, weil daraus zu §. 38 sich einige Folgerungen ergeben werden.

2. Der zweite Satz des Absatzes 1: Es macht — angehören dient zur Verdeutlichung des ersten Satzes, der sich hiernach sowohl auf die Gerichte desselben Bnndesstaates, als auch auf die Gerichte der verschiedenen Bundesstaaten beziehen soll. Eine solche Verdeutlichung war kaum noch nöthig hinsichtlich des zweiten Theils der Alternative, wenn nämlich das ersuchende und das ersuchte Gericht verschiedenen Bundesstaaten angehören. Daß darauf gerade sich der erste Satz und das ganze Gesetz bezieht, bedurfte sicher nicht nochmals einer ausdrücklichen Erklärung. Wohl aber verdiente umgekehrt hervorgehoben zu werden, daß das Gesetz auch für die Gewährung der Rechtshülfe innerhalb desselben Bundesstaates gelten soll[22]). Es gab Bundesstaaten, zwischen deren einzelnen Rechtsgebieten wenigstens nicht unbedingt, sondern erst, nachdem das ersuchte Gericht des andern Rechtsgebietes die Zuständigkeit des ersuchenden Gerichts geprüft und als vorhanden befunden, Rechtshülfe gewährt wurde[23]). Diesen Zustand konnte man unmöglich beibehalten, wenn man im Uebrigen alle Hindernisse hinwegzuräumen und von jeder Prüfung der Zuständigkeit nach Absatz 2 des §. 1 abzusehen entschlossen war. Um volle Rechtseinheit in dem Verkehr aller Gerichte des Bundesgebietes herzustellen, wurde daher zu mehrerer Sicherheit in Absatz 1 der zweite Satz hinzugefügt. Wo immer also in einem Bundesstaate, zumal im Hinblick auf die Verschiedenheit der Grundsätze über die Gerichtsstände, seither das requirirte Gericht irgend noch eine Prüfung der Requisition von dieser Seite her vorzunehmen hatte, ist solche nunmehr abgeschafft. Denn

3. Abs. 2: Das ersuchte Gericht — hält, schärft allgemeinhin und ausdrücklich die absolute Beschaffenheit der Vorschrift ein, welche in Abs. 1 enthalten ist.

Die Gerichte haben sich die Rechtshülfe in bürgerlichen Rechtsstreitigkeiten nnbedingt zu gewähren. Sie dürfen sie, in dem Umfange, in dem dieses Gesetz die Rechtshülfe zu gewähren gebietet, d. h. also, soweit sie nicht durch dieses Gesetz selbst zur Verweigerung autorisirt werden, nicht verweigern. Letzteres ist aber innerhalb des von dem

---

[22]) Prot. S. 2 a. E.

[23]) Ein Zustand, der jedoch für den größten Bundesstaat, für Preußen, bereits durch das Gesetz vom 2. Mai 1852 beseitigt worden ist.

Gesetz beherrschten Umkreises der Rechtspflege nur in soweit der Fall, als nach §. 37 unter gewissen Voraussetzungen die Verpflichtung zur Gewährung der Rechtshülfe hinwegfällt. Der §. 37 enthält die einzigen Ausnahmen, in denen das ersuchte Gericht sich der sonst ganz allgemeinen Verbindlichkeit, der Requisition Folge zu geben, entschlagen darf. S. darüber unten zu §. 37.

Sonst ist die Verbindlichkeit eine so unbedingte, daß bei dem ersuchten Gerichte nicht einmal eine Prüfung der Zuständigkeit des ersuchenden Gerichts vorauszugehen hat.

In dieser Bestimmung, der wichtigsten des ersten Abschnittes, geht das Gesetz weit über alle früheren Versuche hinaus[24]), und antizipirt gleichsam schon jetzt den Einheitszustand, den die gemeinsame Prozeßordnung definitiv herstellen wird. Daß in der letztern das gesammte Bundesgebiet nicht anders, denn als ein einheitliches Rechtsgebiet behandelt werden kann, wurde bereits bemerkt. Geschieht dies, so bringt es die Prozeßordnung, in welcher jedenfalls die Lehre von den Gerichtsständen eine einheitliche Regelung findet, unmittelbar mit sich, daß alle Gerichte des Bundesgebietes einander ohne weitere Prüfung der Kompetenz Rechtshülfe zu gewähren haben.

Für jetzt aber ist noch der Zustand ein anderer. Vor Allem sind die Vorschriften über die sog. subjektive Zuständigkeit (ratione loci; fora) partikularrechtlich zum Theil verschieden. Es war bereits hervorzuheben, daß sie möglicherweise sogar in einem und demselben Staate für verschiedene Rechtsgebiete verschieden lauten.

War man nun entschlossen, dennoch die Gewährung der Rechtshülfe schon jetzt und in dem oben berührten rationellen Sinne zu ordnen, so blieben nur zwei Wege. Entweder, man nahm in das Gesetz, wie dies seiner Zeit der Nürnberger Entwurf §. 2 ff. als Hauptaufgabe betrachtet hatte, eine mehr oder minder vollständige Normirung der Gerichtsstände auf. In dieser Hinsicht konnte der Vorschlag gemacht werden, schon hier, wenn auch nur für die eng begrenzten Zwecke der Rechtshülfe, das Kapitel der künftigen Prozeßordnung von den Gerichtsständen anticipando zu publiziren,[25]) oder wenigstens die Hauptgerichtsstände, vor Allem das durch die Tragweite mancher partikularrechtlichen Bestimmungen bedenkliche forum contractus s. solutionis, zu fixiren.[26]) Oder man stellte sich, vielleicht nicht ohne Kühnheit, aber jedenfalls im Einklang mit dem nationalen Bedürfniß, einfach auf

---

[24]) Namentlich über den in der Einleitung erwähnten Nürnberger Entwurf. Dieser beruhte auf dem Grundgedanken: daß 1) die Kompetenz des ersuchenden (bes. wenn um Vollstreckung ersucht wurde) Gerichts und 2) die rite erfolgte Einleitung des Prozesses (Vorladung) nachgewiesen sein müsse, wenn Rechtshülfe von Staat zu Staat gegeben werden sollte.

[25]) S. den Antrag Prot. S. 26.

[26]) Die Referentenvorlage der Kommission hob in §. 11—13 dieses Forum und das der Widerklage als solche hervor, deren große Ausdehnung, wie sie manche Partikularrechte kennen, sich nach den Begriffen der übrigen Rechts- und Staatsgebiete einigermaßen ängstlich ausnimmt. Prot. S. 12—13. Einen andern Antrag s. S. 27. — Indessen die Kommission ging in der oben (Einleitung Nr. 4) berührten Stimmung auch darüber hinweg.

den Standpunkt, daß augenblicklich, bis die gemeinsame Prozeßordnung in Kraft trete, die partikularen Gerichtsstände völlig unangetastet bleiben sollten, nichts destoweniger aber die unbedingte Gewährung der Rechtshülfe auszusprechen sei.

In der Kommission,[27]) wie später in dem Bundesrathe und dem Reichstage entschied man sich für den zweiten Weg. Ob der in den Motiven der Regierung zu §. 1 hervorgehobenen, einigermaaßen doctrinär klingende Grund, „daß die Prüfung der Kompetenz nicht als ein aus dem Gerichtszwange hervorgehendes Recht des requirirten Gerichts, sondern lediglich als ein Recht der Parteien aufzufassen sei, welches dieselben bei dem Prozeßgericht im geordneten Instanzenzüge geltend zu machen hätten," besonders überzeugend war, [28]) kann dahin gestellt bleiben. Für die Meisten war unzweifelhaft in erster Linie maßgebend, daß sich innerhalb des Bundesstaates, welcher ein einheitliches Staatswesen darstellen soll, die unbedingteste Rechtshülfe gezieme. Weil dem so sei, glaubte man über die unleugbaren Bedenken, zu denen die Verschiedenheit der Kompetenzgrundsätze in den einzelnen Ländern Anlaß giebt, hinweg sehen zu müssen. Ueberzeugt von der Gewissenhaftigkeit der Deutschen Justiz in allen Ländern, durfte man in vollem Maaße darauf vertrauen, daß jedes Prozeßgericht seine Zuständigkeit nach dem ihm am besten bekannten Landesrecht gehörig prüfen werde. Ist dem so, so läßt sich die Kompetenz des requirirenden Gerichts füglich in der Regel dergestalt voraussetzen, daß zu einer Anzweiflung kein Grund vorliegt. Sollte es aber dennoch geschehen, daß ja einmal ein requirirtes Gericht gezwungen wäre, die Requisition in einem Prozesse zu vollziehen, für welchen es das requirirende Gericht etwa für unzuständig zu erachten hätte, so erschien auch dies nicht als ein besonders zu fürchtendes Unglück. Man ging überhaupt davon aus, daß im Ganzen alle Deutschen Gerichte gleich gut seien, gleiches Vertrauen verdienten und daß zu einer eifersüchtigen Ueberwachung der Zuständigkeit, namentlich in der Richtung, als ob vor die Gerichte des einen Landes mehr kommen könne, als von die des andern, keinerlei Grund vorliege. Da das mit dem Prozeß befaßte Gericht zunächst der berufenste Richter über seine Kompetenz und seine volle Pflichtmäßigkeit billig voraus zu setzen, hat man vielmehr direct und unumwunden von jeder Prüfung der Zuständigkeit Abstand genommen:

Das ersuchte Gericht hat in keiner Weise die Kompetenz des ersuchenden Gerichts zu untersuchen, weder ob sie nach dem eigenen Rechte, noch ob sie nach dem Rechte des letztern vorhanden. Bei einem Ersuchen um Rechtshülfe auf Grund dieses Gesetzes, welches von einem Norddeutschen Gerichte ausgeht, kommt insoweit die Zuständigkeitsfrage gar nicht mehr in Betracht. Weil das ersuchende Gericht ein Norddeutsches ist, hat das ersuchte die Requisition kraft des Gesetzes zu vollziehen.

Dieser einer weiteren Erläuterung nicht bedürftige Satz gilt im allgemeinsten Umfange und, da §. 37 hierauf sich nicht bezieht, ganz

---

[27]) Prot. S. 4 u. bes. S. 26—30.

[28]) Nach gemeinrechtlichen Ansichten schwerlich. S. Endemann C. Pr. §. 75.

ausnahmslos. Zunächst gegenüber der Lehre von den Gerichtsständen. Ob das ersuchende Gericht als forum domicili, contractus, rei sitae u. s. w. kompetent sei, ist gleichgültig, nachdem das ersuchte Gericht niemals, selbst da nicht, wo es möglicherweise sich selbst (z. B. als forum rei sitae) für ausschließlich zuständig halten müßte, nach der Kompetenz zu fragen hat. Alle Kompetenzvorschriften der Landesrechte bleiben mithin unberührt.[29])

Der Satz gilt aber auch bei seinem allgemeinen Ausdruck, von der sog. objektiven Zuständigkeit (ratione materiae s. causae). Denn „Zuständigkeit" umfaßt sowohl die subjektive, wie die objektive Kompetenz. Für das ersuchte Gericht ist daher die Gewährung der Rechtshülfe auch dann Pflicht, wenn es mit noch so gutem Grunde dafür hält, daß die Sache vor einem Gericht anderer Art, als diejenige ist, welcher das ersuchende Gericht angehört, zu verhandeln wäre. Es kann die Requisition eines Handelsgerichts nicht darum ablehnen, weil der betreffende Prozeß nach seiner Meinung kein handelsgerichtlicher ist, oder die Requisition eines Kreisgerichts oder Justizamts, weil die Sache dem Handels- oder irgend einem sonstigen Spezialgericht gebührt.

In dieser Hinsicht wird gerade, wie sich leicht ergiebt, der oben (s. bei 1a) berührte Begriff der „Gerichte" so wichtig. Ist die requirirende Behörde ein Gericht, sei es auch nur ein Spezialgericht mit beschränkter sachlicher Kompetenz, so ist die Prüfung der sachlichen Zuständigkeit bei der Requisition ebenso ausgeschlossen, wie die Prüfung der örtlichen Zuständigkeit selbst einem forum exclusivum gegenüber ausgeschlossen ist.

Abs. 2 hebt aber die Zuständigkeit nur als Beispiel, wenn auch als hauptsächlichstes Moment, hervor. Nicht einmal deshalb, weil es die Kompetenz, subjektive oder objektive, nicht für begründet hält, darf das ersuchte Gericht seine Hülfe verweigern. Daraus folgt, daß dasselbe auch aus keinem andern Grunde, der nicht in dem Gesetze vorbehalten ist (§. 37), seiner nach Abs. 1 ganz allgemein hingestellten Verpflichtung zur Willfährigkeit sich entledigen kann. Hält man den Inhalt des §. 37, welcher nur aus der Rücksicht auf die Stellung des requirirten Gerichts hervorgeht, mit §. 1 zusammen, so ergiebt sich, daß aus Rücksicht auf die Stellung des requirirenden Gerichts eine Requisition niemals abzulehnen ist. So wenig, wie die Zuständigkeit, kommt irgend die sonstige Befugniß des letztern oder die Legalität seines Verfahrens zur Prüfung. Das ersuchende Gericht hat die umfassendste Vermuthung oder sogar praesumtio juris et de jure der Legalität für sich. Indem man von der bereits erwähnten Unterstellung ausgeht, daß jedes Gericht, auch das requirirende legal verfahren wird,

---

[29]) Insofern nur das erkennende, nicht das requirirte Gericht darauf zu achten hat. Das gilt also auch von dem vielfach angefochtenen forum contractus, forum reconventionis mancher Gebiete, von den, theilweise großen, Ausdehnungen des Forums der subjektiven Konnexität, von Art. 59, Abs. 2 der Rhein. Civ. Pr. O. und der Vorschrift, daß mehrere Wechselverpflichtete an jedem Ort, wo einer derselben seinen allgemeinen Gerichtsstand hat, zu belangen sind. Dies Alles ist — gegen Prot. S. 12. 13 — einstweilen bestehen geblieben.

sind die Voraussetzungen des Erlasses der Requisition, subjektive, wie objektive, überhaupt gar nicht mehr Gegenstand der Erörterung für das ersuchte Gericht. Die Requisition wird vollzogen, weil sie von der dazu in abstracto berechtigten Stelle ausgeht, gleichviel ob diese in concreto dazu befugt war und legal gehandelt hat.[30])

Zum Belege für diesen umfassenden Sinn des §. 1, sofern es eines solchen noch bedürfte, und für das volle Bewußtsein, mit dem derselbe ausgesprochen worden ist, mag insbesondere noch auf Eines hingewiesen werden. Weil das völlige Absehen von jeglicher Kompetenzprüfung doch auf den ersten Blick besorglich erschien, war ursprünglich ein weiterer Paragraph vorgeschlagen worden, welcher für die Requisitionen in Kontumazialsachen, namentlich wegen Vollstreckung der Kontumazialerkenntnisse einige Garantie bieten sollte. Man stellte nämlich gewisse Erfordernisse der Ladung auf, welche erfüllt sein müßten, widrigenfalls das ersuchte Gericht wenigstens auf Antrag des kontumazirten Beklagten die Rechtshülfe zu verweigern habe. Allein selbst dieser Vorschlag wurde als eine unberechtigte Ausnahme von dem allgemeinen Grundsatz des §. 1, daß der ersuchte Richter überhaupt keine causae cognitio über die Legalität des Ersuchens auszuüben habe, verworfen.[31])

Derselbe Grundsatz bildet die Unterlage aller der weitern Bestimmungen dieses Abschnitts.

4) Die allgemeine formelle Voraussetzung einer jeden Rechtshülfeleistung, auch nach diesem Gesetze ist die, daß dazu eine gehörige Aufforderung ergeht. Die Rechtshülfe wird nicht von selbst ohne solche Aufforderung geleistet. Es ist bereits (Nr. 1 a. E.) bemerkt worden, daß letztere von einem Gericht, theilweise unter Vermittlung der Staatsanwaltschaft oder anderer Personen, mitunter auch von der Partei selbst ausgehen kann. In jedem Falle tritt das um Rechtshülfe ersuchte Gericht erst dann in Thätigkeit, wenn ihm die Aufforderung dazu in gebührender Form vorliegt.

Das Gesetz verordnet bestimmter, wie diese Aufforderung beschaffen sein soll, wenn die Partei die Anregung selbst besorgt (§. 5), und spricht weiter von den für die Zwangsvollstreckung zu beschaffenden Grundlagen (§. 10, 12). Fehlt es daran, so braucht sich das ersuchte Gericht auf Nichts einzulassen.

Indessen versteht es sich überall auch da, wo die Requisition direkt von Gericht zu Gericht geht, von selbst: die Requisition muß in der rechten Form (eines Ersuchungsschreibens u. dgl.), in der Weise an das ersuchte Gericht gelangen, daß dieses sicher ist, von einem Gericht ersucht zu sein (s. oben Nr. 1). Ebenso selbstverständlich hat das ersuchte Gericht zu fordern, daß die nöthigen Schriftstücke und sonst Alles, was Voraussetzuug der Vollziehung ist, beigefügt werden. Es ist Sache des Geschäftsverkehrs, die Nachbringung u. dgl. zu veranlassen und so den

[30]) Eine speziell und ausdrücklich auf die Vollstreckung gezogene Konsequenz, s. §. 12, Abs. 2; indessen ist §. 10 a. Schl. nicht anders zu verstehen.

[31]) Vgl. Prot. S. 4 und S. 9. §. 2.

Ablehnungen, welche die Requisitionen sonst aus diesen Gründen zu erfahren hätten, vorzubeugen. Rechtlich steht es so, daß die formellen Erfordernisse (von den materiellen s. §. 37) Requisition vorhanden sein müssen, ehe von einer Verpflichtung des ersuchten Gerichts die Rede sein kann. Dies folgt, auch bei Ersuchen von Gericht zu Gericht, so sehr aus der Natur der Sache, daß es gar nicht besonders ausgesprochen zu werden brauchte.

§. 2.

„Die Rechtshülfe wird auf Requisition von Gericht zu Gericht geleistet, soweit nicht in den §§. 3 bis 6 ein Anderes bestimmt ist."

Die Bestimmung bildet den Uebergang zu den folgenden Paragraphen. In dem größten Theile von Norddeutschland ist die Requisition von dem Gericht zu erlassen und an das Gericht zu richten.[32]) Es handelt sich hier nur um die Form und Art der Vermittlung des Ersuchens, damit die in §. 1 anerkannte Verpflichtung, Rechtshülfe zu gewähren, zum Vorschein kommt. Die Regel, entsprechend dem bestehenden altpreußischen, wie gemeinen und sächsischen Rechte ist die, daß die Requisition von Gericht zu Gericht geht.

Diese Regel bezieht sich für jene Gebiete auf alle Requisitionen, mögen sie andere Prozeßhandlungen (s. Vorbemerkung zu §. 3—6), oder Zwangsvollstreckungen (s. Vorbem. zu §. 7) betreffen. Dort ist die Requisition von Gericht zu Gericht meist die einzige Art, wie Rechtshülfe erlangt zu werden vermag. Die Regel gilt jedoch in gewissem Sinne auch für alle übrigen Rechtsgebiete, nämlich in dem Sinne, daß die Requisition um Rechtshülfe von Gericht zu Gericht stets gestattet, wenn auch nicht die einzig mögliche Art der Vermittelung ist.[33]).

Der Zusatz dieses §. „sofern nicht in den §. 3—6 ein Anderes bestimmt ist", hat nach dem Inhalte dieser §§. nur die Bedeutung, daß in gewissem Umfange einerseits von dem Erlasse der Requisition durch das Gericht (§. 5. 6), andererseits von der Ausführung durch das Gericht (§. 3. 4) abgesehen werden kann, nicht aber muß.[34])

Der Verkehr von Gericht zu Gericht behufs der Rechtshülfe ist zunächst als direkteste Vermittlung in der Weise gedacht, daß das eine Gericht sich selbst und unmittelbar an das andere wendet, das letztere selbst und unmittelbar dem Ersuchen durch Ausführung entspricht.

Nach §. 3 ff. kann jedoch der Erlaß, wie die Vollziehung der Requisition durch weitere Vermittelung stattfinden. Indessen muß bei den daraus entspringenden Verhältnissen, welche im Näheren bei den einzelnen §§. zu erläutern sind, stets festgehalten werden, daß es sich nur um

---

[32]) S. Prot. S. 64, §. 5, woraus dann später dieser §. 2, S. 88 gemacht wurde, der ohne weitere Debatte Annahme fand; S. 83.

[33]) Prot. S. 80 a. E.

[34]) Vgl. dazu, was zu §. 1 unter Nr. 1 a. E. bemerkt wurde.

Modifikationen des Geschäftsverkehrs und der Vollziehung handelt, ohne daß das Prinzip des §. 1 alterirt wird.

Die Verpflichtung zur Rechtspflege besteht immer zwischen Gericht und Gericht. Das ersuchende Gericht ist und bleibt das Subjekt, welches berechtigt erscheint, die Rechtshülfe zu fordern, und das ersuchte ist und bleibt das verpflichtete Subjekt, welches schuldig ist, dieselbe zu gewähren (vgl. zu §. 1 Nr. 1. c.). Dies schließt jedoch nicht aus, daß das Ersuchen um Rechtshülfe, anstatt unmittelbar von dem ersuchenden an das ersuchte Gericht zu gelangen, durch eine andere Person oder Behörde, durch die Partei oder die Staatsanwaltschaft oder einen sonstigen Beamten, an das letztere gebracht wird, und ebensowenig daß das ersuchte Gericht, anstatt selbst die Vollziehung zu besorgen, sich dazu anderer Organe bedient, die es zu diesem Behufe in Bewegung setzt.

Für das Verständniß der weiteren Bestimmungen ist es nöthig, zu wissen, wie die Beziehung bei der Requisition von Gericht zu Gericht zwischen dem requirirenden und dem requirirten Gericht gedacht ist. In dieser Hinsicht gilt Folgendes.

1. Die Requisition geht immer von dem Gerichte aus, zu dessen Beihülfe in Ausübung der Rechtspflege die fragliche Handlung vorgenommen werden soll. Dies Gericht heißt das „ersuchende" (§. 1).

Dasselbe ordnet die Handlung, welche auswärts vorgenommen werden muß, an; entweder ausdrücklich oder gerade zum Zwecke der Requisition, oder implicite, bei Vollstreckungen, durch Ertheilung eines Zeugnisses über die Vollstreckbarkeit (§. 10), welches die direkte Aufforderung des ersuchten Gerichts ersetzt oder stillschweigend in sich schließt. Eine Ausnahme dergestalt, daß gar keine Anordnung der vorzunehmenden Handlung durch ein requirirendes Gericht erfolgt, macht in Wahrheit nur §. 5, insoweit dort Alles dem Selbstbetrieb der Parteien überlassen wird. Soweit nun das ersuchende Gericht die vorzunehmende Handlung verfügt hat, wendet es sich in der Regel, so wird unterstellt, um die Ausführung (durch Ersuchen, Requisition [35]) selbst und unmittelbar an das auswärtige (ersuchte) Gericht (§. 2). Allein es ist auch möglich, und dies wird insbesondere für die Gebiete des rheinischen und hannöverschen Rechtes wichtig, daß es die Requisition nicht selbst besorgt, sondern daß dies

a) durch die bei ihm bestehende Staatsanwaltschaft (§. 6) geschieht, oder daß

b) die Requisition der betheiligten Partei ausgehändigt wird, um ihrerseits die Ausführung auswärts zu betreiben (§. 4. 5. 10).

2. Die Aufforderung zur Gewährung der Rechtshülfe, mag sie

---

[35]) Ueber die Form der Requisition ist nichts Näheres verordnet. Hoffentlich wird die Gesammtpraxis verstehen, den alten Zopf der literae mutui compassus, ihrer Kurialien u. s. w., wo er seither noch bestand, abzuschaffen und den Anschauungen der Gegenwart gemäß sich den Verkehr so zwanglos und leicht zu machen, wie dies in einzelnen Gebieten auch schon seither der Fall war. Es wäre Thorheit, auch nur in allen Fällen ein eigenes Schreiben zu fordern. Vieles kann füglich kurzer Hand abgemacht werden.

nun nach Nr. 1 unmittelbar oder mittelbar von einem ersuchenden Gericht, oder durch die Partei an ihre Adresse gelangen, geht in der Regel an das zuständige auswärtige Gericht, welches im Sprachgebrauche des Gesetzes das „ersuchte" heißt (§. 1).

Eine Ausnahme von dieser Regel tritt ein, soweit die betheiligte Partei den Selbstbetrieb der Vollstreckung übernehmend sich nicht an das Gericht wendet, sondern unmittelbar einen zur Vornahme der betreffenden Handlung zuständigen Beamten beauftragt (§. 4).

Das ersuchte Gericht aber kann seinerseits

a) entweder die Ausführung der Requisition selbst in der Hand behalten (§. 3. 5. 10), bezw. an die Staatsanwaltschaft abgeben (§. 3),

b) oder dasselbe verfügt zwar durch ein ausdrückliches Dekret oder durch Ertheilung der Vollstreckungsklausel, daß dem Ersuchen zu entsprechen sei, beauftragt aber mit der Ausführung einen zuständigen Beamten, oder überläßt sie der betreibenden Partei, bzw. einem zu diesem Behufe bestellten Anwalt (§. 3. 12).

Mit einem Worte also: das Verhältniß ist so gedacht, daß in der Regel, vorbehaltlich der besonders bezeichneten Ausnahmen, auf der einen Seite das Ersuchen, auf der anderen die Vollziehung desselben vom Gericht verfügt oder angeordnet wird, daß aber dort die Ausführung des Ersuchens, hier die Ausführung des Vollzuges anderen Personen überlassen werden kann.

§. 3—6.

Vorbemerkungen.

1) Die in §. 3—6 enthaltenen Bestimmungen schließen sich zunächst insofern an §. 2 an, als sie entgegen der dort ausgedrückten Regel für einen Theil des Norddeutschen Bundesgebietes in Bezug auf das Verfahren bei der Requisition einige Besonderheiten aufstellen.

Für die meisten Bundesländer und Rechtsgebiete reicht §. 2 vollkommen aus. Wo kein sogenannter Selbstbetrieb der Parteien, keine Passivität der Gerichte herrscht, vielmehr die gesammte Vollziehungsthätigkeit bei den Gerichten ist und von den Gerichten durch die ihm selbst angehörigen Organe, Unterbedienten u. dgl. ausgeübt wird, ist mit dem Ersuchen von Gericht zu Gericht Alles einfachst abgemacht. Besondere Bestimmungen sind dagegen nöthig für diejenigen Rechtsgebiete, in welchen nach der Gerichtsverfassung und dem Prozeßrecht für einen unmittelbaren Verkehr von Gericht zu Gericht, sowie für eine von dem ersuchten Gericht selbst zu bewirkende Vollziehung die Handhabe fehlt. Zuerst kommt hierbei das Gebiet des Rheinischen Rechts in Betracht. Dort hat nach dem Prinzip der Passivität, welches die Thätigkeit des Gerichts auf die Ertheilung der Urtheile und Beschlüsse beschränkt, das Gericht weder selber eine Requisition an ein anderes Gericht zu übersenden, noch auch eine Requisition zu empfangen und vollziehen. Der Verkehr der linksrheinischen Gerichte nach außen wird durch die Staatsanwaltschaft vermittelt und die Exekution von Urtheilen, wie auch sonstige Vollziehungshandlungen, Zustellungen, Ladungen u. dgl. ist eigenen Beamten, insbesondere den Gerichtsvollziehern oder Huissiers übertragen.

Aehnlich verhält es sich, wenngleich mit einigen Abweichungen, für die Provinz Hannover nach der daselbst geltenden Prozeßordnung.

In anderen Theilen von Norddeutschland ist zwar die Stellung der Gerichte nicht prinzipiell in derselben Weise auf die Rechtssprechung beschränkt, der Exekutive und jeder administrativen Thätigkeit nach außen hin entkleidet, wohl aber in der einen oder der anderen Beziehung doch soviel herbeigeführt, daß wenigstens nicht so direkt und so einfach, wie in den Ländern des gemeinen und altpreußischen Rechts, die Requisition sich von Gericht zu Gericht erledigt. Mitunter erscheint nach neueren Gesetzen die Vermittlung der Requisition durch die Staatsanwälte geboten. Mitunter sind mit manchen Prozeßhandlungen und insbesondere mit der Exekution auf Grund von Urtheilen oder vollstreckbaren Verfügungen eigene Beamte, bald ganz, bald wenigstens in gewissem Maaße, unabhängig von dem Gerichte, betraut. Mitunter zeigt sich in dem Prozeßrecht eine gewisse Begünstigung, wenn gleich weit entfernt von ausschließlicher Anerkennung, des Selbstbetriebs der Parteien. Es leuchtet ein, daß das Alles auf die Behandlung des Verfahrens zur Erlangung auswärtiger Rechtshülfe von Einfluß sein muß.

Darin lag eine der größten Schwierigkeiten eines Gesetzes, welches die zur Zeit bestehenden Einrichtungen respektiren und Rechtshülfe so ausgedehnt, wie möglich, ohne irgend welche erhebliche Abänderungen des Landrechts zu treffen, herbeiführen sollte. Ursprünglich wurde in der Civilprozeß-Kommission vorwiegend das Rheinische Recht ins Auge gefaßt[36]).

Man entwarf eine Reihe von weitläufigen und schwierigen Bestimmungen[37]), bei deren Aufstellung man, wenn auch die Nothwendigkeit derselben zu bedauern blieb, sich damit trösten mochte, daß es überaus nützlich sei, dem nach Rechtseinheit drängenden nationalen Bewußtsein eine recht deutliche Probe des gegenwärtigen Zustandes der Rechtsverschiedenheit vor Augen zu rücken.

In der Folge erachtete man jedoch für besser, nicht blos von dem Rheinischen Rechte besonders zu reden[38]). Mit demselben Fuge hätten auch andere Rechtsgebiete verlangen dürfen, in besonderen Paragraphen berücksichtigt zu werden. Unter Ablehnung eines speziell auf das Rheinische Recht bezüglichen Antrags[39]) beschloß man vielmehr, sich so allgemein zu halten, daß die zu erlassenden Regeln auf alle in den vorgedachten Richtungen abweichenden Rechtsgebiete anwendbar seien.

---

[36]) S. Prot. S. 13, §. 15—19 und deren Berathung S. 30—38.

[37]) Prot. S. 64 ff., §. 6—11.

[38]) Prot. S. 62; s. dagegen früher Prot. S. 55.

[39]) Prot. S. 79.

Daraus sind denn die jetzt vorliegenden Bestimmungen hervorgegangen[40]).

2) Was den Gegenstand der §§. 3—6 anlangt, so betreffen dieselben nach der Oekonomie des Gesetzes alle Prozeßhandlungen, während die Zwangsvollstreckung erst von §. 7 an geregelt wird. Unter „Prozeßhandlung" ist jede Handlung mit Ausschluß der Exekution verstanden, welche in dem anhängigen Prozeß oder auch vor dem Prozeß zum Zwecke der Prozeßführung erforderlich wird. Hierher gehören vor allen Dingen Behändigungen (Zustellungen) und Ladungen jeder Art, mag deren Zweck sein, welcher er wolle, z. B. die Erhebung einer Klage, die Einlegung eines Rechtsmittels u. dgl. Ferner gehören hierher die Requisitionen um Vornahme eines Zeugenverhörs, Augenscheinseinnahme und Vorlage von Urkunden (Edition) u. s. w.

3) Was sodann die zur Erledigung des Ersuchens eintretende Prozedur, mag die Erledigung von einem Gerichte oder von einem anderen Beamten vorgenommen werden, betrifft, so fehlt es für die Requisitionen um Vornahme von Prozeßhandlungen an einer ausdrücklichen Bestimmung, wie sie für die Requisitionen um Zwangsvollstreckung in §§. 7. 8, sowie für den Konkurs in §. 14 enthalten ist. Man hat dies nicht für nöthig gehalten. Mangels positiver Normirung in diesem Gesetz kommen die, aus der Natur der Dinge bei richtiger Auffassung sich ziemlich von selbst ergebenden und neuerdings so ziemlich allgemein anerkannten Grundsätze zur Anwendung.

a. Demgemäß versteht sich von selbst, daß die Ausführung des Ersuchens nach dem Rechte geschieht, welches an dem Orte gilt, wo ausgeführt wird. Vermöge des durchweg maßgebenden territorialen Prinzips der Geltung der Rechte kann das Gericht oder der Hülfsbeamte des Gerichts auch bei Vornahme solcher Handlungen, wie sie unter Nr. 2 bezeichnet wurden, nur in der Weise und in der Form verfahren, welche ihm sein Recht vorschreibt[41]). (Vgl. auch §. 7 und §. 37.) Indessen ist damit nicht gesagt, daß er nothwendig nur in der Prozedurform verfahren kann, welche seine Prozeßordnung ausdrücklich aufstellt. Vielmehr steht es mit dem eben erwähnten Prinzip vollständig in Einklang, daß er insoweit, als sein eigenes Recht keine absolute, jede andere Form der Handlung ausschließende Norm ertheilt, von derjenigen, wenn auch für ihn regulären, Form abweichen kann, welche sein Recht nicht in der Absicht, dadurch jede Möglichkeit einer anderen zu verbieten, vorgeschrieben hat. Dies ist namentlich der Fall, wo ein gewisser Modus der Prozedur gar nur fakultative oder dispositive Bedeutung hat, oder nur im Interesse der Betheiligten angeordnet ist. Nicht jede Vorschrift der Prozeßordnung oder des Prozeßrechts ist dergestalt prohibitiv, daß der Richter durchaus gebunden und die Dispositionsbefugniß der Betheiligten gänzlich ausgeschlossen erscheint. Vielmehr kann eine Reihe von Prozedurvorschriften nur in dem Sinne aufgefaßt werden, daß das Gesetz ohne einen Zwang auszuüben, die von

---

[40]) Prot. S. 80.

[41]) Vgl. Endemann C.-Pr. §. 14; §. 46, Not. 22 ff.

ihm aufgestellte Form als die normale, im Zweifel und wo thunlich einzuhaltende, weil sicherste, proklamirt, keineswegs aber jede andere Art des Verfahrens für unmöglich oder nichtig erklärt [42]). Wo aber das Prozeßrecht dem Richter ausdrücklich oder seinem wahren Sinne nach die Möglichkeit offen hält, nach einer anderen Form zu verfahren, da handelt derselbe doch nach seinem Recht, wenn er in diesem Umfange auf Anregung des ersuchenden Gerichts oder der Betheiligten, von der Prozedurweise abweicht, welche sonst für seine Rechtspflege die gewöhnliche ist.

In Gemäßheit dieses Grundsatzes muß also das ersuchte Gericht oder der selbstständige Beamte, wenn sie eine Requisition zu vollziehen haben, erst prüfen, ob dieselbe so vollzogen werden kann, wie es verlangt wied. Die bloße äußerliche Abweichung einer ihnen zugemutheten Form der Handlung allein entscheidet noch nicht. Man kann nicht ohne Weiteres das Ersuchen darum ablehnen, weil z. B. die Zustellung in irgend einer Modifikation, welche das Recht oder das Reglement des ersuchten Gerichts nicht kennt, oder weil in dem Ersuchen um ein Zeugenverhör die Beeidigung vor der Vernehmung gewünscht wird, während sie nach dem Recht des ersuchten Gerichts erst nach der Vernehmung stattzufinden hat u. dgl. Sondern es bedarf jedesmal der sorgsamen Prüfung des Charakters derjenigen Bestimmung, von welcher im gegebenen Fall nach der Requisition abgewichen werden soll. Ist es eine absolute Bestimmung, so erscheint die Abweichung von derselben verboten, mithin die Vollziehung der Requisition, welche solches verlangt, nach §. 37 unmöglich. Ist es eine blos dispositive, instruktionelle, kurz ihrem Wesen nach zu Abweichungen Raum lassende Bestimmung, so bleibt das Recht und die Pflicht zur Gewährung der Rechtshülfe bestehen, auch wenn eine von dem Rechte des ersuchten Gerichts abweichende Art der Vornahme gefordert wird.

b. Es läßt sich ferner nicht übersehen, daß bei Vollzug der Requisition um eine sonstige Prozeßhandlung immerhin Einwendungen ähnlich, wie bei Vollstreckungen (§. 9), vorkommen können, obgleich zugegeben werden muß, daß sie im ersteren Falle ungleich seltener sein werden. Wenn darüber Nichts gesagt worden ist, so bewendet es bei den allgemeinen, aus der Natur der Sache und der Tendenz dieses Gesetzes zu konstruirenden Regeln.

Hiernach gehören zuvörderst alle Einwendungen, mit denen dargelegt werden soll, daß die Requisition gar nicht zu erlassen gewesen sei, nicht vor das requirirte Gericht. Darüber hat oder hatte allein das requirirende Gericht zu urtheilen [43]). Nicht minder gehören alle Einwendungen gegen die requirirte Handlung lediglich vor das requirirende Gericht. Dort ist allein zu entscheiden, ob die Anordnung der betref-

---

[42]) Endemann a. a. O. §. 14, Not. 5.

[43]) Endemann a. a. O. §. 46, Not. 27. Das schließt freilich nicht aus, daß aus loyalen Rücksichten das ersuchte Gericht dem ersuchenden seine von selbst gefaßten, oder sonstwie ihm erregten Bedenken, bzw. die Einwendungen der Betheiligten gegen den Erlaß der Requisition mittheilt.

fenden Handlung nach dem daselbst geltenden Recht anfechtbar, oder selbst nichtig sein, oder ob die Ausführung derselben eine Iniquität oder Nichtigkeit enthalten würde. Zu Einwendungen in der letzteren Richtung ist ohnehin bei anderen Requisitionen, als um Zwangsvollstreckung, geringere Veranlassung. Denn die Vornahme einer Zustellung, eines Zeugenverhörs u. dgl. erscheint insofern unpräjudizirlich für die Parteien, als die Anfechtung solcher Handlungen immer noch in dem Prozesse vor dem requirirenden Richter unternommen werden kann. Wenn darüber sonst noch ein Zweifel sein könnte [44]), so ist ein solcher nach diesem Gesetze völlig ausgeschlossen, indem das ersuchte Gericht seinerseits auf derartige Einwendungen überall nicht einzugehen [45]), vielmehr nach §. 37 sich lediglich auf die Frage zu beschränken hat, ob es nach seinem Recht die Handlung vorzunehmen befugt ist. Werden in dieser Richtung Einwendungen erhoben, welche freilich nach §. 37 mehr als Anregungen des richterlichen Offiziums, denn als echte Einreden erscheinen, so hat darüber im Umfange der §§. 3—6, d. h. bei anderen Prozeßhandlungen das ersuchte Gericht ebenso zu entscheiden, wie bei Vollstreckungen nach §. 9.

Hingegen ist die Ausführung der requirirten Handlung selbstständige Aufgabe des ersuchten Gerichts, welches darin keineswegs nur als mechanisches Werkzeug des ersuchenden Gerichts erscheint. Schon in dem ganzem Begriff der Rechtshülfe liegt, daß die Prozedur der Ausführung von der Kognition des ersuchten Gerichts abhängt, wie ja dessen Kognition wenigstens in gewissem Maaße auch darüber zu verfügen hat (siehe oben unter a), welcher Modus der Ausführung einzuschlagen sei. Mithin hat auch hier, in voller Uebereinstimmung mit §. 9, das ersuchte Gericht, wenn etwa Einwendungen in Betreff der Art und Weise der Ausführung oder des dabei zu beobachtenden Verfahrens erhoben werden, über dieselben zu entscheiden. [46])

Ein Beispiel macht dies am besten klar. Wird um Vornahme eines Zeugenverhörs requirirt, so hat das ersuchte Gericht nicht zu prüfen, ob die Anordnung der Maßregel, daß die Zeugen abgehört werden sollen, nach Lage der Sache legal sei oder nicht. Sofern nicht die vorzunehmende Handlung nach seinem Rechte verboten ist (§. 37), hat es der Requisition zu entsprechen. Es hat ferner nicht darüber zu urtheilen, ob die Zeugen, die es abhören soll, zulässige oder unzulässige Zeugen, oder ob sie zur Verweigerung des Zeugnisses berechtigt sind. Werden in dieser Richtung Gründe vorgebracht, so hat das requirirte Gericht allenfalls zu erwägen, ob es einstweilen mit der Ausführung der Requisition einhalten und die gegen dieselben entstandenen Bedenken dem requirirenden Gericht vorlegen soll. In keinem Falle aber hat es über jene Dinge die Entscheidung zu fällen. Der Umfang seiner Rechtshülfe-

---

[44]) Nach gemeinem Recht, s. Endemann §. 46, Not. 30.

[45]) S. oben zu §. 1 unter Nr. 3, woraus bereits erhellt, daß die Legalität der requirirten Handlung nach dem Prozeßrecht des ersuchenden Gerichts, bzw. nach der Lage des Prozesses, nie Gegenstand der Kognition des ersuchten Gerichts ist.

[46]) Endemann a. a. O., Not. 32.

thätigkeit ist eben dadurch bestimmt, daß es gewisse, ihm bezeichnete Personen als Zeugen einfach deshalb, weil es nach Maßgabe dieses Gesetzes (§. 1) dazu aufgefordert wird, abzuhören hat, soweit es daran nicht durch ein Verbot seines Rechts (§. 37) gehindert ist.

Ueber die Art und Weise der Vernehmung, welche es nicht nach Befehl des requirirenden Gerichts, sondern nach eigenem Judizium, geleitet insbesondere durch die oben unter a berührten Grundsätze, zu bewirken hat, mit Allem, was dazu gehört, entscheidet das ersuchte Gericht; hat daher auch allein die hierauf abzielenden Anträge und Einwendungen der Parteien oder Zeugen, z. B. in Betreff der Beeidigung, in Betreff der Stellung gewisser Fragen, in Betreff der Instruktion an Ort und Stelle u. dgl., zu erledigen, während eben so gewiß dem requirirenden Gericht dennächst die Kognition darüber vorbehalten bleibt, welche Wirkung nach dortigem Rechte der Ausführung der Requisition und welche Bedeutung den dagegen gerichteten Einwendungen, selbst wenn sie einstweilen von dem ersuchten Gericht verworfen wurden, demnächst in dem Prozesse beizumessen sei. Denn darüber hat unter allen Umständen das ersuchende Gericht zu befinden, ohne irgend an das Recht oder das Urtheil des ersuchten Gerichts gebunden zu sein, welchen Werth der im Wege der Requisition vorgenommene Akt in der Weise, wie er vorgenommen wird, nach seinem Rechte, d. h. also nach dem Rechte des Prozeßortes, hat.

4) Endlich muß festgehalten werden, daß die Ausführung der Requisition nicht zu eigenen, sondern zu fremden Zwecken in Folge der Aufforderuug des ersuchenden Theils erfolgt. Folglich bleibt stets der requirirte Beamte oder das requirirte Gericht zunächst von den Anweisungen des Requirenten abhängig. Soweit es überhaupt möglich und daher geboten ist, der Requisition zu entsprechen, hat also das ersuchte Gericht zunächst bei der Ausführung so zu verfahren, wie das Ersuchen besagt. Nur ist das, da das ersuchte Gericht keine willenlose Maschine ist,[17]) sondern mit eigener Ueberlegung handelt, nicht so sklavisch verstanden, daß keinerlei Abweichung, sei sie auch noch so gering, statthaft erschiene. Im Gegentheil kann es sehr wohl zur, wenigstens moralischen, Pflicht des ersuchten Gerichts werden, um des höheren Zweckes der Rechtspflege willen, und nach bester Einsicht anders zu verfahren, als die Requisition lautet, oder dieserhalb mit dem ersuchenden Theile in Verhandlung zu treten.

Sodann aber ist das ersuchte Gericht, da die Ausführung der Requisition nicht *sein* Zweck ist, an diejenigen späteren Ordre's des Requirenten gebunden, welche dahin lauten, daß die Ausführung ganz unterbleiben oder daß sie aufgeschoben (sistirt) werden soll. Denn während das ersuchte Gericht, weil es ein selbstthätiges Gericht ist, im Umfange der Requisition und je nach dem darin enthaltenen allgemeineren

---

[17]) Auch nicht Stellvertreter-Repräsentant des requirirenden Gerichts in der Weise, daß Alles, was es thut, so gut wäre, als habe es das letztere gethan. Eine früher viel verbreitete, aber gänzlich zu verwerfende Auffassung. — *Endemann* §. 64, Not. 25.

oder spezielleren Auftrag eine gewisse Freiheit in Bezug auf die Art, wie sie ausgeführt werden soll, haben muß, hat es in Bezug darauf, ob sie ausgeführt werden soll, weder positiv noch negativ eine unabhängige Entschließung.[48]) Dasselbe gilt von der Fortsetzung, zu welcher das ersuchte Gericht von dem ersuchenden aufgefordert wird, nachdem eine Unterbrechung oder Sistirung der Vollziehung eingetreten war (s. z. B. zu §. 11 Nr. 4a).

§. 3.

„Wenn nach dem Rechte des Orts, wo die erforderliche „Prozeßhandlung vorzunehmen ist, diese zum Geschäftskreise be„sonderer Beamten (Gerichtsvollzieher, Gerichtsvögte u. s. w.) „gehört oder von der betheiligten Partei bei dem Gerichte un„mittelbar zu betreiben ist, so hat das ersuchte Gericht selbst „oder die bei ihm bestehende Staatsanwaltschaft einen zuständigen „Beamten mit der Vornahme der Prozeßhandlung zu beauf„tragen oder, soweit es erforderlich ist, die Sache einem An„walte oder einer sonst geeigneten Person zur Betreibung zu „übergeben."

In §. 3 und 4 wird von dem Falle gehandelt, wo eine Prozeßhandlung, im Gegensatze einer Zwangsvollstreckung (s. zu §. 7 ff.) für ein Gericht des gemeinen oder altpreußischen Rechts im Gebiete des Rheinischen, Hannöverischen oder eines ähnlichen Rechts vorzunehmen ist.

1) Die dem Paragraph zu Grunde liegende Idee ist die, daß in Uebereinstimmung mit der Regel (vgl. zu §. 1 unter 1 b a. E.) die Requisition stets von Gericht zu Gericht erfolgen kann, wenn sie auch nicht unbedingt (§. 4) so zu erfolgen braucht. Sie wendet sich also sogar am linken Rheinufer an das Rheinische Gericht. Insofern ist zwar nicht der Hannöverischen,[49]) wohl aber der Rheinischen Gewohnheit, welche eine Requisition des Gerichts selbst gar nicht kennt, ein gewisses Opfer auferlegt worden,[50]) das aufzulegen jedoch um so eher möglich erschien, als §. 4 daneben dem Selbstbetrieb freie Hand läßt.

Wenn im weiteren Inhalte des Paragraphen auch auf die Thätigkeit der Staatsanwaltschaft verwiesen wird, so kann diese nur in der Weise eintretend gedacht werden, daß das ersuchte Gericht, sei es auch kürzester Hand, die Requisition zur Erledigung an die bei ihm bestehende Staatsanwaltschaft abgiebt.[51]) Vorausgesetzt ist eben, daß die Requisition zur Zuständigkeit dieses Bezirks, bzw. dieses Gerichtes,

---

[48]) In Bezug auf die wichtigste Requisition, die wegen Zwangsvollstreckung, galt dies für so selbstverständlich, daß ein besonderer Satz, der ursprünglich proponirt war, als überflüssig gestrichen wurde. Prot. S. 84, Abs. 5 (zu §. 9).

[49]) Nach § 29 der H.-P.-O. geht die Requisition dort an das Gericht selbst.

[50]) Prot. S. 80; s. auch S. 31, 32, 60.

[51]) S. Prot. S. 80—81 gegen den früheren Vorschlag in §. 10, Abs. 1 auf S. 66, und in §. 16, S. 13.

von dem die Staatsanwaltschaft einen Theil bildet, gehört und nicht nach §. 44 anderswohin zu dirigiren ist.

Die Abgabe an die Staatsanwaltschaft aber kann von dem ausdrücklich aufgestellten Prinzip aus, daß die Requisition an das Gericht geht und folglich von diesem angenommen wird, nicht den Sinn haben, daß nun die Staatsanwaltschaft über die Requisition zu kognosziren hätte. Die Kognition, ob der Requisition zu entsprechen sei, soweit eine solche überhaupt in Frage kommen kann (s. Vorbemerkung zu §. 3—6 Nr. 3), gehört einzig und allein dem requirirten Gericht. Es soll die Rechtshülfe keineswegs von dem Befinden der Staatsanwaltschaft abhängen, diese vielmehr im Falle der Abgabe an sie verpflichtet sein, für die Erledigung zu sorgen. Das heißt also: die Staatsanwaltschaft hat die Requisition, welche an sie abgegeben wird, auszuführen, nicht aber über dieselbe zu verfügen. Mithin involvirt die Abgabe der Requisition an die Staatsanwaltschaft stets die Entscheidung des Gerichts, daß der Requisition zu entsprechen sei, wenn von einer solchen Entscheidung überhaupt, wo das Gericht nach dem Gesetze in der Kognition über die Gewährung auf das Aeußerste beschränkt und im Uebrigen zur Rechtshülfe verpflichtet ist, noch die Rede sein kann.

2) Der ganze Paragraph bezieht sich nicht auf alle Requisitionen um Prozeßhandlungen, sondern nur auf Requisitionen um Vornahme einer solchen Prozeßhandlung, welche nach dem Rechte des Ausführungsortes

a. zum Geschäftskreise besonderer Beamten (Gerichtsvollzieher, Gerichtsvögte u. s. w.) gehört, oder

b. von der betheiligten Partei bei dem Gerichte unmittelbar zu betreiben ist.

Die erstere Voraussetzung (ad a) trifft im Ganzen nur untergeordnete Ausführungshandlungen des Prozesses, insbesondere Mittheilungen oder Zustellungen. Diese sind es, welche besonderen Beamten, wie sie die Einklammerung exemplifizirt, übertragen zu sein pflegen. Wirkliche richterliche Akte, wie Zeugenverhöre, Eidesabnahmen, Publikationen u. dgl. können nur von dem Gerichte selbst oder allenfalls von einem durch das Gericht deputirten oder beauftragten Richter, an Stelle des requirirten Gerichts, vorgenommen werden. Auf sie bezieht sich mithin die erste Alternative des §. 3 gar nicht.

Auf andere als die unter a begriffenen niederen Manipulationen dagegen bezieht sich hauptsächlich, wenn auch nicht ausschließlich, die unter Nr. b berührte zweite Voraussetzung. Denn der Betrieb der Partei unmittelbar bei dem Gerichte erstreckt sich gerade auf solche Prozeßhandlungen, welche als eigentlich richterliche oder gerichtliche Akte nicht von besonderen Beamten, sondern von dem Gerichte selbst vorzunehmen sind.

3) Wie nun das ersuchte Gericht (vgl. Nr. 1) zu verfahren hat, bestimmt der Paragraph in folgender Weise, und zwar ohne dabei die Unterscheidung der von ihm aufgestellten Wege ausdrücklich an die Unterscheidung der so eben unter Nr. 2 a und b aufgeführten Fälle

anzuknüpfen, wenn sich gleich in dem Folgenden ein innerer sachlicher Zusammenhang beider Unterscheidungen ergeben wird.

Zunächst muß festgehalten werden, daß entweder das Gericht selbst nicht blos über die Gewährung der Rechtshülfe, sondern auch über die Art der Ausführung verfüzt, oder daß es die Ausführung an die Staatsanwaltschaft überweist (in dem zu Nr. 1 berührten Sinne). So setzt es der Nachsatz des §. 3 voraus. Aber auch dann, wenn es in Ausführung der Requisition verfügt, daß und welche Beamte zu beauftragen, daß und welcher Anwalt zu ernennen sei, kann das Gericht immer noch die Staatsanwaltschaft in Bewegung setzen, um diese Verfügung dem Beamten oder dem Anwalt zu notifiziren und so dessen Thätigkeit in Bewegung zu setzen. Alsdann verfügt eben insoweit die Staatsanwaltschaft nicht, sondern führt nur aus, was das Gericht verfügt hat. Ist hingegen einfach die Requisition, weil derselben zu entsprechen ist, an die Staatsanwaltschaft zur Ausführung abgegeben worden, dann hat diese Alles, was zur Ausführung gehört, folglich auch die Beauftragung eines Beamten oder die Ernennung eines Vertreters vorzunehmen. Ihr liegt dann kraft der Abgabe von Seiten des Gerichts die Erledigung des Ersuchens so ob, wie sie sonst dem Gerichte obgelegen haben würde, wenn letzteres die Requisition in seiner Hand behalten hätte.

Das über die Requisition verfügende Gericht, oder die durch Abgabe der Sache von Seiten des Gerichts dazu berufene Staatsanwaltschaft, beauftragt

a. einen zuständigen besonderen Beamten. Dazu ist selbstverständlich nur in dem unter 2 a berührten Falle Veranlassung. Besonders ist wieder an den Gerichtsvollzieher gedacht, und es ist klar, daß sich diese Auftragsertheilung eben nur auf solche Handlungen beziehen kann, für welche solche Beamte zuständig sind, also auf die unter 2 a bezeichneten untergeordneteren Hülfsleistungen. Oder

b. man übergiebt, so weit es erforderlich — d. h. namentlich, soweit nicht die Partei selbst sorgt (nach §. 4) — die Sache einem Anwalt oder einer sonst geeigneten Person zur Betreibung. Der Ausdruck „übergeben" ist absichtlich gewählt worden und nicht „beauftragen", weil nach Rheinischem Recht ein Auftrag an den Anwalt zur Betreibung nicht ausführbar sei[52]). Es ist wiederum klar, daß dies besonders für die unter 2 b berührten Fälle Bedeutung hat. Man wird, wenn dies auch nach der Fassung des Paragraphen nicht ausgeschlossen erscheint, nicht leicht, vielmehr sicher nur aus ganz besonderen Gründen daran denken, einen Anwalt oder Vertreter zu ernennen, wenn es sich nicht um einen bei dem Gericht zu betreibenden, sondern um einen Akt handelt, der durch besondere Beamte vorzunehmen ist. Denn darum, damit dieser einen Gerichtsvollzieher in Thätigkeit setze, einen Anwalt oder Vertreter zu bestellen, wird nur selten ein Grund vorliegen, wo das Gericht oder die Staatsanwaltschaft die Möglichkeit hat, selbst den Auftrag an einen Gerichtsvollzieher zu ertheilen. Das Gericht oder der Staats-

[52]) Prot. S. 83, Abs. 2.

anwalt sind darin rein auf freies pflichtmäßiges Ermessen gestellt, ob sie die Bestellung eines Parteivertreters behufs des unmittelbaren Betriebs der Requisitionserledigung für nothwendig erachten. — Ueber die Kosten der Anwaltsbestellung s. zu §. 43. — Ebenso haben sie darin freies Ermessen, ob sie einem Anwalt oder einer „sonst geeigneten" Person die Sache übergeben wollen. Es ist also keineswegs unbedingt geboten, wenn die Requisition in einem Prozesse erlassen ist, in welchem nach dem Rechte des ersuchten Gerichts die Parteien dem Anwaltszwang unterliegen würden. Hat doch das ersuchte Gericht überhaupt nach den Grundlagen und Voraussetzungen des Ersuchens nicht zu fragen (s. zu §. 1 Nr. 3), folglich auch nicht, ob zu der Legalität der requirirten Handlung nach dem Rechte des ersuchenden Gerichts Anwaltsvertretung nothwendig sei. Es hat, wenn das Ersuchen darüber sich ausspricht, demgemäß zu verfahren und, wenn dasselbe schweigt, so zu verfahren, wie es nach dem am Vollziehungsorte geltenden Recht nöthig hält, um die Legalität der Ausführung aufrecht zu erhalten (vgl. auch zu §. 4). Indessen ergiebt sich von selbst, daß man in wichtigeren und schwierigeren Sachen lieber einen Anwalt nehmen, in andern sich je nach Lage der Dinge mit einer sonst geeigneten Person behelfen wird.

Es liegt hier mithin ein Fall vor, in dem der Partei nach Bedürfniß von Amtswegen ein Vertreter geschaffen wird. Allein es heißt nur, daß diesem die Sache „zur Betreibung übergeben" wird. Er ist damit dem ersuchten Gericht gegenüber zum Betriebe der Requisitionserledigung (vgl. 2. b.) legitimirt. Dagegen ist über seine sonstige Stellung und namentlich über sein Verhältniß zu den Parteien Nichts gesagt. Die Motive der Regierung zu §§. 3—6 sagen: „Selbstverständlich werden diese Personen, insoweit sie einer Vollmacht der betheiligten Partei bedürfen, sich deshalb unmittelbar an die letztere zu wenden, auch nöthigenfalls von der Partei besondere Instruktion einzuholen haben." Geschieht dies, so werden sie natürlich, da die Partei durch ihre Instruktionsertheilung auch ihrerseits zu erkennen giebt, daß sie zufrieden ist, von der betreffenden, gerichtlich ernannten Person vertreten zu werden, da sie mit anderen Worten dadurch ihrerseits Vollmacht hinzufügt, vollständige Prozeßvertreter (Repräsentanten), wenn auch nur ad hoc, für diesen beschränkten Zweck. Geschieht dies aber nicht, so hat ihre Bestellung offenbar nur den Sinn, daß das ersuchte Gericht damit die Legalität seiner Rechtshülfegewährung decken will. Der bestellte Anwalt oder die bestellte Person handelt zwar insofern faktisch im Interesse der betheiligten Partei, als er die von dieser gewollte Rechtshülfehandlung legali modo zur Ausführung bringt; aber im Uebrigen hat er mit der Partei an sich noch keine Verbindung. Mithin bleibt es eine ganz andere Frage, ob und in wieweit die Partei, zumal wenn sie gar Nichts von der Bestellung erfährt, die bei dieser Gelegenheit vorgenommenen Handlungen einer solchen Person als von ihr vorgenommen gelten lassen muß, oder inwiefern sie die Thätigkeit der fraglichen Person und darum möglicherweise selbst die Wirksamkeit der ganzen Handlung demnächst vor dem ersuchenden Gericht anfechten kann.

§. 4.

„Durch die Vorschriften des §. 3 wird nicht ausgeschlossen, „daß die betheiligte Partei unmittelbar einen zuständigen Beam„ten mit der Vornahme der Prozeßhandlung beauftragt oder die „Sache bei dem Gericht betreibt.“

Die in §. 3 enthaltene Voraussetzung, daß um Vornahme einer Prozeßhandlung (s. über diesen Begriff Vorbem. zu §§. 3—6 bei 2) auch in das Rheinische Rechtsgebiet hinein das Gericht zu requiriren sei, wird in §. 4 dadurch gemildert, daß daneben die Erledigung durch Selbstbetrieb der Partei statthaft ist [53]).

Wenn nach Analogie des §. 3 der Partei zur Wahl gestellt wird, entweder selber einen zuständigen Beamten mit der Vornahme der Prozeßhandlung zu beauftragen, anstatt daß dies nach §. 3 sonst durch das Gericht oder den Staatsanwalt geschieht, oder selber die Sache bei Gericht zu betreiben, anstatt daß sonst eine Person dazu nach §. 3 von dem Gericht oder dem Staatsanwalt ernannt wird, macht sich dieselbe Unterscheidung der Handlungen geltend, wie bei §. 3 (s. oben zu §. 3 Nr. 2 a und b). Die erstere Alternative bezieht sich auf die untergeordneten Handlungen, wie Zustellung u. dgl., die letztere auf die bei dem Gerichte vorzunehmenden, also eigentlich gerichtlichen oder richterlichen Akte. Wie der Selbstbetrieb bei dem Gerichte von der Partei auszuüben sei, darüber giebt §. 4 nichts Näheres an. Der allgemeine Ausdruck umfaßt an sich sowohl den Selbstbetrieb in Person, als auch den Selbstbetrieb durch einen von der Partei bestellten Vertreter oder Anwalt. Ob persönliches Auftreten der Partei, oder Vertretung durch eine „sonst geeignete Person“ möglich, oder Vertretung durch einen Rechtsanwalt nach dem Rechte des ersuchten Gerichts geboten ist, hat die Partei besonders zu erwägen. (Vgl. zu §. 3 Nr. 3, b.)

Auch ist darüber Nichts gesagt, wie die Partei den Selbstbetrieb zu übernehmen hat. Der gewöhnliche Gang der Dinge erscheint der, daß die Partei, welche von §. 4 Gebrauch zu machen gedenkt, sich die (s. zu §. 2 Nr. 1) von dem Prozeßgerichte ausgehende Anordnung, daß auswärts die betreffende Handlung vorzunehmen sei, worin denn die an die auswärtige Stelle gerichtete Aufforderung, diese Handlung vorzunehmen, implicite mit enthalten ist, übergeben läßt [54]). Man unterstellt also, daß schon bei Erlaß des Ersuchens die Partei sich darüber entscheidet. Gewiß ist das in der Regel richtig. Indessen ist doch kein innerer Grund und der Wortlaut des §. 4 deutet nirgends darauf hin, daß der Partei verwehrt sein sollte, auch noch später den Selbstbetrieb zu übernehmen. Auch noch nach Erlaß und selbst nach Ankunft der

---

[53]) Der §. 4 ist entstanden aus §. 6, Prot. S. 64, welcher letztere ursprünglich den Selbstbetrieb als die allgemeine Regel hinstellen wollte. Nachdem §. 3 beschlossen worden war, wurde §. 4 nur als eine dem Rhein. Rechte darzubringende Konzession mit aufgenommen; Prot. S. 81.

[54]) In §. 6, S. 64 der Prot. war dies geradezu ersichtlich, ist aber nachher in der Redaktion verschwunden.

Requisition bei dem ersuchten Gericht kann die Partei erklären, daß sie den Selbstbetrieb übernehme und dadurch dem ersuchten Gericht die Fürsorge nach §. 3 erspare. Denn nach §. 4 ist der Selbstbetrieb ein unbeschränktes Recht der Partei und weder das ersuchte Gericht, noch das ersuchende hat etwa darüber erst eine Kognition zu üben, ob der Selbstbetrieb statthaft sei. Die Uebernahme auf eigene Verantwortung ist eben stets statthaft.

§. 5.

„Wird in einem anhängigen oder anhängig zu machenden „Rechtsstreite eine Prozeßhandlung erforderlich, welche nach dem „für das Prozeßgericht geltenden Rechte nicht von den Gerichten „verfügt, sondern im Auftrage der Parteien durch besondere „Beamte bewirkt wird, dagegen nach dem Rechte des Orts, wo „die Handlung vorzunehmen ist, zu dem Geschäftskreise der Ge„richte gehört, so hat das zuständige Gericht dieses Orts auf „den von der Partei unter Vorlegung der zuzustellenden oder „der sonst erforderlichen Schriftstücke gestellten Antrag die Prozeß„handlung anzuordnen."

In §§. 5. 6 wendet sich das Gesetz zu dem andern Fall, daß in dem bei einem Rheinischen oder Hannöverischen Gericht schwebenden Rechtsstreit die Vornahme einer **Prozeßhandlung im Gebiete des gemeinen, altpreußischen u. s. w. Rechts** erforderlich wird.

1) Der vorliegende Paragraph[55]) legt umgekehrt, im Vergleiche zu §. 3, den Gerichten der übrigen Rechtsgebiete ein Opfer zu Gunsten insbesondere des Rheinischen[56]) Systems auf. Er bestimmt nämlich, daß jene Gerichte nicht bloß dann, wenn das Ersuchen von einem Rheinischen Gericht ausgeht, — denn wenn sich das letztere dazu herbeiläßt, seinerseits das Ersuchen auf Antrag des Betheiligten zu stellen, so bleibt es für das requirirte Gericht bei der Regel des §. 3[57]) —, sondern auch dann, wenn **die Partei selbst den Antrag stellt**, unter den hier geordneten Voraussetzungen Rechtshülfe zu gewähren hat[57a]). Man hat es also an dieser Stelle abermals mit dem Prinzip der Passivität der Gerichte und des Selbstbetriebes der Parteien nach Rheinischem Rechte zu thun, welches gerettet werden soll. Die Situation ist die, daß die betreffende Prozeßhandlung nach dem Rechte des (Rheinischen) Prozeßgerichts gar nicht Sache des Gerichts, sondern Sache besonderer, auf un-

---

[55]) Entstanden aus §. 8, Prot. S. 65; s. S. 83. — Der ursprüngliche Vorschlag §. 21 ff. S. 13, und deren Berathung S. 34 a. E. ff.

[56]) Nach der Hannöv. Pr.-O. bleibt es dabei, daß das Gericht requirirt, wie §. 3 voraussetzt.

[57]) Vgl. Prot. S. 81. Man hat dem Rheinischen Gerichte keine Verpflichtung zur Requisition (d. h. seinerseits zu requiriren) aufgelegt, ohne ihm, wenn es will, **nach diesem Gesetze** (§. 2) die Berechtigung dazu abzusprechen.

[57a]) Vgl. auch die Motive der Regierung zu §. 3—6, Abs. 4.

mittelbare Anregung der Parteien thätig werdender Beamten ist, während sie nach dem Rechte des Vollziehungsortes vor das Gericht gehört.

2) Nach der Definition des Vordersatzes bezieht sich der Paragraph ebenso, wie §. 3, nur auf jene untergeordneteren Prozeßhandlungen, welche (nach dem Rechte des Prozeßgerichts) im Auftrage der Parteien durch besondere Beamte (der in §. 3 bezeichneten Art) bewirkt werden, und nicht auf solche Akte, welche auch nach dem Rheinischen Recht von dem Gerichte selbst vorzunehmen sind (vgl. §. 6). Er bezieht sich auf derartige Handlungen nur, wenn dieselben nach dem Rechte des Ortes, wo sie vorzunehmen sind, zum Geschäftskreise des Gerichts gehören; denn wenn sie nicht Sache des Gerichts, sondern anderer selbstständiger Beamten, Gerichtsvollzieher [58]), Notare u. dgl. sind, kommt das Gericht des Vollziehungsortes gar nicht in Frage. Insbesondere ist damit wieder die Zustellung oder Mittheilung gemeint, welche nach Deutschem Recht von dem Gericht besorgt zu werden pflegt [59]). Ausdrücklich trifft die gegenwärtige Bestimmung sowohl diejenigen Prozeßhandlungen, welche in einem anhängigen, als auch diejenigen, welche in einem anhängig zu machenden Rechtsstreite erforderlich werden. Durch diese Unterscheidung, zu der in §. 3 keine Veranlassung war, wird also namentlich auch die Rechtshülfe zur Zustellung einer Klage oder ersten Ladung gedeckt, durch welche ein Rheinischer Kläger die Sache überhaupt erst anhängig machen will.

3) Die Art des Verfahrens zur Leistung der Rechtshülfe in solchen Fällen beruht nach dem Nachsatz darauf, daß das auswärtige (man kann hier gar nicht sagen: requirirte) [60]) Gericht auf den von der Partei gestellten Antrag thätig zu werden hat. Mit Verwerfung jeder anderen Vermittlungsweise, durch Requisition von Seiten der Staatsanwaltschaft, durch die Gerichtsschreiberei u. s. w. [61]), entschloß man sich, das Nachsuchen dieser Rechtshülfe durchaus der betreibenden Partei, sei es, daß diese selbst, oder durch einen Mandatar oder durch die, in diesem Falle eben nur den Parteienantrag übermittelnde (s. zu §. 6 bei Lit. b), aber nicht requirirende, Staatsanwaltschaft [62]), den Antrag stellt, zu überlassen, und hat diesen Gedanken später festgehalten.

Demnach verschwindet hier der Begriff des „ersuchenden Gerichts" vollständig. Nicht nur bei den Zustellungen, welche für einen erst anhängig zu machenden Rechtsstreit verlangt werden, sondern auch bei solchen Zustellungen und Ladungen, welche in einem bereits anhängig gewordenen Prozeß vorkommen, hat das Gericht des Ortes, wo die Zustellung vorzunehmen ist, gar nicht nach der Anordnung dieser Handlung von Seiten des Prozeßgerichts zu fragen. Es ist möglich, daß das letztere in einem Urtheile oder Beschlusse die Ladung ver-

[58]) Nach Hannöv. Pr.-O. § 118 geschieht zwar die Behändigung durch die Gerichtsvoigte, aber „unter Mitwirkung" des Gerichts.

[59]) Endemann, C.-Pr. §. 115, II. bes. Not. 8.

[60]) Wenn man nicht den Begriff einer von der Partei ausgehenden Requisition aufstellen will, der dem Deutschen Recht fremd ist.

[61]) Prot. S. 34—35.

[62]) Vgl. Prot. S. 81, Abs. 3 zu §. 8 und 10, Abs. 2 des Red.-Entw.

fügt und nur deren Bewirkung nach Rheinischem System der betreibenden Partei überlassen hat. Es ist aber auch möglich, daß im Laufe des Rechtsstreites die betreibende Partei proprio motu ohne vorherige Anordnung des Gerichts eine neue Ladung oder Zustellung bewirken will.

Alles, was in dem einen oder in dem anderen Fall für das Gericht des Ortes, wo die Handlung vorgenommen werden soll, nothwendig wird, ist

a) ein von der Partei gestellter Antrag; mit welchem

b) die zuzustellenden oder sonst erforderlichen Schriftstücke vorzulegen sind. Letztere können ebensowohl Parteischriften, Parteiaufforderungen u. dgl., als auch gerichtliche Akte, Urtheile, Verfügungen, Terminsbestimmungen u. dgl. enthalten[63]).

Zugleich ist damit aber auch die Pflicht der Partei ausgesprochen, Alles was an Schriftstücken zu der Ausführung der beantragten Handlung nöthig ist, selbst herbeizuschaffen. Anders kann in der That nicht verfahren werden. Hauptsächlich hat der Paragraph gerade Zustellungs- und Vorladungsakte im Auge.[64]) Diese sind nach Rheinischem Rechte zum Theil in so eigenthümlicher Form von den Gerichtsvollziehern aufzunehmen, daß dem auswärtigen Gerichte nicht zugemuthet werden kann, sie durch seine damit meist gar nicht vertrauten Beamten aufnehmen zu lassen. Das angerufene Gericht kann also verlangen, daß ihm die zuzustellenden und die Zustellungsurkunden von der Partei fertig vorgelegt werden, damit die von ihm nach seiner Weise ertheilte Zustellungsbescheinigung darauf einfach Bezug nehmen und so dem Zwecke der Partei bei dem Rheinischen Rechte genügen mag.

Indessen ist dem ersuchten Gericht nicht verwehrt, wenn es dazu im Stande ist und nicht auf Beibringung von Seiten der Partei bestehen will, solche Akte, wie eine Sommation, selber aufzustellen. Das ersuchte Gericht ist mit einem Wort der selbst betreibenden Partei gegenüber in derselben Situation, wie einem ersuchenden Gericht gegenüber (vgl. zu §. 1 Nr. 5).

4) Wie hat sich das Gericht dem in Gemäßheit der Nr. 3 bei ihm gestellten Antrag einer Rheinischen Partei gegenüber zu verhalten? Der Grundsatz (vgl. zu §. 1 Nr. 3), daß die Rechtshülfe ohne Prüfung der Kompetenz, hier desjenigen Gerichts, bei dem der Rechtsstreit anhängig ist oder anhängig werden soll, zu gewähren ist, gilt auch hier. Ebensowenig hat das um Vornahme der Prozeßhandlung angerufene Gericht die sonstige innere Legalität des Antrags zu erörtern.

Das Gericht steht also insofern hier dem Parteiantrag gegenüber in Bezug auf seine Verpflichtung zur Rechtshülfe gerade so, wie sonst dem in Form der Requisition auftretenden Antrag des fremden Gerichts gegenüber. Nach dem Schluß des §. 5 hat es allerdings zu prüfen, ob dem Antrag die erforderlichen Schriftstücken beigegeben sind. Indessen ist dies nichts Besonderes, da auch dann, wenn eine vom

---

[63]) Vgl. auch Prot. S. 83.
[64]) S. Motive zu §. 3–6, Abs. 5.

Gericht erlassene Requisition vorliegt, das requirirte Gericht immer die zur Ausführung erforderlichen Schriftstücke zu desideriren berechtigt ist.

Die Verpflichtung des angerufenen Gerichts besteht darin, daß es auf gehörigen Antrag der Partei die Prozeßhandlung anzuordnen hat. Die Ausdrucksweise schließt sich völlig an §. 1 an und giebt kund, daß es sich hier nur um eine Anwendung des in §. 1 aufgestellten, umfassenden Grundsatzes handelt. Jedenfalls hat das angerufene Gericht die Ausführung der Prozeßhandlung, Zustellung u. dgl. „anzuordnen". Nur davon redet der §. 5, doch versteht es sich ebenso von selbst, daß sich mit der Anordnung auch die Ausführung unmittelbar verbindet, wo letztere durch die eigenen Leute des Gerichts geschieht, wie es sich andrerseits von selbst versteht, daß die Ausführung der von dem Gerichte nach dem Antrag der Partei angeordneten Prozeßhandlung durch mehr oder minder selbstständige Beamte (z. B. Gerichtsvoigte in Hannover) bewirkt werden muß, wenn dies an dem Orte der Ausführung Rechtens ist.

§. 6.

„Requisitionen und Parteianträge, welche durch Vermittelung der Staatswaltschaft an die Gerichte gelangen, sind in „derselben Weise zu erledigen, als wenn sie unmittelbar von „dem Prozeßgerichte eingesendet oder von der Partei gestellt „wären."

An sich lautet der Inhalt des Paragraphen so allgemein, daß man versucht sein könnte, denselben für einen ganz allgemein auf alle Requisitionen, weß Gegenstandes sie auch sein mögen, bezügliche Bestimmung zu erachten. Doch lehrt die Stellung desselben hinter §. 5 in dem Theil des Gesetzes (§. 3—6), welcher lediglich von den Prozeßhandlungen mit Ausschluß der Zwangsvollstreckung handelt, sowie der Umstand, daß für die letztere in dem analogen Fall (§. 10) besondere Vorschriften, die das Verfahren sichten, ertheilt worden sind, daß sich §. 6 nur auf die ersteren bezieht.[65])

Der §. 6 kommt demnach nur zur Anwendung, so weit 1) die Gewährung der Hülfe zu Prozeßhandlungen der zu §. 3 Nr. 2 gedachten Art in Frage steht, und nur so weit 2) die Rechtshülfe von einem Gericht geleistet werden soll. Er kann sich, soviel die Voraussetzung unter Nr. 2 angeht, nicht auf die Fälle beziehen, in denen die Partei selbst (nach §. 5) die Erledigung bei dem auswärtigen Gericht betreibt.

Das Gericht, welches Rechtshülfe gewähren soll, kann dazu aufgefordert werden,

a) durch Requisition eines auswärtigen Gerichts, und, dies ist nach § 2 die Regel, auch selbst für das Rheinische Gebiet (vgl. zu §. 2 Nr. 2) nicht ausgeschlossen;

b) in Sachen, welche im Rheinischen Rechtsgebiete zu verhandeln sind, aber auch durch Antrag der Partei (§. 5).

---

[65]) Vgl. auch Prot. S. 81, Abs. 2 und Motive zu §. 3—6, Abs. 4.

In beiden Fällen soll das um Rechtshülfe angegangene Gericht darum sich in keine andere Lage versetzt finden, weil ihm die Requisition oder der Antrag durch die Staatsanwaltschaft (des auswärtigen Gerichts) zugeht. Seine Verpflichtung, die Rechtshülfe zu leisten (§. 1), bleibt vielmehr bei der Aufforderung zur Rechtshülfe, welche es durch die Staatsanwaltschaft empfängt, die nemliche wie wenn ihm die gerichtliche oder die Parteienaufforderung unmittelbar zugegangen wäre. Die Staatsanwaltschaft ist befugt, sowohl in dem Falle unter a. das gerichtliche Ersuchen, als auch in dem Falle unter b. den Antrag der den Selbstbetrieb übernehmenden Partei an das betreffende Gericht zu bringen. Gerade für den letzteren Fall soll die Vermittlung des Staatsanwaltes der Partei, wie man hoffen zu dürfen glaubte, Erleichterung und Beförderung gewähren. Die betreibende Partei hat also die Wahl, die Rechtshülfe auswärts unmittelbar, oder mit Hülfe oder Vermittlung der Staatsanwaltschaft zu betreiben.[66])

Daraus folgt ad 1, daß das ersuchende Gericht überall, wo eine Staatsanwaltschaft besteht, welche mit derlei Funktionen bekleidet ist, die Wahl hat, ob es selbst direkt requiriren oder sich dieserhalb an die Staatsanwaltschaft wenden will. Diese Fakultät hat besonderen Werth für das Rheinische Rechtsgebiet, welches gewohnt ist, alle nach außen hin erforderlich werdenden Maßregeln der Staatsanwaltschaft zu überweisen. Indessen kann auch überall sonst das ersuchende Gericht sich der Vermittlung der Staatsanwaltschaft bedienen, wenn dazu nach dem Landesrecht die Möglichkeit gegeben ist.

Es folgt ferner ad 2, und auch dies hat für das linke Rheinufer besonderen Werth, daß die Partei, welche nach ihrem Prozeßrechte die betreffende Prozeßhandlung auswärts im Selbstbetrieb erwirken müßte (§. 5), sich dadurch erleichtern kann, daß sie sich an die Staatsanwaltschaft wendet, welche dann ihrerseits die Angelegenheit dem auswärtigen Gericht übermittelt. Im Verkehr nach anderen Staaten oder Rechtsgebieten wird diese Beihülfe in der That häufig nicht gering anzuschlagen sein.

In beiden Fällen ist übrigens nur von einer Vermittelung, welche die Staatsanwaltschaft übernimmt, die Rede.[67])

Das Gericht, welches die Rechtshülfe leisten soll, darf sich daran nicht stoßen, daß ihm die Aufforderung durch die Staatsanwaltschaft, und nicht durch das Gericht oder die Partei selbst zukommt. Aber die Staatsanwaltschaft wird dadurch keineswegs zur requirirenden Behörde. Mithin hat das angerufene Gericht die ihm von der Staatsanwaltschaft mitgetheilte Aufforderung gerade so zu prüfen, als ob sie ihm vom Gericht (§. 2) oder von der Partei (§. 5) übermittelt worden wäre. Daher denn auch offenbar aus der Mittheilung der Staatsanwaltschaft, weil diese nicht selbst Requisition ist, sondern nur Vermittelung, ersicht-

---

[66]) Prot. S. 81, Abs. 3.

[67]) S. auch Prot. S. 81, Abs. 2 und §. 10, Abs. 2, S. 67; gegen S. 35, Abs. 1.

lich sein muß, ob das Ersuchen des Prozeßgerichts, oder der Antrag einer Partei dahinter steht, damit darnach das ersuchte Gericht ermessen kann, wie es sich zu der Aufforderung zu stellen hat.[68])

Endlich bedarf wohl kaum der Bemerkung, daß hier in keiner Weise darüber verfügt werden sollte, ob und in wie weit die Staatsanwaltschaft verpflichtet sei, sich der Vermittelung von Requisitionen oder Parteianträgen zu unterziehen. Darüber ist lediglich nach dem Landesrecht zu urtheilen. Für das ersuchte Gericht aber ist dies gleichgültig, da es nach dem Prinzip des Gesetzes sicherlich nicht zu prüfen und zu entscheiden hat, ob sich das Gericht oder die Partei der Vermittelung der Staatsanwaltschaft mit Recht bedient hat. Sein Augenmerk richtet sich nur darauf, daß die Aufforderung zur Rechtshülfe in der rechten Weise, d. h. nach Maßgabe dieses §. 6, an seine, des ersuchten Gerichtes, Adresse gelangt ist.

§. 7—12.

Vorbemerkungen.

1) In dem oben bezeichneten Paragraphen behandelt das Gesetz die Zwangsvollstreckung. Unter diesem Ausdruck ist die Exekution im umfassendsten Sinne verstanden. Man wählte denselben als den geeignetsten Ausdruck, obwohl[69]) einiges Bedenken geäußert wurde, weil darunter nach dem Sprachgebrauch mehrerer Gebiete nur die executio ad faciendum verstanden werde. Jedenfalls hat sich das Gesetz diesem Sprachgebrauch nicht angeschlossen, sondern, wie die Einklammerung in §. 7 noch besonders andeutet, jedwede Exekution mit dem Worte „Zwangsvollstreckung" bezeichnet.

2) Es handelt sich ferner nicht blos um die Vollstreckung von Urtheilen, sondern von jederlei Erkenntnissen und Verfügungen, sobald letztere nur richterliche oder gerichtliche (vgl. §. 12) sind;[70]) und zwar gleichviel, ob es sich um eine Verfügung, ein Erkenntniß, Mandat in der Sache selbst, namentlich um eine Verurtheilung in der Hauptsache oder in Nebenpunkten handelt, oder um eine disziplinarische Verfügung gegen eine Partei, einen Anwalt, um die gegen einen Zeugen verhängte Bestrafung u. dgl. Was von wirklich gerichtlichen Verfügungen zu einer Zwangsvollstreckung führt, gehört hierher.[71]) Eben so gewiß ist es gleichgültig, ob es sich um ein wirklich entscheidendes Erkenntniß, oder um einen Vergleichsbescheid, ein Agnitionsresolut u. dgl. handelt, die nicht minder vollstreckbare richterliche Akte darstellen.

---

[68]) In den Motiven der Regierung zu §. 3—6, Abs. 4 heißt es freilich „Requisition der Staatsanwaltschaft (§. 6)"; allein schwerlich in der Absicht, damit etwas Anderes, als den hier dargestellten Begriff zu bezeichnen.

[69]) Prot. S. 20, Abs. 3. — Vgl. auch Endemann C.-Pr. §. 251, I.

[70]) In §. 10 ist allerdings nur von „Erkenntnissen" die Rede, aber nach Prot. S. 84 oben war die Meinung, daß alle Verfügungen (Mandate, Strafbefehle u. dgl.) von selbst mitbetroffen seien. Im Nürnb. Entwurf §. 1 waren diese zum Theile besonders erwähnt.

[71]) S. Prot. S. 20 a. E., wo demgemäß der Ausdruck in einem später freilich ganz und gar gestrichenen Satz modifizirt wurde.

Umgekehrt bezieht sich ebenso gewiß das Gesetz nicht auf Vollstreckungen, welche nicht auf einem gerichtlichen, und eben deshalb durch Zwangsvollstreckung erzwingbaren Ausspruch beruhen; mithin nicht auf die Exekution aus exigiblen Urkunden, sofern diese nach manchen Rechten ohne alle Dekretur eines Gerichts begehrt werden kann[72]); auch nicht auf Vergleichs-, Agnitions-, Verzichtsprotokolle, sofern solche nach manchen Rechten ohne richterliche Verfügung oder Sentenz für vollstreckbar gelten[73]).

3) Die Aufforderung zum Vollzuge einer Zwangsvollstreckung kann

a. in der Weise geschehen, daß überhaupt Zwangsvollstreckung oder

b. in der Weise, daß eine, namentlich dem Mittel oder der Art nach, speziell bezeichnete Zwangsvollstreckung vorgenommen werden soll, sei es, daß die spezielle Art der Exekution schon in dem Erkenntniß oder der Verfügung, aus denen die Vollstreckung hervorgeht, angeordnet worden ist, sei es, daß das Ersuchen oder der Parteiantrag sich gerade auf diese spezielle Art richtet.

Das Gesetz hebt die beiden Fälle nicht ausdrücklich hervor. Die Verschiedenheit derselben muß jedoch bei der Folgerung aus §. 7 berücksichtigt werden.

Für das ersuchte Gericht kommt in dieser Hinsicht immer nur das Ersuchen, nicht das Erkenntniß oder die Verfügung in Betracht. Es würde dem Geiste und der Absicht des ganzen Gesetzes widersprechen, wenn das ersuchte Gericht prüfen sollte, ob die von ihm verlangte Zwangsvollstreckung dem Erkenntniß oder der Verfügung, deren Vollstreckung in Frage ist, gemäß sei oder nicht. Ist daher in dem zu vollstreckenden gerichtlichen Akt eine spezielle Art der Vollstreckung angeordnet, so kann das ersuchte Gericht die Requisition nicht deshalb ablehnen, weil es um eine andere Art der Vollstreckung angegangen wird. Ob mit Recht das ersuchende Gericht eine andere Exekutionsart substituirt hat, ist nicht Gegenstand der Untersuchung bei dem ersuchten Gericht. Die Wahrung der Legalität nach dieser Seite hin liegt allein dem ersuchenden Gericht ob, und das ersuchte hat nach §. 37 nur zu erwägen, ob die Exekution so, wie es darum ersucht wird, nach seinem Rechte zulässig erscheint; wie dies auch durch §. 8 bestätigt wird.

4) Was den Inhalt und die Anordnung der §§. 7—12 angeht, so werden

a. in den §§. 7—9 allgemeine, für alle Rechtsgebiete gültige Be-

---

[72]) Das war sowohl bei der Berathung der Civil-Prozeß-Kommission, s. Prot. S. 21, als auch im Reichstag, s. Stenograph. Berichte S. 867, die Meinung. Sobald freilich das Gericht, sei es auch nur auf der exigiblen Urkunde selbst, eine Vollstreckungsverfügung oder Vollstreckungsklausel ertheilt hat, liegt eine gerichtliche Dekretur zur Vollziehung vor, die nach diesem Gesetz zu behandeln ist. Denn daß die Anwendbarkeit des letzteren nicht davon abhängt, daß vorher zweiseitiges Gehör stattgefunden, ergiebt sich von selbst. Auch in dieser Beziehung verläßt man sich durchaus auf die Legalität des verfügenden und requirirenden Gerichts (vgl. zu §. 1 Nr. 3).

[73]) Abweichend Nürnb. Entw. §. 1, Abs. 3.

stimmungen über das Verfahren bei der Zwangsvollstreckung getroffen. Es folgen dann

b. in den §§. 10—12 besondere Bestimmungen über die Prozedur wegen des Rheinischen und verwandter Rechte.

Bei den letzteren ergiebt sich aber ein wohl zu beachtender Unterschied im Vergleich zu den Bestimmungen über die Rechtshülfe zu andern Prozeßhandlungen (§. 3—6).

Bei der Rechtshülfe behufs der Zwangsvollstreckung ist immer sowohl da, wo die zu vollstreckende Verfügung ertheilt worden ist, als auch da, wo diese vollstreckt werden soll, zunächst das Gericht thätig. Diese Garantie erscheint für die Zwangsvollstreckung, welche von ganz anderer Wichtigkeit ist, als die Vornahme anderer Prozeßhandlungen, durchaus nothwendig. Insofern bleibt also der Hauptgrundsatz des §. 2 für die Zwangsvollstreckung durchweg gewahrt. Indessen schließt das nicht aus, daß sich doch die weitere Ausführung der Rechtshülfe im Verhältniß zu den Rheinischen und den unter ähnlichem Recht stehenden Gerichten, worüber die §. 10—12 das Nöthige enthalten, modifizirt. Für das Verhältniß der Gerichte des übrigen Rechts unter sich sind[74]) hier so wenig, wie wegen der Rechtshülfe zu anderen Prozeßhandlungen, weitere Bestimmungen erforderlich.

5) Es ist endlich festzuhalten, daß der fragliche Abschnitt des Gesetzes gänzlich absieht von der Zwangsvollstreckung, welche die siegreiche Partei aus einem rechtskräftigen Erkenntnisse im Wege einer besonderen Klage (actio judicati) zu erwirken sucht. Zu deren Erleichterung dient §. 19. Wird, wie nach den meisten Rechten vollkommen zulässig, eine solche Klage ergriffen, so ist dieselbe als solche bei dem zuständigen Gericht anzubringen, und es entwickelt sich daraus ein selbstständiger Prozeß. Eben deshalb hat das Gesetz, welches die Rechtshülfe zwischen den Gerichten zu ordnen hatte, diesen Fall bei Seite geschoben.[75])

Von Rechtshülfe zum Zwecke der Zwangsvollstreckung ist im Sinne des Gesetzes nur da zu reden, wo die Angelegenheit der Vollstreckung an sich bei dem Gerichte bleibt und (nach gemeinrechtlicher Vorstellung durch imploratio officii judicis) betrieben, das auswärtige Gericht eben nur um der Ausführung willen requirirt wird.[76]) Gerade weil es die nach Deutschem Rechte gewohnte Auffassung ist, daß die Exekution sich unmittelbar an den ursprünglichen Prozeß anschließt und daß unmittelbar aus der vollstreckbaren Verfügung die Exekution hervorgeht,[77]) sind die in §. 8. 9 folgende Bestimmungen nöthig. Sie sind völlig entbehrlich, soweit man die Zwangsvollstreckung lediglich dem Betriebe der Partei (durch actio judicati) überläßt.[78])

---

[74]) Aus dem im Eingang der Vorbemerkungen zu §. 3—6 berührten Grunde

[75]) Prot. S. 21, Abs. 3.

[76]) Vgl. Endemann C.-Pr. §. 254, II. und III.

[77]) Die Gründe, aus denen diese Auffassung in praxi die selbstständige actio judicati fast ganz verdrängt hat, s. Endemann a. a. O.

[78]) Ueber die Gründe gegen diese Ordnung der Dinge s. Prot. a. a. O.

§. 7.

„Eine im Wege der Rechtshülfe zu bewirkende Zwangsvoll„streckung (Exekution) erfolgt nach den am Orte der Vollstreckung „geltenden Vorschriften."

Für die Zwangsvollstreckung wird hier derjenige Grundsatz aufgestellt, der nach unseren Vorbemerkungen zu §. 3—6 unter Nr. 3. überall bei Requisitionen maßgebend sein muß; wie denn auch die Motive [79]) selbst den Inhalt dieses Paragraphen nur als Konsequenz des allgemeinen Grundsatzes darstellen, „daß für das prozessualische Verfahren nur die Gesetze des Ortes entscheiden können, an welchem der zum Prozeß gehörige Akt vorgenommen wird."

Daß sich die Frage, ob die requirirte Zwangsvollstreckung zulässig sei, nach dem Recht des Vollstreckungsortes entscheidet, folgt aus §. 37. Hier in §. 7 denkt das Gesetz wesentlich an den Exekutionsmodus, an Art und Mittel der Zwangsvollstreckung. Wie die letztere zu bewirken sei, darüber hat das ersuchte Gericht (bzw. der Vollstreckungsbeamte) (vgl. §. 12) nach seinem Recht zu befinden. Daraus ergiebt sich denn auch, da hieraus unbeschadet der Pflicht des Gerichtes, schon von Amtswegen nach seinem Recht zu verfahren, Anlaß zu Einwendungen entstehen kann, im Nähern §. 8.[80])

Die hier unterstellte Befugniß des ersuchten Gerichts in Bezug auf die Bestimmung der Exekutionsart und der Exekutionsmittel trifft vollständig zu, wenn die Requisition allgemein um Zwangsvollstreckung ersucht und damit die Wahl der Exekutionsart und des Exekutionsmittels der ersuchten Stelle überläßt. Da es auf das Ersuchen ankommt (vgl. Vorbemerkungen zu §. 3—6 Nr. 3), so erscheint selbst dann, wenn in dem Erkenntniß oder in der Verfügung eine spezielle Art der Exekution angedroht ist, das ersuchte Gericht befugt eine andere Art zu substituiren, sobald nur die Requisition nicht gerade auf diese spezielle Art beschränkt ist; und das wird besonders für den Fall wichtig, wo die in der Verfügung angedrohte Art der Exekution von dem Rechte des Vollstreckungsgerichts verboten wird oder sonst ein Hinderniß findet. Daß die Anwendung anderer Exekutionsmittel aus dem formellen Grunde, weil in dem zu vollstreckenden Erkenntnisse oder der Verfügung eine bestimmte Exekutionsart angedroht war, welche auszuführen dem ersuchten Gericht unmöglich ist, so wenig, wie aus dem Grunde, weil eine andere angedroht war, als diejenige, um welche requirirt wird, zu verweigern sei, galt bei der Berathung der vorliegenden Bestimmung für selbstverständlich.[81]) Es ist eben nicht Sache des ersuchten Gerichts die Legalität des Ersuchens aufrecht zu erhalten. Zu seiner Legitimation, irgend eine Exekutionsart vorzunehmen, gleichviel was darüber das zu vollstreckende Erkenntniß besagt, genügt es

---

[79]) Unter Hinweis auf §. 29 des Nürnb. Entw.

[80]) Vgl. daher zu §. 8 Nr. 3, bes. 3, b.

[81]) Prot. S. 20, Abs. 4.

vollständig, daß ihm das Ersuchen oder der Antrag, durch welche es in Thätigkeit gesetzt wird, dazu Raum läßt.

Indessen darf nicht übersehen werden, daß die Sache ganz anders steht, wenn das Ersuchen gerade auf eine bestimmte Art der Vollstreckung geht (vgl. Vorb. §. 3—6 Nr. 3). Ist dem so, so hat das ersuchte Gericht wenigstens nicht ohne Weiteres und unbedingt die Befugniß, aus irgend einem Grunde eine andere Exekutionsart zu substituiren. Gewiß dann nicht, wenn ersichtlicht ist, daß es dem requirirenden Gericht gerade um die speziell bezeichnete Art zu thun ist. Ob aber sonst das requirirte Gericht, wenn es dafür hält, daß es dem requirirenden Gericht gleichgültig oder genehm sein möge, die Exekution in anderer Weise vollzogen zu sehen, in der Hoffnung des Einverständnisses ohne vorgängige Anfrage bei dem letztern, einen anderen Modus der Vollstreckung wählen, oder ob es, um etwaigen Bedenken auszuweichen, zuvor anfragt, oder die Requisition behufs der Erledigung seiner Bedenken wegen Substitution einer anderen Vollstreckungsart zurückschicken soll, ist eine konkrete Frage, welche der möglichst taktvollen und willfährigen Behandlung solcher Ersuchen anheimfällt.

Uebrigens ist eine Frage, welche zumal im Hinblick auf die Verschiedenheit der Landesrechte, früher an dieser Stelle besondere Schwierigkeiten machte,[82]) nemlich in wieweit die Personalhaft als Exekutionsmittel angewendet werden könne, durch das Bundesgesetz vom 29. Mai 1868 betreffend die Aufhebung der Schuldhaft so gut wie überflüssig geworden.

§. 8.

„Ueber Einwendungen, welche die Zulässigkeit der Rechtshülfe „(§. 37), die Art und Weise der Vollstreckung oder das bei „derselben zu beobachtende Verfahren betreffen, hat das Gericht „des Vollstreckungsortes zu entscheiden.“

„Dasselbe gilt von Einwendungen, welche von dritten Per„sonen wegen eines Anspruchs auf den Gegenstand der Voll„streckung erhoben werden“.

„Alle anderen Einwendungen gegen die Vollstreckung unter„liegen der Entscheidung des Prozeßgerichts.“

Auch dieser Paragraph enthält nur die Anwendung eines allgemeinen Prinzips auf die Zwangsvollstreckung. Er zieht die Konsequenz der Stellung, welche das requirirte Gericht in Folge der Requisition einnimmt (vgl. Vorb. zu §. 3—6 Nr. 5). Da hier, wie in unseren Vorbemerkungen zu §. 7—12 unter Nr. 5 erwähnt, unterstellt wird, daß die Exekution als Konsequenz der Verfügung bei dem Gericht anhängig ist und bleibt, welches die Verfügung ertheilt hat, daß sie mithin, auch wenn es sich um Vollstreckung der Endsentenz handelt, nur ein weiteres oder Schlußstadium des nemlichen Prozesses bei dem Gericht, welches den Prozeß geleitet und entschieden hat, bildet und daß nach auswärts nur um der Realisirung willen requirirt wird, so muß in

[82]) S. Kommiss.-Bericht zum Nürnb. Entw. §. 28.

Bezug auf das Verfahren und insbesondere in Bezug auf die möglichen Einwendungen das Gesetz die beiden betheiligten Stellen, die requirirende und die requirirte, auseinandersetzen. Die Auseinandersetzung aber muß in Gemäßheit dessen, was auch dem §. 7 zu Grunde liegt, davon ausgehen, daß Alles, was die Ausführung betrifft, da diese die freie, seiner Verantwortung anheimgestellte Thätigkeit des ersuchten Gerichts bildet, zu dessen Kognition, dagegen Alles, was die Sache selbst angeht, dem ersuchenden Gericht gebührt [83]). Die Motive weisen zugleich auf §. 30 des Nürnberger Entwurfes hin.

1) Das Gericht des Vollstreckungsortes (hat zu entscheiden). Dies ist gewöhnlich das ersuchte Gericht, bzw. das Gericht, an welches nach §. 49 die Requisition abgegeben worden ist, wenn die Ausführung der Vollstreckung dem Gerichte verbleibt. Denn dieses Gericht ist berufen, über die Einwendungen gegen seine Thätigkeit in Ausführung des Ersuchens zu erkennen. Allein der Ausdruck, „das ersuchte Gericht" ist als zu eng vermieden worden, weil die Ausführung möglicherweise einem selbstständigen Beamten, Gerichtsvollzieher u. dgl. zufällt (§. 12), und weil nach manchen Rechten nicht das Gericht, welches die Vollstreckung anordnet, sondern entweder stets das Kollegialgericht, oder doch je nach dem Gegenstande bald der Einzelrichter, bald das Kollegialgericht zu entscheiden hat [84]).

In diesem Fall müssen die Einwendungen gegen diese Prozedur bei dem Gericht des Ortes, nicht etwa wo der Gerichtsvollzieher wohnt oder angestellt ist — sein Amtssprengel kann mehrere Gerichtsbezirke umfassen —, sondern des Ortes, wo die Vollstreckung geschieht, angebracht und erledigt werden. Die Exekution erweist sich insofern auch in diesem Falle doch als unter dem Schutze des örtlich zuständigen Gerichts stehend. Welches Gericht zuständig sei, das Einzelgericht, gewöhnliche Kollegialgericht, oder Handelsgericht, soll, wie die Motive zu §. 8 besagen, nach den am Orte der Vollstreckung geltenden Kompetenzvorschriften zu beurtheilen sein; eine Beurtheilung, die allerdings schwierig werden kann, indem z. B., weil am Vollstreckungsorte Handels- und andere Gerichte bestehen, casu quo erwogen werden muß, ob die Sache eine Handelssache sei oder nicht, während dazu bisher im Prozesse gar kein Anlaß war, weil am Prozeßorte gar kein besonderes Handelsgericht besteht.

Soweit die Kompetenz von dem Werthe des Streitgegenstandes abhängt, kann für die Bemessung der Zuständigkeit des Gerichts am Vollstreckungsorte in Bezug auf Einwendungen der in §. 8 gedachten Arten natürlich nur derjenige Werth entscheiden, welcher bei der betreffenden Vollstreckung in Fraze ist, nicht etwa unbedingt der ganze Werth des ursprünglichen Prozeßgegenstandes, oder auch nur unbedingt der ganze Werth der zu vollstreckenden Kondemnation.

---

[83]) Vgl. Endemann a. a. O. §. 254, III A.

[84]) Prot. S. 84, Abs. 2. — Dies kann jedoch nur als Anomalie gelten. Für die in §. 8, Abs. 3 berührte Klasse von Einwendungen setzt übrigens §. 9 voraus, daß sie stets bei dem Vollstreckungsgericht angebracht werden. S. unten zu §. 9.

2) Nur von Einwendungen, welche die Betheiligten erheben und dadurch zu einem weiteren Verfahren und zu einer Entscheidung Anlaß geben, war hier zu handeln.

Was das ersuchte Gericht von Amtswegen zu berücksichtigen hat (vgl. zu §. 1 Nr. 5 u. §. 37), sei es an formellen, sei es an materiellen Vorbedingungen der Rechtshülfe, gehört nicht hierher.

3) Die Kategorieen der Einwendungen[85]), über welche das Gericht des Vollstreckungsortes zu entscheiden hat[86]), sind nun:

a. Einwendungen gegen die (materielle) Zulässigkeit der Rechtshülfe, wie solche aus §. 37 hervorgehen können, sofern nicht darauf das ersuchte Gericht schon von Amtswegen achtet;

b. Einwendungen in Betreff des materiellen Exekutionsrechts, insbesondere in Betreff der Wahl des Exekutionsmittels[87]). Da und soweit diese (vgl. zu §. 7) von dem ersuchten Gericht abhängt und nach dem Rechte des Vollstreckungsortes getroffen wird, ist auch am Vollstreckungsort darüber zu erkennen, ob die Exekution in der richtigen Weise von Statten gehe.

Nur die prozessualische, nicht die materielle Seite der Vollstreckung ist gemeint; jene aber auch im ausgedehntesten Maaße. Dahin gehören beispielsweise Einwendungen, wie die, daß noch keine Vollstreckung in Immobilien oder Forderungen stattfinden dürfe, weil noch Mobilien da seien, daß gewisse Gegenstände nicht der Exekution unterliegen u. s. w. Ebenso hat das Vollstreckungsgericht darüber nach seinem Recht zu entscheiden, ob die Vollstreckung nur in gewisse Vermögenstheile, nur in gewisse Beträge, wie namentlich bei Staatsdiener- und ähnlichen Gehalten nur auf eine bestimmte Rate[88]) erfolgen kann. Alle diese Punkte können den Stoff zu Einwendungen abgeben, über welche jenes Gericht zu entscheiden hat, obwohl sie an sich auch schon von Amtswegen und nach §. 7 von demselben zu beachten sind[89]).

c. Einwendungen, welche das bei der Vollstreckung zu beobachtende Verfahren betreffen. Denn auch das richtet sich ja ganz nach dem Rechte des Vollstreckungsortes. Dahin gehört z. B. die Einhaltung der ordnungsmäßigen Exekutionsfristen u. dgl. Fristgesuche des Exequenden, welche dessen Verhältniß zu dem Gläubiger betreffen, gehören nicht hierher. Darüber hat das ersuchende Gericht zu erkennen, da sie hier nicht vorbehalten sind (vgl. Abs. 3). Indessen schließt das nicht aus, daß Fristgesuche, mit welchen zulässiger Weise etwa nur bei dem ersuchten Gericht irgend ein Aufschub erlangt werden soll, als das Verfahren betreffend, von diesem entschieden werden[90]).

---

[85]) Im Wesentlichen wie in §. 29 des Nürnb. Entw.

[86]) Vgl. dazu Endemann §. 254, III A. a. E.

[87]) Prot. S. 21, Abs. 2. Stenogr. Berichte des Reichstags S. 867.

[88]) Oft ebenfalls benef. competentiae genannt, indessen in ganz anderem Sinne — Endemann §. 253, Note 17 —, als die exceptio competentiae, von der unten zu §. 8, Nr. 5 die Rede ist. — Vgl. Kommiss.-Bericht zum Nürnb. Entw. §. 28 z. A.

[89]) Vgl. zu §. 7 bei Not. 70.

[90]) Das Vollstreckungsgericht so gut wie der Vollstreckungsbeamte (Huissier)

4) Im Abs. 2 werden gleichergestalt die Ansprüche dritter Personen auf den Gegenstand der Vollstreckung an dasselbe Gericht, des Vollstreckungsortes, verwiesen. Dies folgt aus der Rücksicht, daß über solche Ansprüche, wenn sie als Einwendungen gegen die schwebende Exekution auftreten, da entschieden werden muß, wo die Exekution vor sich geht. Soweit solche Ansprüche die Gestalt einer selbstständigen Klage annehmen, sei es auch unter dem Namen einer (Haupt-) Intervention,[91]) sind die völlig als selbstständige Klagen zu behandeln. Ihre Kompetenz entscheidet sich nach dem sonstigen Prozeßrecht. Was hier allein interessirt ist die Einwendung, d. h. das der Exekution am Vollstreckungsort wegen solcher Ansprüche bereitete Hinderniß. Dahin gehört z. B., was der häufigste Fall ist, der auf die Behauptung des Eigenthums an dem Exekutionsobjekt von einem Dritten, der Ehefrau u. s. w. gegründete Antrag, von der Exekution an diesem Objekte Abstand zu nehmen, zu dessen Beurtheilung freilich die Untersuchung des ganzen rechtlichen und thatsächlichen Fundamentes ebenso nothwendig werden kann, wie wenn daraus eine förmliche Klage formirt worden ist. Wird von einer dritten Person in diesem Sinne Einwand erhoben, so hat das Gericht der Vollstreckung darüber zu entscheiden, ob deshalb die betreffende Sache von der Exekution auszunehmen sei oder nicht.[92])

5) Alle andern Einwendungen unterliegen der Entscheidung des Prozeßgerichts. Abs. 3, eigentlich nur eine nochmalige ausdrückliche Deklaration dessen, was schon in Abs. 1 u. 2 mitenthalten ist, wurde besonders um deswillen zugefügt, weil damit einem Bedürfniß des kontroversen Preußischen Rechts genügt werde.[93])

Alle anderen, d. h. eben, als die in Abs. 1 u. 2 aufgeführten, sie mögen Namen haben, wie sie wollen. Mithin gehört auch die Einrede der Kompetenzwohlthat, welche in dem Sinne, daß der Beklagte nur id quod facere potest leisten zu müssen vorschützt, bekanntlich nicht blos als Einwand gegen die Kondemnation im eigentlichen Prozesse, sondern auch noch als Einwand gegen die Exekution in dem Exekutionsstadium vorkommen kann,[94]) unbedingt vor das Prozeßgericht.[95]) Dasselbe gilt von allen anderen materiellen Einreden, z. B. der Zahlung, des Vergleichs, der Kompensation, so weit solche noch in dem Stadium der Exekution vorkommen können.[96])

---

kann in der Regel innerhalb seiner Pflicht und kraft seiner Amtsbefugniß eine Befristung gewähren, die aber einen ganz andern Charakter hat, als die aus einem Rechte der Partei gegenüber der Partei hervorgehende Befristung. Und wenn kein ausdrückliches Recht der ersteren Art existirt, so wird doch praktisch überall so verfahren. — Vgl. hierzu Prot. S. 21.

[91]) Endemann, C.-Pr. §. 75.

[92]) Vgl. Nürnb. Kommiss.-Bericht zu §. 29 a. E. nach Heffter, System des Civ.-Proz. §. 519.

[93]) Prot. S. 22, Abs 5.

[94]) Endemann, §. 255, Not. 11. — Vgl. auch Kommiss.-Bericht zum Nürnb. Entw. §. 28 z. A Ueber das benef. competentiae in ganz anderem Sinne s. Not. 88.

[95]) Ob dies richtig sei, wurde Prot. S. 21 bezweifelt; aber daß es so ist nach §. 8, ist nicht zu bezweifeln.

[96]) Vgl. Endemann §. 255. III B.

Sie unterliegen der Entscheidung des Prozeßgerichts. Doch hindert Nichts und wird sich häufig im Interesse der Betheiligten wie der Erleichterung der Rechtspflege empfehlen, daß das Gericht des Vollstreckungsortes die Einwendungen auch dan entgegen-, bzw. zu Protokoll nimmt, dem Prozeßgericht übermittelt, wenn nicht gerade der Fall des §. 9 dazu hinführt; nach Befinden sogar einstweilen innehält oder darüber mit dem requirirenden Gericht sich in Einvernehmen setzt. [97])

§. 9.

„Werden bei dem Vollstreckungsgerichte Einwendungen erhoben, „über welche in Gemäßheit des §. 8 das Prozeßgericht zu ent-„scheiden hat, so kann das erstere, wenn ihm die Einwendungen „erheblich und in thatsächlicher Beziehung glaubhaft erscheinen, „die Vollstreckung vorläufig einstellen."

„Im Falle der Einstellung ist für die Beibringung der An-„ordnung des Prozeßgerichts eine Frist zu bestimmen, nach deren „fruchtlosem Ablaufe die Vollstreckung fortgesetzt wird."

Soweit nach §. 7 das Gericht der Vollstreckung über die erhobenen Einwendungen zu entscheiden hat, hat dasselbe auch zu verfügen, inwiefern etwa auf Grund einer solchen Einwendung die Exekution einstweilen zu sistiren sei. Einer besonderen Bestimmung bedurfte es nur für den Fall, daß Einwendungen erhoben werden, welche der Entscheidung des Prozeßgerichts unterliegen (§. 8, Abs. 3). Für diesen Fall verordnet §. 9, [98]) daß unter den geeigneten Voraussetzungen die Vollstreckung vorläufig eingestellt werden kann.

Ob nun eine solche Sistirung eintreten soll, darüber hat das Vollstreckungsgericht zu verfügen, worunter dasjenige Gericht zu verstehen ist, welches die Vollstreckung mindestens angeordnet hat, wenn auch die Vollstreckungsausführung nicht durch das Gericht, sondern durch einen selbstständigen Gerichtsvollzieher oder einen ähnlichen Beamten bewirkt wird (§. 12), geschweige denn dasjenige Gericht, welches die Vollstreckung nicht blos verordnet, sondern auch selbst ausführt oder ausführen läßt (§. 11).

Der Ausdruck ist absichtlich und mit Recht anders gewählt worden, als in §. 8. [99])

Dasselbe kann, muß aber nicht vorläufig einstellen. Es wird dem

[97]) Darin liegt das mildernde Korrektiv gegen die sonst leicht allzuharten Konsequenzen des Abs. 3 des §. 8, welche unausbleiblich sind, wenn sich das ersuchte Gericht um einen Einwand der Zahlung, wäre er noch so scheinlich, ja selbst um eine ihm sofort vorgezeigte Quittung gar nicht zu kümmern hat, weil das Alles nur vor das Prozeßgericht gehört. — Auch läßt sich nicht einmal dem requirirten Gericht verwehren, darauf Rücksicht zu nehmen, wenn es nur von Amtswegen weiß, daß zu solchen Einwendungen Grund ist. Die Vollstreckung hat eben unvermeidlich nicht einen rein prozessualischen, sondern zum guten Theil einen administrativen, durch die Zweckmäßigkeit bedingten Charakter.

[98]) Einfacher, als die ursprünglichen Vorschläge. S. Prot. S. 10—11, §. 8—9 und deren Berathung S. 22. — Vgl. Nürnb. Entw. §. 30—31.

[99]) Prot. S. 84.

Vollstreckungsgericht die Befugniß ertheilt, welche zwar immer auch eine Pflicht in sich schließt, aber doch nur eine diskretionäre, keine absolute Pflicht. Dabei wird, wie auch Abs. 2 schließen läßt, ein Sistirungsantrag des Betheiligten vorausgesetzt, an dem es selten fehlt und der außerdem leicht anzuregen ist. Daß das Gericht nicht von Amtswegen sistiren kann, weil ihm eine begründete Einwendung vorhanden zu sein scheint, ergiebt sich ziemlich von selbst. Wenigstens kann es nicht förmlich im Sinne dieses Paragraphen sistiren. Ebenso erhellt jedoch, daß sich dem Vollstreckungsgericht nicht abschneiden läßt, wenn es Grund zu Einwendungen oder Anständen irgend welcher Art vor sich sieht, auch ohne Antrag einer Partei rein dienstlich mit dem Prozeßgericht darüber in Kommunikation zu treten und folgeweise faktisch das weitere Vorgehen aufzuschieben oder zu unterbrechen (vgl. Note 97). Das bringt schon die Sorge für die Aufrechthaltung der Legalität mit sich.

Die Berechtigung, zu sistiren, ist davon abhängig, daß

a. die Einwendungen erheblich nach der Ansicht des Vollstreckungsgerichts, dem insoweit, als es der Sistirungszweck erfordert, hiernach eine Kognition zusteht,[100]) und daß sie

b. in thatsächlicher Beziehung glaubhaft erscheinen. Das Gesetz verweist nicht auf den landesrechtlichen oder gemeinrechtlichen Begriff der Bescheinigung und spricht sich seinerseits nicht darüber aus, wie der Begriff der „Glaubhaftmachung" zu definiren sei und welche Mittel dazu tauglich sein sollen. Es läßt sich daher nur annehmen, daß[101]) das Gericht frei zu würdigen hat, ob ihm die Einwendung glaubhaft erscheint, und daß mithin alle Mittel gebraucht werden mögen, welche zu einer solchen Glaubhaftmachung dienlich sind. „In thatsächlicher Beziehung" ist nur zu mehrerer Deutlichkeit hinzugefügt. Das Glaubhaftmachen kann sich, richtig verstanden, nur auf die Wahrheit der unterliegenden Thatsachen beziehen.

Da Einwendungen nur diejenigen Gründe sind, welche von den Betheiligten geltend gemacht werden, wie dies auch in §. 8 vorausgesetzt wird, so ist die Darlegung der Erheblichkeit und die Glaubhaftmachung, wie immerhin gegenüber der Ausdrucksweise in Abs. 1, welche nur von dem objektiven Erheblich- und Glaubhafterscheinen redet, bemerkt zu werden verdient, unzweifelhaft Aufgabe dessen, der die Sistirung der Exekution herbeiführen will.

Der blos vorläufige Charakter der Sistirung ist die Folge davon, daß dadurch der definitiven Entscheidung des Prozeßgerichts nicht präjudizirt werden kann.

Daß das „einstellen" durch eine förmliche Verfügung zu geschehen hat, erhellt aus Abs. 2.

---

100) Aber auch nur insoweit. Die Kognition ist durch ihren Zweck eine andere, als die Kognition, deren §. 8 erwähnt, zum Zweck der endgültigen Entscheidung. — Die von einer Seite im Reichstag gewünschte Verbesserung oder Erläuterung, nach welcher statt „erheblich" gesagt werden sollte „prozessualisch und rechtlich (i. e. materiell rechtlich)", wurde mit gutem Grunde als überflüssig abgelehnt. Stenograph. Berichte 1869, S. 868.

101) Wie bei Berathung des Entwurfs der C.-Pr.-O.

Dieser Abs. 2 ist aus der Erwägung entstanden, daß im Interesse des die Vollstreckung betreibenden Theils die Einstellung doch nicht in's Unbestimmte fortdauern darf.

Das Vollstreckungsgericht hat eine Frist zu bestimmen, deren Länge lediglich seinem konkreten Ermessen anheimgestellt ist, binnen welcher eine Anordnung des Prozeßgerichts, nämlich darüber, ob die Vollstreckung einstweilen sistirt bleiben oder ganz aufhören solle, beizubringen ist. Denn das Vollstreckungsgericht hat nur vorläufig auf Grund einer Einwendung ausgesetzt, über die es nicht zu entscheiden hat, deren Entscheidung vielmehr dem Prozeßgericht gebührt.

Erfolgt binnen der Frist eine Anordnung des Prozeßgerichts, so ist diese für das Vollstreckungsgericht maßgebend. Dasselbe gilt freilich auch für diejenige Anordnung, welche dem letztern nach Ablauf der Frist vor beendigter Vollstreckung zugeht. Ist doch das requirirte Gericht jederzeit gebunden, der Anweisung des requirirenden Gerichts, mit der Rechtshülfe einzuhalten oder solche ganz zu unterlassen, Folge zu leisten (vgl. Vorbem. zu §. 3—6 Nr. 4 und die Motive zu §. 9).

Das gesetzliche Präjudiz, welches die Fristbestimmung mit sich bringt, besteht nnr darin, daß mit Ablauf der Frist das Vollstreckungsgericht seinerseits so, als ob keine Einwendung der gedachten Art angemeldet worden wäre, mit der Vollstreckung fortfährt, bis ihm etwa weitere Anordnung des ersuchenden Gerichts zugeht. [102]) Weil dies klar ist und so gewollt wurde, ging der Reichstag nicht auf einen Antrag ein, der eine Aenderung des Schlußsatzes bezweckte. [103])

§. 10.

„Sollen die in einem Reichsgebiete, in welchem die Zwangs„vollstreckung zum Geschäftskreise besonderer Beamten gehört, „erlassenen Erkenntnisse in einem Reichsgebiete vollstreckt werden, „in welchem die Zwangsvollstreckung von den Gerichten geleitet „wird, so hat das zuständige Gericht die Zwangsvollstreckung „auf Antrag der Partei anzuordnen. Zu diesem Zwecke ist eine „mit dem gerichtlichen Zeugnisse der Vollstreckbarkeit versehene „Ausfertigung des Erkenntnisses vorzulegen."

Mit §. 10 wendet sich das Gesetz zu der Vollziehung der Zwangsvollstreckung im Rechtshülfeverkehr mit denjenigen Rechtsgebieten, in welchen ganz verschiedene Systeme der Vollstreckung herrschen. In erster Linie war wiederum die Verschiedenheit der Exekution nach Rheinischem Rechte zu berücksichtigen. [104])

---

[102]) Vgl. oben die Vorbemerkung zu §. 3—6, Nr. 4.

[103]) Antrag Reichensperger, den Schlußsatz dahin zu ändern: Im Falle der Einstellung ist für die Beibringung des Nachweises, daß die Entscheidung des Prozeßrichters angerufen worden ist, eine Frist zu bestimmen, nach deren fruchtlosem Ablauf die Vollstreckung fortgesetzt wird. Stenogr. Berichte 1869, S. 869.

[104]) Vgl. dazu Nürnb. Entw. §. 36, IV ff. und die Nürnb. Kommiss.-Berichte S. 75 ff.

1) Der Fall des vorliegenden Paragraphen ist der: Es liegt ein Erkenntniß [105]) vor,

a. welches in einem Rechtsgebiete erlassen worden ist, wo die Zwangsvollstreckung zum Geschäftskreise besonderer Beamten gehört. So im Rheinischen Rechtsgebiete, in Hannover u. a. Der Begriff der besonderen Beamten ist derselbe, wie in §. 3.

Dies Erkenntniß soll

b. vollstreckt werden in einem Rechtsgebiet, wo die Zwangsvollstreckung von den Gerichten geleitet wird, wie dies nach gemeinem, Preußischem Recht u. a. die Regel. Daß die Exekution von dem Gerichte geleitet wird, kann man auch da sagen, wo für dieselbe eigene Unterbeamte, mehrfach auch Gerichtsvollzieher genannt, bestehen, sobald diese nicht unabhängig, sondern unter der Aufsicht und Verantwortung des Gerichts zu verfahren haben.

2) Wie ist nun in diesem Falle zu verfahren? So viel steht fest, daß nach der allgemeinen Regel (§. 2) [106]) von Gericht zu Gericht um Vollstreckung requirirt werden kann. Es wird unterstellt, daß das Gericht, welches das Erkenntniß erlassen hat, wenn es dies, insbesondere auf Antrag des Betheiligten, thun will, berechtigt ist, das auswärtige Gericht direkt um Vollziehung zu ersuchen [107]).

Alsdann bedarf es keiner weiteren Regel.

Allein diese Prozedur läßt sich nach Rheinischem und verwandten Rechten nicht als die allein mögliche, ja nicht einmal als die gewöhnliche voraussetzen, insofern sich dort das Prozeßgericht um die Ausführung der Exekution nicht zu bekümmern pflegt. Der dortigen Uebung entsprechend wird hier neben der berührten Requisition von Gericht zu Gericht noch ein anderer Weg, im Anschluß an §. 5 [108]), eröffnet.

Das zuständige Gericht, d. h. das für die Vollstreckung zuständige, eine Zuständigkeit, deren Grund darin besteht, daß das Exekutionsobjekt in dem Bezirke dieses Gerichts zu greifen ist, hat die Zwangsvollstreckung anzuordnen auf Antrag der Partei.

a. Daß dieses Gericht die Exekution anordnet und auch, wie sich aus dem Vordersatz ergiebt, leitet, ist keine Besonderheit, sondern folgt aus dem Prinzip des §. 7. Wohl aber ist es eine Besonderheit, daß es dies

b. auf Antrag der Partei, anstatt auf Ersuchen des Prozeßgerichts thut. An die Stelle des letzteren tritt der Selbstbetrieb und es leuchtet ein, daß sich ein solcher eigener Antrag der Partei bei dem Gericht, wo die Vollstreckung gesucht wird, sehr der zu §. 6 Nr. 5 berührten actio judicati nähert.

3) In dem letzten Satz wird die Voraussetzung bestimmt.

Zu diesem Zwecke, d. h. bei dem Antrag der Partei auf den

---

[105]) Dem nach Vorbemerkung zu §. 7—12, Nr. 2 aber jede vollstreckbare Verfügung gleichsteht.

[106]) Vgl. auch zu §. 3, Nr. 1.

[107]) Motive zu §. 10 im Eingang.

[108]) Von dem diese Bestimmung erst später getrennt wurde. Prot. S. 83 a. E.

hin die Exekution angeordnet werden soll, ist, scil. von der Partei dem angerufenen Vollstreckungsgericht, eine Ausfertigung des Erkenntnisses vorzulegen, welche mit dem gerichtlichen Zeugnisse der Vollstreckbarkeit versehen ist. Dadurch soll das um Vollstreckung angerufene Gericht die Gewißheit der Vollstreckbarkeit erhalten [109]).

Hiernach hat also die Rheinische oder Hannöverische Partei zuerst sich das gedachte Zeugniß zu verschaffen, daß das Erkenntniß vollstreckbar sei. Zugleich schließt der Satz die Verpflichtung der Gerichte jener Rechtsgebiete in sich, ein derartiges Zeugniß zu ertheilen. Denn ein gerichtliches Zeugniß soll es sein. Keineswegs aber braucht es nach dem Wortlaut und der Absicht des Paragraphen gerade ein Zeugniß des Prozeßgerichts selbst zu sein. Nach den Motiven wird es von der am Prozeßort bestehenden Organisation abhängen, ob das Zeugniß von dem Einzelrichter oder von dem Kollegialgerichte, bzw. ob es an Stelle des Gerichts von dem Vorsitzenden oder von dem Sekretär auszustellen ist [110]). Dabei heben die Motive weiter noch hervor, daß nach der Rheinischen C.-P.-O. Art. 147. 148. 450 die Erkenntnisse erst vollstreckbar und mithin eines solchen Zeugnisses fähig werden, wenn sie dem Verurtheilten zugestellt und, sofern das Erkenntniß nicht provisorisch vollstreckbar, acht Tage seit dem Tage ihres Erlasses verflossen sind. Indessen sind das Vorbedingungen, welche die das Zeugniß nachsuchende Partei darzulegen und das um das Zeugniß angegangene Gericht zu prüfen hat. Für das Vollstreckungsgericht handelt es sich nur darum, daß ihm die Garantie der Vollstreckbarkeit in einem äußerlich ordnungsmäßigen Zeugniß vorgelegt werde, widrigenfalls es — das liegt mit in dem Schlußsatz des §. 10 — den Antrag auf Vollstreckung zurückzuweisen hat. Die Prüfung der Voraussetzungen der Zeugnißertheilung, ob das betreffende Erkenntniß legal erlassen und nach den Rechten wirklich vollstreckbar sei, liegt ihm nicht ob [111]).

In dieser Beziehung muß auf den allgemeinen Grundsatz des §. 1 [112]) verwiesen werden. Es gilt daher hier auch ohne besonderen Ausdruck dasselbe, was §. 12 Abs. 2 ausdrücklich hervorhebt: Die Vollstreckung wird ohne irgend welche innere Prüfung des zu vollstreckenden Erkenntnisses, sei es nach der prozessualischen, sei es nach der materiellrechtlichen Seite hin, angeordnet.

§. 11.

„Wenn nach dem für das Prozeßgericht geltenden Rechte die „Vollstreckung durch Einlegung eines Rechtsmittels gehemmt wer„den kann, so ist in dem Zeugnisse der Vollstreckbarkeit (§. 10) „zu bemerken, welche Rechtsmittel die Vollstreckung hemmen, und „binnen welcher Frist dieselben einzulegen sind."

„Wird dem Vollstreckungsgerichte glaubhaft gemacht, daß

---

109) Motive zu §. 10, Abs. 1.

110) S. auch Prot. S. 83 a. E.

111) S. über die Entstehung des §. 10 Prot. S. 34—35; S. 81 a. E. S. 83.

112) Vgl. oben zu §. 1 unter Nr. 3 g. E.

„ein Rechtsmittel, durch welches die Vollstreckung gehemmt wird, „binnen der gesetzlichen Frist eingelegt ist, so hat dasselbe die „Vollstreckung einzustellen."

„Ein solches Rechtsmittel kann bei dem Vollstreckungsgerichte „ohne Beobachtung einer besonderen Form eingelegt werden. „Diese Einlegung wird jedoch wirkungslos, wenn sie nicht inner„halb der Nothfrist und spätestens binnen vierzehn Tagen seit „dem Tage der Einlegung nach den am Orte des Prozeßgerichts „geltenden Vorschriften wiederholt wird."

„Hat das Vollstreckungsgericht in Gemäßheit der Vorschriften „dieses Paragraphen die Einstellung der Vollstreckung angeordnet, „so kann die betreibende Partei die Fortsetzung der Vollstreckung „nur dann verlangen, wenn sie ein die Fortsetzung anordnendes „oder das eingelegte Rechtsmittel verwerfendes Erkenntniß des „Prozeßgerichts beibringt."

„Die Bestimmungen dieses Paragraphen finden keine An„wendung, wenn für das Prozeßgericht dasselbe Prozeßrecht gilt, „wie für das Vollstreckungsgericht."

Mit der einfachen Bestimmung des §. 10 ist jedoch für die Requisitionen um Zwangsvollstreckung, welche aus den Rheinischen und verwandten Rechtsgebieten kommen, noch nicht Alles abgemacht. Wenn die Requisition von dem Gericht an das Gericht erlassen wird, kann keine Schwierigkeit entstehen. Die Legalität des requirirenden Gerichts (vgl. zu §. 1 Nr. 3) deckt Alles. Nach mehreren Rechten giebt es eine vorläufige oder provisorische Vollstreckbarkeit mancher Verfügungen und Erkenntnisse; indessen, ob die Vollstreckbarkeit eine blos provisorische ist, bleibt insofern gleichgültig, als das requirirte Gericht auf das Ersuchen des requirirenden Gerichts hin vollstreckt, mithin, wie bei jeder Vollstreckung auf Grund einer Requisition so lange ausführt, bis das letztere bei etwaigem Aufhören der Vollstreckbarkeit um Einhalten der Exekution ersucht. Auch würde es keiner weiteren Bestimmung bedürfen, wenn zwar die Partei die Vollstreckung am auswärtigen Gericht selbst betreibt, aber nur eine definitive Vollstreckbarkeit existirte.

Wenn dagegen die Partei so, wie nach §. 10, die Exekution selbst betreibt, wenn dies auf Grund eines von derselben erlangten Zeugnisses der Vollstreckbarkeit geschieht und nun nach dem betreffenden Recht dieses Zeugniß der Vollstreckbarkeit keineswegs ausschließt, daß die Vollstreckbarkeit doch noch gehemmt oder wieder aufgehoben werden kann, so muß der Weg gefunden werden, auf welchem das mit der Vollstreckung befaßte Gericht davon in Kenntniß gesetzt und zur Sistirung seines Verfahrens veranlaßt wird.

Dies Alles trifft im Rheinischen Rechte, in solcher Weise aber auch nur im Rheinischen Rechte, zu. Deshalb mußte §. 11 eingefügt werden.[113]) Dort gilt ein jedes Erkenntniß zu Gunsten der obsiegenden Partei für

---

[113]) Vgl. darüber die ausführlichen Verhandlungen des Nürnb. Entw. zu §. 36, sowie den Kommiss.-Bericht zu § 33.

sofort vollstreckbar, auch wenn noch Rechtsmittel dagegen zulässig sind, also im gemeinrechtlichen Sinne keineswegs schon Rechtskraft vorliegt. Durch die legale Einlegung eines Rechtsmittels aber wird diese Vollstreckbarkeit gehemmt. Insbesondere wird dies für Kontumazialerkenntnisse wichtig, die vollstreckbar sind, während noch die Möglichkeit schwebt, daß sie durch Einlegung des Einspruchs gänzlich hinweggeräumt werden. [114])

In allen solchen Fällen erscheint es zur Wahrung der Rechte des Exequenden erforderlich, daß derselbe im Stande ist, der Vollstreckung durch Einlegung des ihm noch zustehenden Rechtsmittels Einhalt zu thun. So berechtigt dieser Gedanke an sich ist, so bietet doch die Ausführung ganz besondere Verwickelungen und Zweifel dar. [115])

Allmälig gelangte man indessen auch bei diesem Punkte auf verhältnißmäßig einfache Sätze. [116])

Wie §. 11 jetzt lautet, legt

1) der erste Absatz derjenigen (Rheinischen) Stelle (Gericht, Vorsitzender, Sekretair; s. zu §. 10 Nr. 3), welche das in §. 10 am Schluß berührte Zeugniß zu ertheilen hat, die Verpflichtung auf, in dem Zeugniß der Vollstreckbarkeit sich darüber auszusprechen, inwieweit etwa noch Rechtsmittel mit einer die Vollstreckung hemmenden Wirksamkeit einzulegen möglich ist und binnen welcher Frist. Dem Vollstreckungsgericht, bei welchem die Kenntniß der betreffenden partikularrechtlichen Bestimmungen nicht unterstellt werden kann, soll dadurch die nöthige Information zu Theil werden. Ebendeshalb muß die Vorschrift, um sie in ausgiebiger Weise nutzbar zu machen, von der zur Ertheilung des Zeugnisses berufenen Stelle so abgefaßt werden, daß auch negativ ausdrücklich bescheinigt wird, daß keine Rechtsmittel im Sinne des Absatzes 1 mehr zulässig erscheinen, wenn solches die Lage der Dinge ist. Jedenfalls hat die in Absatz 1 ausgedrückte Verpflichtung nur einen instruktionellen Charakter. Eben weil es das Rheinische Recht nicht kennt und sich lediglich an das zu halten hat, was ihm nach §. 10 vorgelegt wird, verfügt das Vollstreckungsgericht, dem ein Zeugniß der Vollstreckbarkeit ohne die in §. 11 vorgeschriebene Bemerkung vorgelegt wird, daraufhin nicht minder die Vollstreckung. Nach §. 11 darf es sogar, da sonst bei pflichtmäßiger Befolgung des §. 11 der Ertheiler des Zeugnisses darüber nicht sich ausschweigen dürfte, daß das Zeugniß stillschweigend bezeugt, es sei kein Rechtsmittel mehr zulässig; eine freilich nur einstweilige Präsumtion, die jederzeit durch Thatsachen (nach Absatz 2) widerlegt werden kann.

---

[114]) Diese überhaupt von der Rechtshülfe auszunehmen, wurde entschieden abgelehnt; Prot. S. 36.

[115]) S. die Vorschläge in §. 25—27, Prot. S. 16—18 und die Berathung S. 35—38, aus welcher §. 9 des Entw. S. 66 hervorging. Der letztgedachte §. 9 wurde dann, nachdem er im Allgemeinen gegen die Meinung, welche denselben als eine Art von Rechtsbelehrung lieber ganz unterdrücken oder einem Ausführungsreglement vorbehalten wollte, gebilligt worden (S. 81), in der veränderten Fassung als §. 11 aufgenommen, Prot. S. 83 a. E.; schließlich noch im Reichstag zu Abs. 4 amendirt.

[116]) Namentlich im Vergleiche zu dem Nürnb. Entw.

2) Dagegen enthält Absatz 2 eine an das Vollstreckungsgericht[117]) gerichtete Vorschrift.

Dasselbe hat die Vollstreckung einzustellen, zu sistiren, — ob definitiv, oder nur einstweilen, zeigt sich später, je nach dem Schicksale des Rechtsmittels, wenn ihm (sc. von demjenigen, welcher an der Sistirung das Interesse hat, also von dem zu Exequirenden[118]), und zwar zum Behufe der Sistirung, mit darauf gerichtetem Antrag) glaubhaft gemacht wird[119]),

a. daß ein Rechtsmittel eingelegt ist; ein Nachweis, der leicht durch eine Bescheinigung über den Einlegungsakt, welcher nach Rheinischem Recht regelmäßig in der wirklichen oder fingirten Zustellung eines Schriftsatzes an die Gegenpartei, nicht in einer Erklärung bei Gericht und dem Gerichte gegenüber besteht, mithin durch Urkunde über den Vollzug der Zustellung von Seiten des Gerichtsvollziehers zu beschaffen ist;

b. und zwar binnen der gesetzlichen Frist und ein Rechtsmittel, durch welches die Vollstreckung gehemmt wird. Dies sind Voraussetzungen, über welche die unter a. gedachte Bescheinigung noch nicht hinaushilft. Die Partei bedarf keiner Darlegung in dieser Richtung, wenn der Vorschrift des Absatzes 1 genügt ist. Alsdann ist dem Zwecke des Absatzes 1 gemäß das Vollstreckungsgericht bereits amtlich informirt. Fehlt die Bescheinigung, ist weder positiv noch negativ in dem nach §. 10 ertheilten Vollstreckbarkeitszeugniß ausgedrückt, wie es mit den Rechtsmitteln aussieht, so ist diese Basis dem Vollstreckungsgericht entzogen. Indessen ist davon keineswegs die Sistirung nach Absatz 2 absolut abhängig. Wenn jenes Zeugniß über die Rechtsmittel schweigt, nicht aber, wenn es etwa ausdrücklich bezeugt, daß keine Rechtsmittel mehr statthaft (vgl. Nr. 1. a. E.) sind[120]), bleibt es immer noch der Partei unbenommen, ihrerseits dem Vollstreckungsgericht darzulegen, was das Zeugniß anzugeben versäumt hat. Es handelt sich alsdann freilich, wenn die Partei darzulegen hat, daß das Rechtsmittel, welches sie einlegte, rechtzeitig und mit hemmender Wirkung eingelegt worden sei, nicht um eine Darlegung von bloßen Thatsachen, sondern um einen Nachweis des dem Vollstreckungsgericht fremden Rechts, wie es aber auch sonst in der Civilrechtspflege vorkommen kann[121]).

Eben deshalb ist jedoch das Vollstreckungsgericht in Anwendung

---

117) S. über diesen Begriff die Bemerkung zu §. 9.

118) Der die Exekution betreibende Theil kann ja jeden Augenblick, wenn er will, die Exekution sistiren.

119) S. über diesen Begriff die Bemerkung zu §. 9 unter b.

120) Denn in diesem Falle kann die Partei nicht durch ihre Darlegung bei dem Vollstreckungsgericht das diesem vorliegende amtliche Attest hinwegräumen. Es muß ihr überlassen bleiben, letzteres da zu erwirken, wo das Attest (möglicherweise irrig) ertheilt wurde. Eine Kognition über und gegen das Attest von Seiten des Vollstreckungsgerichts wäre nach den Prinzipien dieses Gesetzes undenkbar.

121) Endemann, C.-Pr. §. 179, I B. 1.

allgemein gebilligter Grundsätze hierbei keineswegs ausschließlich auf die Glaubhaftmachung der Partei und deren Mittel beschränkt. Da es sich um fremdes Recht handelt, so kann das Gericht seine eigene Kunde des fremden Rechtes verwerthen und sich darüber ex officio informiren, so daß in vielen Fällen die Partei ihrerseits kaum noch Etwas darzulegen oder nachzuweisen nöthig haben wird.

3) Der dritte Absatz giebt aber dem zu exequirenden Theil noch einen besonderen Weg, um sich gegen die Fortsetzung der Exekution zu schützen. Das Gesetz gestattet ihm, unmittelbar bei dem Vollstreckungsgerichte ohne Beobachtung einer besonderen Form ein solches Rechtsmittel, nämlich ein Rechtsmittel der in Abs. 2 bezeichneten Art, einzulegen. Geschieht dies, so ist die Thatsache der Einlegung festgestellt, mithin das Vollstreckungsgericht gezwungen, die Exekution einzustellen, sofern das Rechtsmittel rechtzeitig eingelegt und geeignet ist, die Vollstreckung zu hemmen. Denn diese Qualifikation des eingelegten Rechtsmittels muß in dem zu Nr. 2 berührten Sinne ersichtlich sein. An eine Einlegung, welche z. B., wie das Vollstreckungsgericht weiß, nach dem für diesen Akt, obgleich er bei dem Vollstreckungsgericht vorgenommen wird, maßgebenden Rechte des (Rheinischen) Prozeßgerichts, nach Ablauf der Nothfrist erfolgt, kann und darf sich nicht gekehrt werden. Hauptsächlich ist die Bestimmung wieder auf den Einspruch gegen zu vollstreckende Kontumazialerkenntnisse berechnet; allein sie umfaßt auch die Einlegung anderer Rechtsmittel gegen andere Sentenzen.

Von einer besonderen Form ist die Einlegung befreit worden, kann also durch einfache schriftliche oder mündliche Erklärung erfolgen, weil dem Vollstreckungsgericht die Kenntniß der nach Rheinischem Recht erforderlichen Formalitäten nicht zuzumuthen, auch die Beobachtung derselben nach dem Zweck und dem Wesen des ganzen Aktes, wie sich solches aus dem folgenden Satz ergiebt, sehr unnöthig ist.

Die Einlegung des Rechtsmittels bei dem Vollstreckungsgericht dient nämlich nur dazu, um die Sistirung der Vollstreckung zu erwirken[122]). Indem die Einlegung als Thatsache vor diesem Gericht vor sich geht, wird der Partei von demjenigen, was sie nach Abs. 2 thun muß, Eines erspart: die Glaubhaftmachung, daß ein Rechtsmittel eingelegt ist. Im Uebrigen steht das Gericht dem bei ihm eingelegten Rechtsmittel gegenüber, wie sonst dem ihm glaubhaft gemachten. Es hat also zu sistiren, wenn den übrigen Voraussetzungen des Abs. 2 genügt ist.

Aber über diesen beschränkten Zweck hinaus wirkt die außergewöhnliche Einlegung bei dem Vollstreckungsgericht durchaus nicht. Es bleibt bei der Regel, daß, um wirklich das Erkenntniß oder die Verfügung in der Sache wirksam anzufechten, die Einlegung nach dem Rechte des

[122]) Es ergiebt sich leicht, daß es sich mit den Rechtsmitteln ebenso verhält, wie mit den Einwendungen materieller Art (vgl. §. 9), bei welchen das Vollstreckungsgericht gleichfalls nur wegen der Sistirungsfrage interessirt ist.

Prozeßgerichtes geschehen muß. Daraus entspringt dann der zweite Satz des Abs. 3.

Demzufolge hat die Einlegung am Vollstreckungsgericht nur eine zwar sofort aber blos vorübergehend hemmende Wirkung. Sie wird wirkungslos, wenn sie nicht innerhalb der Nothfrist, welche für das Rechtsmittel besteht, und spätestens binnen vierzehn Tage seit dem Tage der Einlegung nach dem Rechte des Prozeßgerichts wiederholt wird. Das Gesetz knüpft die Fortdauer der Sistirung lediglich an die Thatsache, daß die Einlegung an dem andern Orte wiederholt wird. Aber das allein nützt dem Vollstreckungsgericht Nichts. Damit dieses die Sistirung beibehalte, muß ihm jene Thatsache nachgewiesen sein. Davon sagt aber namentlich die Fristbestimmung Nichts. Nach dem Wortlaut ist die hier geordnete Voraussetzung erfüllt, wenn nur innerhalb der gesetzten Frist jene Einlegung geschieht; aber auch nur dann. Ist dem so, so kann das Vollstreckungsgericht nicht unmittelbar nach deren Ablauf weiter fortfahren[123]), sondern muß noch so lange darüber hinaus warten, als dazu nöthig ist, um den Nachweis von dem Orte des Prozeßgerichts an das Vollstreckungsgericht zu bringen. Man hat mit einem Worte nur dem Exequenden, damit er die ihn bedrängende Exekution schleuniger zum Stillstand zu bringen vermag, als möglich wäre, wenn er das Rechtsmittel zuvor nach dem Rechte des Prozeßgerichts eingelegt und darüber Nachweis (behufs der Glaubhaftmachung nach Abs. 2) erlangt haben müßte, das Recht gegeben, einstweilen die Einlegung bei dem Vollstreckungsgericht mit der Wirkung der Sistirung zu erklären. Allein er gewinnt damit nur momentan Aufschub und muß nach vierzehn Tagen, um die Sistirung beizubehalten, Alles doziren, was ihm Abs. 2 zu doziren auflegt.

Es giebt also gleichsam eine momentane Sistirung, auf höchstens vierzehn Tage, auf Grund einer nach Abs. 3 vorgenommenen Rechtsmitteleinlegung, neben der definitiven d. h. nicht durch eine bestimmte Zeitgrenze limitirten, sondern bis zu ihrer Erledigung nach Abs. 4 fortdauernden Sistirung.

Wenn die Einlegung wirkungslos wird, so folgt daraus, daß das Vollstreckungsgericht in diesem Falle schon von Amtswegen die Exekution, als Erledigung der nun nicht mehr sistirten Requisition, fortzusetzen hat. Indessen ist natürlich auch der Gegenpartei das Recht gegeben, die unterbrochene Thätigkeit des Gerichts anzuregen, nachdem sich der Grund dazu beseitigt hat.

4) Im vierten Absatz wird die rechtliche Bedeutung der von dem Vollstreckungsgericht in Gemäßheit dieses Paragraphen, sei es nach Absatz 3, sei es nach Abs. 2, ausgesprochenen Sistirung nach einer Richtung, nämlich in Bezug auf den betreibenden Theil, näher präzisirt. Daß das Gericht die auf Antrag des Exequenden bewilligte Sistirung nicht von Amtswegen oder nach diskretionärem Ermessen zurückziehen darf, versteht sich von selbst. Wie aber steht die Partei, welche die

---

[123]) Daß die Fortsetzung von Amtswegen geschieht, s. am Schluß dieser Nr.

Exekution betreibt und der daher an der Fortsetzung gelegen ist, zu der von dem Gegner erwirkten Sistirung?

Nach Abs. 4 kann sie zur Fortsetzung nur gelangen, wenn sie beibringt entweder

a. ein die Fortsetzung anordnendes Erkenntniß des Prozeßgerichts; in diesem Fall hat das Vollstreckungsgericht nach dem Grunde Nichts zu fragen, denn in dieser Anordnung liegt unter allen Umständen eine neue, zur Folgeleistung verpflichtende Requisition um Zwangsvollstreckung.[124]) Nur muß ersichtlich sein, daß das Prozeßgericht die Anordnung der Fortsetzung nach Eintritt des Sistirungsgrundes und mit Kenntniß desselben erlassen hat.

Oder wenn die Partei beibringt

b. ein das eingelegte Rechtsmittel verwerfendes Erkenntniß des Prozeßgerichts. Dieser Zusatz rührt vom Reichstage her[125]). Der Unterschied wurde gemacht, weil man dies als vom Standpunkt des Rheinischen Rechtes wünschenswerth darstellte. Nach anderen Rechten würde kaum daran gezweifelt werden, daß sich mit der Verwerfung des Rechtsmittels, mit dessen Einlegung die Sistirung eintrat, die ausdrückliche Anordnung der Fortsetzung, nach welcher das Vollstreckungsgericht sich zu richten hat, verbindet. Indessen schadet es gewiß nicht, wenn darauf besonderer Werth gelegt wird, zu erklären, daß die von dem Rheinischen Prozeßgerichte ausgesprochene Verwerfung des Rechtsmittels auch eo ipso die Ermächtigung zur Fortsetzung der Exekution für das Vollstreckungsgericht involvirt.

Uebrigens wird begreiflicherweise durch Abs. 4, ungeachtet seiner exklusiven Ausdrucksweise nicht ausgeschlossen, daß der betreibende Theil die Aufhebung der nach Abs. 3 verfügten Sistirung, sofern sie nicht schon von Amtswegen verfügt wird (Nr. 3 a. E.), beantragen und fordern kann, wenn der Gegner die in Abs. 3 bestimmte Frist hat verstreichen lassen, ohne das Rechtsmittel am Orte des Prozeßgerichts zu wiederholen.

5) Der fünfte Absatz endlich setzt die Bestimmungen dieses Paragraphen [126]) außer Anwendung, wenn das Prozeßgericht und das Vollstreckungsgericht dasselbe, soll heißen: ein im Wesentlichen, namentlich in Beziehung auf den Selbstbetrieb der Parteien, die Behandlung der Erkenntnisse und der Rechtsmittel, gleiches Recht haben, wenn also z. B. ein Rheinpreußisches Erkenntniß an einem Orte vollstreckt werden sollte, wo ebenfalls der Code de procédure die Grundlage des Prozeßrechts ist[127]). Das im Reichstag von dem Abg. Reichensperger zu dem Schlußsatz des §. 11 gestellte Amendement kann hier übergangen werden, da

---

[124]) Vgl. die Vorbemerk. zu §. 3—6, Nr. 4.

[125]) Stenogr. Berichte 1869, S. 869.

[126]) Aber auch nur dieses Paragraphen; s. unten die Bemerkungen nach §. 12.

[127]) Auf die Hannöv. Pr.-O. paßt das nicht, da sie (§. 528) jene Vollstreckbarkeit der Erkenntnisse während schwebender Rechtskraft, von der in §. 11 gehandelt wird, nicht kennt.

es abgelehnt wurde. Ohnehin schien es auf einem Mißverständniß zu beruhen. S. Stenograph. Berichte des Reichstags 1869 S. 869.

§. 12.

„Sollen in einem Rechtsgebiete, in welchem die Zwangs„vollstreckung zum Geschäftskreise besonderer Beamten gehört, die „in einem anderen Bundesstaate oder in einem Rechtsgebiete, in „welchem die Zwangsvollstreckung von den Gerichten geleitet „wird, erlassenen Erkenntnisse oder sonstigen richterlichen Ver„fügungen vollstreckt werden, so sind sie von der zuständigen ge„richtlichen Behörde des Orts der Vollstreckung mit der Voll„streckungsklausel zu versehen. Zu diesem Zwecke ist der Behörde „eine von dem Prozeßgerichte mit dem Zeugnisse der Vollstreck„barkeit versehene Ausfertigung des Erkenntnisses oder der Ver„fügung vorzulegen.

„Die Vollstreckungsklausel wird ohne Prüfung der Gesetz„mäßigkeit der Entscheidung oder Verfügung und ohne Anhörung „der Parteien ertheilt."

Hier wird im Vergleich zu §. 10, die umgekehrte Frage erledigt: wie werden die im Gebiete des gemeinen Rechts erlassenen Erkenntnisse oder sonstigen Verfügungen [128]) im Gebiet des Rheinischen oder eines diesem verwandten Rechtes zur Vollstreckung gebracht? [129])

Die Antwort ist folgende:

1) Nach dem bei der Berathung angenommenen, in §. 12 indessen nicht ausdrücklich ausgesprochenen Grundgedanken wird in dem Rechtsgebiete, in welchem die Zwangsvollstreckung zum Geschäftskreise besonderer Beamten gehört, die Ausführung der Exekution dem Selbstbetrieb des interessirten Theils überlassen, nachdem zuvor das Prozeßgericht und das Gericht des Vollstreckungsortes dazu Anordnung ertheilt haben. Man hat ebensowenig sich dazu entschließen wollen, daß eine Requisition des Prozeßgerichts an die Staatsanwaltschaft zu erlassen sei, als dazu, daß eine Requisition an den Präsidenten des Gerichts des Vollstreckungsortes, geschweige denn an das Gericht selbst stattfinde, weil dies insonderheit der Rheinischen Organisation durchaus zuwider. [130])

Bei dem Selbstbetrieb des Betheiligten aber soll doch eine amtliche Garantie gewährt sein, dadurch, daß vor Beginn der Thätigkeit des Gerichtsvollziehers eine gerichtliche Vollstreckungsklausel erwirkt werden soll. [131]) Insofern ist auch hier das bestehende Recht der betreffenden Gebiete einigermaßen modifizirt; aber doch im Ganzen ihr System der Vollstreckung aufrecht erhalten worden.

---

[128]) Diese werden hier ausdrücklich erwähnt; s. darüber Vorbemerkungen zu §. 7—12, Nr.

[129]) Der §. 12 ist aus §. 17 ff. des ersten Entwurfs, Prot. S. 14, berathen S. 33—34, als §. 7 des Red. Entw. S. 65 hervorgegangen, S. 81 modificirt, S. 84 an diese Stelle gebracht worden.

[130]) Prot. S. 33—34.

[131]) S. auch Prot. S. 81. — Vgl. dazu Nürnb. Entw. §. 36, VIII.

2) Was den Umfang der Anwendbarkeit des §. 12 anlangt, so erhellt, daß dieser Grundgedanke nur auf solche Erkenntnisse oder Verfügungen unmittelbar paßt, aus denen, zumal durch Kondemnation, ein Recht der Partei, geeignet zum Selbstbetrieb, hervorgeht. Der §. 12 kann sich aber offenbar, soweit er auf dem erwähnten Grundgedanken beruht, nicht auf Erkenntnisse und Verfügungen, Bestrafungen betheiligter Personen u. dgl., beziehen, welche aus der Amts- oder Disziplinargewalt des Gerichts hervorgehen und deren Vollstreckung nach dem Rechte des Prozeßortes lediglich das verfügende Gericht selber zu betreiben hat.

In solchen Fällen, die durchaus neben §. 12 liegen, wird Mangels jeder besonderen Bestimmung, wie ja auch in den anderen Fällen das Prinzip des Selbstbetriebes nur stillschweigend dem §. 12 zu Grunde liegt, nach der Natur der Sache und allgemeinen Rechtsgrundsätzen angenommen werden müssen, daß das Gericht, welches die Verfügung oder das Erkenntniß erlassen hat, sich unmittelbar an das Gericht des Vollstreckungsortes, oder, was ziemlich gleichgültig ist, zu dessen Händen — denn das Gericht hat die sogleich noch zu berührende Anordnung zu treffen — an den Präsidenten [132]) desselben zu wenden, und daß das letztere zur Gewährung der Rechtshülfe so zu verfahren hat, wie §. 3 bei sonstigen Requisitionen an die Hand giebt. Das heißt: das requirirte Gericht beauftragt seinerseits, insofern es keine Exekutive zu dergleichen Akten besitzt, einen Vollziehungsbeamten, nachdem von ihm die, auch in diesem Falle, anwendbare und angemessene Vollstreckungsklausel nach Maßgabe des §. 12 ertheilt worden ist. Dagegen erscheint in solchem Falle, wo das Prozeßgericht selbst das Ersuchen um Vollstreckung direkt von sich aus dem auswärtigen Gericht zugehen läßt, die Ertheilung eines nochmaligen Zeugnisses nach Satz 2 des Abs. 1 in §. 12 sehr überflüssig.

3) Soweit es sich, wie zu Nr. 2 bemerkt, um Vollstreckung zu Gunsten einer Partei handelt, gestaltet sich das Verfahren in Folge des §. 12 so:

a. Zunächst hat nach Satz 2 des Abs. 1 das Prozeßgericht die Ausfertigung des Erkenntnisses oder der Verfügung mit dem Zeugnisse der Vollstreckbarkeit zu versehen; auf Antrag der betheiligten Partei, sofern nicht das einheimische Prozeßrecht allgemeinhin solche Zeugnisse, namentlich nach eingetretener Rechtskraft, von Amtswegen zu ertheilen vorschreibt. Dieses Zeugniß ist die Analogie des in §. 10 vorgeschriebenen Vollstreckbarkeitszeugnisses, und darum nothwendig, weil dem Rheinischen Gerichte oder gar demnächst dem Gerichtsvollzieher die Prüfung der Vollstreckbarkeit des von der Partei dargebrachten Erkenntnisses, welche nach Maßgabe des ihm fremden Rechts des Prozeßgerichts geschehen müßte, nicht zuzumuthen ist. In dem Zeugniß steckt eigentlich, wenn auch der Partei überlassen wird, die weiteren Schritte selber zu thun, die Aufforderung oder das Ersuchen um

[132]) Daß die Adresse etwa unrichtig an die eine oder andere Stelle geht, ist nach §. 44 leicht gut zu machen.

Gewährung der Rechtshülfe behufs Vollstreckung, sei es nach einem bestimmten Orte, sei es nach dem ganzen Umkreis der Rechtsgebiete hin, wo die Vollstreckung nicht Sache der Gerichte ist.

b. Die mit dem Zeugnisse der Vollstreckbarkeit ausgerüstete Ausfertigung wird, wie in demselben Satze stillschweigend mitenthalten, der zum Betriebe der Exekution berechtigten Partei ausgehändigt, und ist von dieser, denn so ist derselbe Satz gemeint, der Behörde, welche das weiter Erforderliche (s. unter c) zu bewirken hat, zu diesem Behufe und folglich mit dem deshalbigen Antrage vorzulegen.

c. Die eben gedachte Vorlage geschieht bei der zuständigen gerichtlichen Behörde des Orts der Vollstreckung. Dieser Ausdruck, der auf den ersten Blick als ein absonderlicher erscheint und nur an dieser Stelle vorkommt, ist absichtlich gewählt worden. Früher war in den Entwürfen[133]) nur von dem Präsidenten (des Civilgerichts erster Instanz) die Rede. Dem gegenüber läßt der nunmehrige Ausdruck mehr im Dunkeln, ob das Gericht oder der Präsident gemeint sei. Man wollte beides, je nach dem bestehenden Recht oder Brauch offen halten. Indessen kann es nach dem Sprachgebrauch und der jetzigen Auffassung der in Betracht kommenden Verhältnisse, welche in einem großen Theile Deutschlands herrscht, sehr wohl zweifelhaft erscheinen, nicht ob das Gericht selbst — denn dieses ist zweifellos eine gerichtliche Behörde —, wohl aber ob der Präsident damit getroffen sei. Denn den Präsidenten oder das „Präsidium" als eine „gerichtliche Behörde" für sich, neben dem Gericht zu betrachten, ist wenigstens vieler Orten nicht geläufig.

Die betreffende gerichtliche Behörde hat nun auf Vorlage und Antrag der Partei das Erkenntniß oder die Verfügung mit der Vollstreckungsklausel zu versehen. Die Klausel ist die Antwort der ersuchten Behörde auf die in dem Zeugniß (vgl. Nr. a) enthaltene Aufforderung des Prozeßgerichts dahin, daß die Rechtshülfe zu gewähren sei, die Anordnung der Vollstreckung, deren Ausführung freilich dem Parteibetrieb überlassen bleibt. Diese Klausel ist nothwendig. Denn der Huissier soll nicht darüber zu entscheiden haben, ob dem Antrag auf Vollstreckung des auswärtigen Erkenntnisses überhaupt zu entsprechen sei oder nicht. So sehr auch die Veranlassung zu dem Bedürfniß einer Entscheidung in dieser Richtung eingeengt erscheint (§. 37), bleibt doch immer die Möglichkeit, daß noch Etwas zu entscheiden ist, und die Entscheidung setzt immer eine Kognition voraus, die sich für den Gerichtsvollzieher nicht eignet[134]). Nur diesen Sinn hat aber die Klausel. Deshalb wird in Abs. 2 des §. 12 noch besonders hervorgehoben, daß dieselbe ertheilt wird

---

[133]) Prot. S. 14, 65; s. auch S. 34.

[134]) S. Motive zu §. 12, Abs. 1, woselbst auch bemerkt ist, daß die hier angeordnete Prozedur dem auf Art. 545, 546 der Rhein. Civ.-Pr.-O. gestützten Rheinischen Verfahren eben so entspricht, wie dem §. 529 der Hannöv. Pr.-O.

aa. ohne Prüfung der Gesetzmäßigkeit der Entscheidung — hier ist dieser auf den Inhalt deutende Ausdruck gebraucht — oder Verfügung, was aus den allgemeinen Grundsätzen, wie sie dem vorliegenden Gesetz zur Basis dienen, eigentlich (vgl. zu §. 1 Nr. 3) schon von selbst folgt; und

bb. ohne Anhörung der Parteien, also auf einseitigen Antrag ohne vorgängige Verhandlung.

Daraus erhellt eben, daß die Vollstreckungsklausel nur eine enz umschriebene Bedeutung hat. Sie giebt der Partei die Legitimation, um die Vollziehung des Erkenntnisses oder die Verfügung weiter zu betreiben.

d. Ueber das weitere Verfahren enthält §. 12 Nichts, und braucht auch Nichts zu enthalten. Es erhellt von selbst, daß die Partei die mit der Vollstreckungsklausel versehene Ausfertigung zurückerhält und daß es ihr nach dem System des Selbstbetriebs überlassen bleibt, nun die Hülfe eines Gerichtsvollstreckers anzurufen und die Vollziehung in derselben Weise herbeizuführen, als ob ein Rheinisches oder Hannöverisches Gericht erkannt hätte.

Für den Gerichtsvollzieher begründet die Vollstreckungsklausel, mit der ihm das Erkenntniß oder die Verfügung übergeben wird, sowohl das Recht, als auch die Pflicht der Vollziehung. Er hat nur in Bezug auf die Art der Exekution und die dabei einzuhaltende Prozedur durchweg nach den am Orte der Vollstreckung geltenden Vorschriften zu verfahren (§. 7). Von diesen hängt es denn auch ab, in welcher Weise er zur Sistirung veranlaßt werden kann, bzw. sich veranlaßt sehen muß.

Schlußbemerkung zu §. 10—12.

Aus einem Ueberblick der §§. 10—12 ergiebt sich, daß es an einer besonderen und ausdrücklichen Bestimmung über die Art und Weise, wie die Rechtshülfe der Zwangsvollstreckung zu gewähren sei, für einen bestimmten Fall fehlt; nämlich für den Fall, wo ein Erkenntniß oder eine Verfügung in einem Rechtsgebiete erlassen ist, in welchem die Zwangsvollstreckung zum Geschäftskreise besonderer Beamten gehört, und in dem einem anderen Staate angehörigen Rechtsgebiete vollstreckt werden soll, in welchem es sich mit der Zwangsvollstreckung ebenso verhält. Es handelt sich also darum, wie z. B. ein Rheinpreußisches Erkenntniß in einem unter der Herrschaft des Code de procédure stehenden Orte des Großherzogthums Hessen, oder, wie ein solches Erkenntniß in Hannover zu vollstrecken ist.

Früher hatte man bei Berathung des Gesetzentwurfs in der Kommission eine Bestimmung darüber für nöthig erachtet[135]).

Bei der Schlußberathung blieb jedoch der Fall bis auf dasjenige, was §. 11, Abs. 5 des Gesetzes enthält, unerwähnt.

---

135) S. §. 30 auf S. 18 der Prot., sodann in Folge der Berathung S. 54 §. 11 des Red. Entw. S. 67 das., dessen Abs. 2 nach S. 82 angenommen wurde.

Die Verfasser des Gesetzes hegten die in den Protokollen bestimmt ausgesprochene [136]) und nirgends zurückgenommene Meinung, daß auch in diesem Falle insofern ähnlich, wie §. 12 verordnet, zu verfahren sei, als die Partei auf das exekutorische Urtheil hin die Vollstreckungsklausel bei der gerichtlichen Behörde (bezw. bei dem Präsidenten) des Vollstreckungsortes zu erwirken und nach deren ohne weitere causae cognitio erfolgter Ertheilung einen Gerichtsvollstrecker zu beauftragen habe. [137]) Vielleicht sollte dies in §. 12 geradezu gesagt werden und würde gesagt sein, wenn hinter den Worten „in einem anderen Bundesstaate" ein Komma gesetzt worden wäre, durch welches verhütet wurde, den Nebensatz: „in welchem — geleitet wird" auch auf das Hauptwort „Bundesstaat" zu beziehen.

Leidet aber darin §. 12 Anwendung, daß die betreibende Partei nicht unmittelbar im andern Staate einen Gerichtsvollzieher in Bewegung setzen kann, sondern erst das placet der gerichtlichen Behörde für ihre Vollstreckungsangelegenheit zu erwirken hat, so ist es nicht minder sachgemäß, auch die andere Voraussetzung desselben Paragraphen und des §. 10 auf unseren Fall zu beziehen: die Ertheilung eines Zeugnisses der Vollstreckbarkeit von Seiten des Prozeßgerichts. Wenn auch in demselben Rechtsgebiete dies Alles entbehrt oder das Vollstreckbarkeitszeugniß des Gerichtsschreibers, wie es das Hannöversche [138]) und das Rheinische Recht kennen, für genügend angesehen werden kann, so ist doch die Lage der Dinge eine andere, wo es sich um Vollstreckung in einem fremden Rechtsgebiete handelt, also z. B. um Vollstreckung eines Hannöverschen Erkenntnisses am linken Rheinufer, oder eines Rheinischen Erkenntnisses in Hannover. Die materiellen Voraussetzungen der Vollstreckbarkeit, welche mit dem Rechtsmittelsystem zusammenhängen, können in den verschiedenen, wenn auch verwandten Rechtsgebieten verschiedene sein. Weil dieses der Fall ist, erscheint die Garantie des Zeugnisses hier, obgleich der Betrieb der Vollstreckung in beiden Gebieten, des Prozeß- und des Vollstreckungsortes, in der nämlichen Weise durch eigene Vollstreckungsbeamte erfolgt, aus denselben Gründen unentbehrlich, welche dessen Beibringung in §. 10 und 12 diktirten.

Man wird also billig auch ohne besondere Vorschrift im Verkehre durch ihr Recht verwandter Gebiete nach Analogie des §. 12 verfahren.

Jedenfalls trägt die Unterlassung einer besonderen Vorschrift praktisch keine irgend erhebliche Gefahr in sich, wenn die verschiedenen Rechtsgebiete, wie Hannover und Rheinland, Einem Staate angehören. Daß innerhalb des letztern für Rechtshülfe gesorgt wird, versteht sich von selbst. Im Verkehr der Bundesstaaten unter sich, dem eigentlichen Gegenstande dieses Gesetzes, würde zur Zeit nur das Verhältniß zwischen Rheinpreußen und Hannover einerseits, zu Rheinhessen andererseits in Betracht kommen. Erwägt man nun, welche unter der Herrschaft des

---

[136]) Prot. S. 54.

[137]) Gegen die Meinung derjenigen, welche dies für das Gebiet des Rheinischen Rechts nicht für erforderlich hielten; Prot. S. 54.

[138]) Hannöv. Pr.-O. §. 529.

Rheinischen Rechts stehende Theile des Großherzogsthums Hessen zum Bunde gehören, so sind diese so geringfügig, daß darum einen besonderen Artikel aufzunehmen, vorerst wohl entbehrlich scheinen durfte. Aber selbst wenn die Wirksamkeit des Gesetzes sich über ganz Rheinhessen ausdehnte, würde der Mangel einer besonderen Bestimmung schwerlich empfunden werden, da zwischen diesen in Bezug auf ihr Recht so nahe verwandten Gebieten die Rechtshülfe schon seither sich gleichsam von selbst und in vollstem Maaße hergestellt hat.

§. 13—18.

Vorbemerkungen.

Diese §§. betreffen die Rechtshülfe im Konkurs. Auf der einen Seite konnten zwar die besonders großen Schwierigkeiten, welche die gerade in der Behandlung des Konkurses sehr von einander abweichenden Landesrechte darbieten,[139]) nicht verkannt werden. Auf der anderen Seite mußte man sich sagen, daß es nothwendig sei, auch für diesen Fall, in welchem erfahrungsmäßig das Bedürfniß mit am dringensten ist, in dem Gesetz der gerechten Erwartung zu entsprechen und dem Verkehr zu Hülfe zu kommen. In der That ist die Rechtshülfe für den Fall des Konkurses der Schlußstein aller Rechtshülfe in bürgerlichen Sachen. Man gewann daher bald die Ueberzeugung, daß es unmöglich sei, darüber hinwegzugehen. Wie sollte man unterlassen können, die Konsequenzen des in §. 1 für bürgerliche Rechtssachen ausgesprochenen Prinzips zu ziehen? Konnte man doch gar nicht umhin darüber zu verfügen, wenn bedacht wurde, daß ein den Konkurs eröffnendes Erkenntniß, wie dies nach mehreren Landesrechten vorgeschrieben ist, an der Vollziehung im Wege der Rechtshülfe, welche für andere Erkenntnisse hier angeordnet wird, Theil haben muß.[140])

Zugleich war man jedoch einig, daß auch hier jeder Eingriff in das materielle Konkursrecht zur Zeit nach Kräften zu vermeiden sei. Es handelte sich darum, dem Konkursgericht zur Durchführung des Konkurses volle Rechtshülfe zu garantiren, für den Fall, daß Vermögenstheile, welche zu der Konkursmasse gehören, in verschiedenen Bundesstaaten sich befinden.[141]) Dabei erwies sich freilich als unvermeidlich, einige auch das materielle Recht berührende Bestimmungen aufzunehmen.

Der ganze Abschnitt hat nur eine beschränkte Richtung. Er bezieht sich nur auf die Heranziehung und Ablieferung von Vermögenstheilen an das mit dem Konkurs befaßte Gericht. Die Hülfe Rechtens zu anderen Handlungen, Zustellungen, Ermittelungen u. dgl. folgt selbstverständlich den sonstigen Regeln.

---

[139]) Bei Berathung des Nürnb. Entw. verzweifelte man an der Möglichkeit, über den Konkurs das aufzunehmen, was der Kommissions-Bericht S. 48 ff. proponirt hatte. Den Konkurs berührt der Nürnb. Entw. nur in §. 12 (§. 18 des Kommissions-Entwurfs).

[140]) Prot. S. 57.

[141]) Der Reichstag war derselben Ansicht gegen die besonders von dem Abg. Schwarze entgegengestellten Bedenken. Stenogr. Berichte S. 870.

Nach der Absicht des Gesetzes und da man vom Konkursprozeß zu reden pflegt, wenn auch die Konkursprozedur zum großen Theil nach dem bestehenden Rechte nicht als ein Rechtsstreit, der blos zwischen zwei streitenden Parteien spielt, aufgefaßt wird, häufig sogar einen administrativen Charakter annimmt [142]), ist nicht zu bezweifeln, daß die Rechtshülfe sowohl wegen anderer Handlungen, als auch wegen der erforderlich werdenden Vollstreckungen durchaus nach den vorausgehenden Bestimmungen dieses Gesetzes zu leisten ist. Für die einzelnen Prozesse, welche aus dem Konkurs entstehen, z. B. zwischen dem Massekurator und den Inhabern von Massegegenständen, Liquidations- und Prioritäts-Streitigkeiten, versteht sich dies, da sie Rechtsstreite für sich sind, von selbst. Allein auch die allgemeine Prozedur vor und nach der Konkurseröffnung kann jener Rechtshülfe nicht entbehren. Es ist, um nur Eines zu erwähnen, undenkbar, daß da, wo z. B. die Bestätigung eines Nachlaßvertrags durch ein förmliches der Rechtskraft fähiges Erkenntniß zu erfolgen pflegt, um dessen Vollstreckuug nicht in derselben Weise requirirt werden sollte, wie dies bei irgend einem andern Erkenntnisse der Fall ist. Man hat also zugleich überhaupt Alles, was in den vorangehenden Paragraphen von Rechtsstreiten gesagt worden ist, auf den Konkursprozeß zu erstrecken, die Konkursprozedur im Sinne dieses Gesetzes als eine Art von Rechtsstreit zu betrachten und insofern im Uebrigen mit unter jene Bestimmungen zu stellen.

§. 13.

„Das in einem Bundesstaate eröffnete Konkursverfahren „(Falliment, Debitverfahren, konkursmäßige Einleitung u. s. w.) „äußert in Bezug auf das zur Konkursmasse gehörige Vermögen „seine Wirkung in dem gesammten Bundesgebiete. Dies gilt „insbesondere von den Beschränkungen, welche die Verfügungs- „und Verwaltungsrechte des Gemeinschuldners erleiden, und von „dem Uebergange dieser Rechte auf die Gläubigerschaft."

Nach den meisten Rechten [143]) wurde seither über das im Inlande befindliche Vermögen eines Ausländers, wenn dieser in Konkurs verfiel, bei dem inländischen Gericht ein Separatkonkurs eröffnet, hauptsächlich zu dem Zweck, um den inländischen Gläubigern zu einer gesonderten und bevorzugten Befriedigung zu verhelfen. Es ist klar, daß ein solches Verfahren, wonach jeder Staat zuvörderst nur für seine Angehörigen sorgt, zwischen den zu einem Bundesstaat vereinigten Deutschen Staaten unmöglich fortbestehen kann. Der nach dem Endziel dieses Gesetzes durchaus berechtigte Zweck des §. 13 besteht darin, jenes Raubsystem des auf die Ausländerqualität gestützten Separatkonkurses [143a]) für den Bundesstaat,

---

[142]) Endemann, Civ.-Pr. §. 286, II. a. E.

[143]) Vgl. Preuß. Konk.-Ordn. v. 8. Mai 1855 §. 292 ff., über das gemeine Recht s. Fuchs, das Konkursverfahren S. 4 ff.

[143a]) S. darüber Endemann, C.-Pr. §. 285, II D.

in dem alle Angehörige der einzelnen Bundesglieder Inländer sind[144]), abzuschaffen[145]).

Man hätte dies vielleicht schlagender ausdrücken können; indessen liegt es dem Sinne nach jedenfalls in §. 13 ausgesprochen.

Als Folge davon ergiebt sich denn mit Nothwendigkeit, daß auch die Gläubiger des Gemeinschuldners, selbst wenn sie Angehörige des Staates sind, in welchem der betreffende Vermögenstheil gelegen ist, nicht mehr auf jenen Grund hin die Einleitung oder Fortführung eines Separatkonkurses verlangen können, sobald ein anderes Gericht einen Konkurs eröffnet hat, dessen Attraktivkraft sich auf jenen Vermögenstheil in Gemäßheit dieses Paragraphen erstreckt.

An sich ist durch §. 13 die Einleitung eines Separatkonkurses auf Grund der Ausländerqualität nicht schlechthin verboten, allein eine solche Einleitung kann nur unter dem Risiko, welches ein Gericht kaum noch übernehmen wird, geschehen, daß jeden Augenblick die Masse seines Separatkonkurses zu dem rechten Konkurse an ein anderes Gericht gezogen und in die dortige Masse eingeworfen wird.

Dagegeu soll durch diesen Paragraphen keineswegs das auf andere privatrechtliche Gründe gestützte Separationsrecht gewisser Gläubiger aufgehoben sein, wie sich aus §. 15 Nr. 2 in Verbindung mit §. 16 ergiebt. Solche Separationsrechte sind aber kein Grund für das ersuchte Gericht, die Rechtshülfe zu verweigern, sondern sie können nur von den Betheiligten nach Maaßgabe des §. 16 geltend gemacht werden (vgl. unten zu §. 15 u. 16).

Von einer Ordnung des **Gerichtsstandes** für den **Konkurs** in dem gegenwärtigen Gesetz hat man abgesehen[146]).

Man wollte hier ebenso wenig in die Lehre von der Kompetenz eingreifen, wie dies bei den gewöhnlichen Prozeßstreitigkeiten (s. oben zu §. 1 Nr. 3) geschehen; zumal da man annehmen zu können glaubte, daß in Bezug auf die Kompetenz zur Einleitung und Durchführung des Konkurses, des allgemeinen insonderheit bei dem forum domicilii und im Falle der Konkurrenz mehrerer gleichberechtigter Gerichte bei dem prävenirenden Gericht, die Landesrechte thatsächlich in Uebereinstimmung seien[147]).

Im Einzelnen bemerke man Folgendes.

1) **Das in einem Bundesstaat eröffnete Konkursverfahren (Falliment, Debitverfahren, konkursmäßige Einleitung u. s. w.).** Die eingeklammerten Ausdrücke sind beigefügt worden, um dem höchst verschiedenen Sprachgebrauch der Territorien gerecht zu werden[148]). Sie sind nur beispielsweise angeführt worden. Der Paragraph will aber jedes Verfahren, es mag Namen haben wie

144) B.-V. Art. 3.

145) Prot. S. 57—58 zu §. 31 der Vorlage S. 18.

146) Wie solche bei den Nürnb. Berathungen versucht wurde. S. Kommissions-Berichte S. 48 ff.

147) Prot. S. 57, Abs. 3. — Vgl. Endemann, C.-Pr. §. 286, III.

148) S. Prot. S. 84, wo noch besonders (für Mecklenburg) der letzte Ausdruck hinzugefügt wurde, und Motive zu §. 13, Abs. 3.

es will, treffen, welches die Regelung der Rechtsverhältnisse im Falle der Ueberschuldung bezweckt.

Unter dem eröffneten Konkursverfahren ist keineswegs etwa ausschließlich der, nach gemeinem Recht durch ein decretum de aperiundo concursu [149]) eröffnete, förmliche Konkurs verstanden. [150]) Aus dem zweiten Satz des Paragraphen ergiebt sich, daß unter dem eröffneten Verfahren nicht minder auch das sog. vorbereitende Konkursverfahren verstanden ist, jenes Stadium, welches erst die Ermittlung, ob wirklich Insolvenz vorhanden sei, [151]) den Versuch einer Abwendung des Konkurses durch Arrangement, Nachlaßvertrag [152]) und dgl. zum Gegenstande hat, kurz Alles, was vorkommen kann, bevor definitiv feststeht, daß der eigentliche Konkurs durchgemacht werden muß, sobald nur schon in diesem Stadium Wirkungen in Bezug auf das zur Konkursmasse gehörige Vermögen, insbesondere die im zweiten Satz berührten Beschränkungen der Dispositionsbefugniß des Schuldners durch Inhibitionen und dgl., herbeigeführt werden. [153])

2) Aeußert in Bezug auf das zur Konkursmasse gehörige Vermögen. Das Gesetz läßt dahin gestellt, welches Vermögen in den eröffneten Konkurs gehört. Die objektive Ausdehnung des Konkurses bleibt überhaupt unberührt. Entweder ist der Konkurs ein universeller, das ganze Vermögen des Kridars umfassender, und das ist die Regel. Er kann aber auch in dem Sinne ein partikularer sein, daß er nur einen bestimmten Vermögenstheil zum Gegenstande hat; z. B. der Konkurs eines einzelnen Handelsetablissements, über ein Seeschiff, über Bergwerkseigenthum, der Allodial — und der Lehnskonkurs u. s. w. [154]) (vgl. auch zu §. 18 Abs. 2).

Mag der Konkurs seinem Gegenstande nach ein das ganze Vermögen umfassender, oder mag er in dieser Beziehung ein bestimmt begrenzter sein, die Regel des Paragraphen, daß aus dem subjektiven Grunde der Ausländerqualität kein Separaratkonkurs innerhalb des Bundesgebietes mehr stattfinden kann, gilt innerhalb des objektiven Umfanges, auf den sich der eröffnete Konkurs erstreckt, in dem einen wie in dem andern Falle. Die Attraktivkraft, welche der Konkurs als ein universeller über das ganze Vermögen, als ein partikularer über den betreffenden Vermögensabschnitt ausübt [155]), soll durch diese Rücksicht innerhalb des Bundesgebietes nicht mehr gestört werden. Denn dies und nichts Anderes besagt es, wenn es heißt:

3) äußert seine Wirkung in dem gesammten Bundesgebiet. In völliger Uebereinstimmung mit dem den früheren Paragraphen zu Grunde liegenden Prinzip soll die Eröffnung des Konkurses von Seiten eines dem Bunde angehörigen Gerichts im ganzen Bundes-

[149]) Endemann §. 289.
[150]) Prot. S. 58 a. E.
[151]) Endemann §. 287.
[152]) Endemann §. 288.
[153]) S. darüber Endemann §. 287, III.
[154]) Endemann §. 285.
[155]) Endemann §. 286, I.

gebiete von jedem andern Bundesgerichte als wirksam anerkannt werden. Eben deshalb ist kein Gericht eines andern Bundesstaates befugt, der attrahirenden Kraft des Konkurses, dieser sei ein universeller, oder sei ein sogenannter Partikular- oder Spezialkonkurs, der nur einen bestimmten Abschnitt des Vermögens des Gemeinschuldners ergreift, gegenüber Vermögenstheile, welche in Folge dieser Attraktion zu dem betreffenden Konkurs gehören, behufs Einleitung eines Separatkonkurses zu Gunsten der landesangehörigen Gläubiger zu retiniren. Die praktische Folgerung des in §. 13 ausgesprochenen allgemeinen Satzes zieht dann §. 14.

Wenn in diesem Sinne die Wirkung, nämlich die, welche nach dem für das Konkursgericht geltenden Recht eintritt, sich auf das ganze Bundesgebiet erstrecken soll, so erhellt, daß dies erst von dem Momente an geschehen kann, wo die Wirkung nach dem Rechte des Konkursortes gegeben ist. Dies wird da wichtig, wo namentlich die im zweiten Satz speziell hervorgehobenen Wirkungen nicht von selbst oder mit einem allgemeinhin bestimmten Moment der (förmlichen Konkurseröffnung) gegeben sind, sondern, wie dies im vorbereitenden Verfahren nach gemeinrechtlichem Zuschnitt schon vor der förmlichen Konkurseröffnung möglich ist, in Folge besonderer Anordnung eintreten können (siehe oben Nr. 1 a. E.)

Auf keinen Fall werden die Wirkungen der Konkurseröffnung zurückbezogen. Ihre Bedeutung im Sinne dieses Paragraphen für das ganze Bundesgebiet beginnt erst mit dem Zeitpunkte ihres Eintritts. Die Beurtheilung alles dessen, was vor dem letzteren liegt, wird dadurch in keiner Weise berührt[156]). Manche Rechte legen der Konkurseröffnung eine solche rückwirkende (materiell rechtliche) Bedeutung insofern bei, als es sich um die Begründung der Paulianischen Klage handelt; nämlich in der Weise, daß die binnen einer bestimmten Zeit von der Konkurseröffnung an rückwärts stattgehabten Dispositionen des Kridars mit der actio oder exceptio Pauliana unbedingt angefochten werden können, oder daß wenigstens die schon damals vorhandene Insolvenz präsumirt wird[157]). Alle diese Folgerungen, welche das Recht des Konkursgerichts aus der Konkurseröffnung auf die Vorzeit zieht, sind für das Gericht eines anderen Gebietes, dessen Recht jene Folgerungen nicht kennt, keineswegs maßgebend[158]).

4) Welche Wirkungen hier gemeint sind, wird im zweiten Satz durch eine Exemplifikation („insbesondere") erläutert, welche indessen so ziemlich Alles erschöpft, was hier in Betracht kommt. Denn es wird ausdrücklich erwähnt

a. die Beschränkung der Verfügungs- und Verwaltungsrechte des Gemeinschuldners (Kridars). Der Ausdruck wurde gewählt, um zwischen der Ansicht, daß der Gemeinschuldner dispositionsunfähig[159]) werde, und der Ansicht, daß er nur seiner

[156]) Motive zu § 13 a. E.

[157]) Endemann §. 290, Not. 2.

[158]) Prot. S. 558 a. E. S. 85. — Vgl. z. B. Preuß. Konk.-Ordn. §. 99 ff.

[159]) In Bezug auf sein seitheriges, dem Konkurse unterliegendes Vermögen; Endemann §. 290, I.

Dispositionsbefugniß in Betreff der Konkursmasse verlustig gehe, sich möglichst neutral zu verhalten, ohne damit irgend die Möglichkeit zu verkennen, daß die Beschränkung eine totale sein könne [160]).

Weiter wird erwähnt

b. der Uebergang dieser Rechte auf die Gläubigerschaft, der nach der häufigsten Anschauung als unmittelbare Konsequenz des unter a gedachten Verlustes, mitunter aber auch als eine für sich bestehende Rechtsfolge gedacht wird [161]).

Bei der Abfassung des Gesetzes war man darüber einig, daß für die Gebiete, in welchen eine Eröffnung des förmlichen Konkurses, sogar durch ein wirkliches Erkenntniß, stattfindet, kaum nöthig sei, den zweiten Satz des §. 13 auszusprechen, da, wenn an diese Konkurseröffnung solche Folgen geknüpft seien, deren Respektirung schon nach dem Grundsatz der allgemeinen Geltung rechtskräftiger Erkenntnisse (§. 19) sich ergebe. Indessen hielt man doch gerathen, den zweiten Satz nicht zu unterdrücken, weil er sich auch auf solche Eröffnungen des förmlichen Konkurses beziehen soll, welche nicht durch eigentliches Erkenntniß erfolgen, und nicht minder (vgl. Nr. 1) auf solche Konkurseröffnungen, bei denen schon in einem früheren, vorbereitenden oder Anfangsstadium die hier bezeichneten Wirkungen von selbst, oder auf Grund besonderer Verfügung eintreten [162]).

5) Der Paragraph erklärt nur die gedachten Wirkungen der Konkurseröffnung für im Bundesgebiet allgemeingültige. Das aber ist schon nach dem in §. 7 ausgedrückten, wie dort erwähnt, keineswegs nur auf die Exekution zu beziehenden Prinzip selbstverständlich und ist in dem vorliegenden Abschnitt überall vorausgesetzt, daß der nach dem Rechte seines Ortes rite eröffnete Konkurs, dessen Attraktion sich jedes Bundesgericht fügen muß, auch nach dem Rechte seines Ortes geleitet und durchgeführt wird.

§. 14.

„Auf Ersuchen des Konkursgerichts oder auf Antrag des Kon-„kursvertreters ist das in einem anderen Staats- oder Rechts-„gebiete befindliche Vermögen des Gemeinschuldners von den „Gerichten des Orts, wo sich dasselbe befindet, nach Maßgabe „der daselbst für den Fall des Konkursverfahrens zur Anwendung „kommenden Gesetze sicher zu stellen, zu inventarisiren und zur „Konkursmasse abzuliefern."

In Folge der in §. 13 aufgestellten Rechtsregel findet zum Zweck der Heranziehung des in einem andern Staats- oder Rechtsgebiet befindlichen Vermögens ein Ersuchen nach Maßgabe dieses Gesetzes statt, mithin ein Ersuchen, dem entsprochen werden muß (§. 1)

---

[160]) Prot. S. 58.

[161]) Endemann § 290, II B.

[162]) Prot. S. 58.

und bei dem ebensowenig Kompetenz und Legalität der dem Ersuchen zu Grunde liegenden Verfügung, hier namentlich der Konkurseröffnung, zu prüfen ist, wie sonst.

1) Die Form des Ersuchens anlangend, so geht dasselbe entweder von dem Konkursgericht aus, ist also Requisition von Gericht zu Gericht, oder von dem Konkursvertreter (Massekurator, Güterpfleger). Dieser letztere hat sich natürlich als solcher zu legitimiren und, wenn er sich ganz ohne Vermittelung des Konkursgerichts an das auswärtige Gericht wendet, die „erforderlichen Schriftstücke" (vgl. §. 5), aus welchen insbesondere hervorgehen muß, daß der Konkurs mit der die Heranziehung des auswärts befindlichen Vermögens begründenden Wirkung (s. §. 13) eröffnet worden ist, vorzulegen. Augenscheinlich handelt es sich hier um eine Art von Vollstreckung (der Konkurseröffnung). Indessen ist dabei eine dem Vollstreckbarkeitszeugniß der §§. 10. 12 entsprechende Garantie nicht angeordnet, obwohl sie für den Selbstbetrieb des Konkursvertreters sich nicht minder empfehlen würde. Der Aufforderung muß nach §. 14 Folge geleistet werden, ob sie von dem letzteren, oder vom Konkursgericht ausgeht. Allein der Unterschied ergiebt sich aus der Natur der Sache, daß, während bei einem Ersuchen des Konkursgerichts jede Kognition über die materiellen und formellen Voraussetzungen (außer nach §. 37) hinwegfällt, bei dem Antrag des Konkursvertreters, wenn er nicht ein Zeugniß oder ein Ersuchen des Konkursgerichts überbringt, zuvor nach den Unterlagen zu sehen ist[163]). Die Vermittelung des Ersuchens oder des Antrags durch die Staatsanwaltschaft des Konkursortes auszuschließen (vgl. §. 6) liegt gewiß kein Grund vor.

Das Ersuchen oder der Antrag richtet sich, so setzt §. 14 voraus, lediglich an das Gericht des Ortes, wo sich das Vermögen befindet, und zwar unmittelbar an das Gericht, nicht etwa an die Staatsanwaltschaft dieses Gerichtes. Von einem Selbstbetriebe des Konkursvertreters in der Weise, daß er sich an eigene Beamte zu wenden hätte (wie in §. 4 oder nach §. 12), ist hier nicht die Rede. Das Gericht empfängt und erfüllt die Aufforderung, kann sich aber zur Ausführung natürlich, je nach seinem Recht (s. unten Nr. 3) auch der Beihülfe anderer Personen bedienen.

2) Das angerufene Gericht ist nach diesem Paragraph verpflichtet, in Gemäßheit der Aufforderung, das in seinem Bezirk befindliche Vermögen sicher zu stellen, zu inventarisiren und zur Konkursmasse abzuliefern. Ob das eine oder das andere, bestimmt sich zunächst nach dem Ersuchen oder dem Antrage. Man hat die Hauptmaßregeln, nämlich Sicherstellung, Inventarisation oder Auslieferung, hervorgehoben, weil sich darunter voraussichtlich Alles bringen läßt, was behufs der Ausführung des in §. 15 enthaltenen Satzes nothwendig werden mag. Indessen würde analoge Anwendung nicht verwehrt sein, wenn es sich doch einmal um eine andere Maßregel handelt. Denn der Sinn des §. 14 kann nur der sein, daß, weil das aus-

---

[163]) Vgl. hierzu die Bemerkung bei §. 5, Nr. 4.

wärts befindliche Vermögen dem Rechte nach Bestandtheil der Konkursmasse ist, Nichts von demjenigen versagt werden darf, was aus diesem Charakter folgt.

3) Die Sicherstellung, Inventarisation und Auslieferung geschieht nach Maßgabe der daselbst (bei dem ersuchten Gericht) für den Fall des Konkursverfahrens zur Anwendung kommenden Gesetze. Dies entspricht dem, was in den Vorbemerkungen zu §§. 3—6 unter Nr. 3 als leitender Gesichtspunkt dargestellt wurde und folgt durchaus den dort gezogenen Resultaten. Das Recht des ersuchten Gerichts entscheidet über die Art und Weise der Ausführung der hier bezeichneten Maßregeln; und zwar das für den Fall des Konkursverfahrens geltende Recht. Das ersuchte Gericht hat also in der Sicherstellung, Inventarisation oder Auslieferung dem Gerichte eines andern Bundesstaates gegenüber so zu verfahren, wie wenn die Konkursprozedur bei ihm selbst oder einem Gerichte seines Rechts- oder Staatsgebietes anhängig wäre[164].

Wie aber, wenn nach dem Rechte des requirirten Gerichts in dem die Requisition veranlassenden Falle gar kein Konkursverfahren, ein Ausdruck, welcher hier auch die in §. 13 erwähnten Nebenausdrücke in sich schließt[165]), möglich ist? Kennt doch das Rheinische Recht gar kein Konkurs- und das sogenannte Fallimentsverfahren nur bei Kaufleuten. Man hat §. 14 so zu verstehen, daß in dem Fall, wo es sich um den Konkurs eines Nichtkaufmanns handelt, das requirirte Rheinische Gericht dennoch so zu verfahren hat, wie es die für das Falliment geltenden Normen vorschreiben[166]). Mithin ist das zu dem Falle des Konkursverfahrens zur Anwendung kommende Recht nicht in concreto, als das für den vorliegenden Fall anwendbare, sondern in abstracto, als das, wenn es überhaupt zum Konkurse oder einem sonstigen Insolvenzverfahren kommt, in dem Gebiete des requirirten Gerichts gültige Recht gemeint. Daraus ergiebt sich, in Anwendung auf das Rheinische Recht, daß dort auch das gewöhnliche Civilgericht auf Requisition so sicher zu stellen, zu inventarisiren und abzuliefern hat, wie dies bei dem Falliment eines Kaufmanns das Handelsgericht zu thun hätte.

§. 15.

„Insoweit nach den Gesetzen des Staats- oder Rechtsgebietes, „in welchem sich abzulieferndes Vermögen (§. 14) befindet, gewisse Personen für den Fall eines daselbst eröffneten Konkurses „berechtigt sind,

„1) Vindikationsansprüche in Bezug auf dieses Vermögen oder „auf einzelne Theile desselben geltend zu machen,

„2) ihre abgesonderte Befriedigung aus diesem Vermögen oder „aus einzelnen Theilen desselben zu verlangen, oder

---

[164]) Man nähert sich hier dem in §. 20 ausgedrückten Prinzip.

[165]) Prot. S. 85, Abs. 3.

[166]) Dafür, daß dies die Absicht des Gesetzes ist, kann man sich nicht blos auf die Motive zu §. 14 beziehen, sondern auch auf die Billigung, welche Prot. S. 60 der §. 34 der ersten Vorlage (Prot. S. 19) erfuhr.

„3) auf Grund eines auf bestimmte Gegenstände dieses Ver-
„mögens beschränkten dinglichen oder persönlichen Rechts
„aus diesen Gegenständen ihre vorzugsweise Befriedigung
„zu beanspruchen,

„stehen ihnen diese Rechte in derselben Weise zu, als wenn der „Konkurs in diesem Staats- oder Rechtsgebiete eröffnet wäre.

„Vorzugsrechte anderer Art bestimmen sich nach dem für das „Konkursgericht geltenden Rechte.“

Bliebe das Vermögen, welches nach §§. 13. 14 von dem Konkursgerichte eines anderen Staates zu seiner Masse herangezogen wird, da, wo es sich befindet, und würde dort nach dem zu 13 berührten Gebrauche der Separatkonkurs über dieses Vermögen eingeleitet werden, so würden nach dem Recht dieses Ortes manche Gläubiger, zumal inländische, mit Vorzugsrechten ausgestattet sein, die sie in dem Separatkonkurs oder dessen Masse gegenüber geltend machen könnten. Sollen diese nach dem bestehenden materiellen Recht einmal begründeten Rechte dadurch verloren gehen, daß das Vermögen an ein anderes Gericht abgeliefert werden muß? Unmöglich ließ sich das allgemeinhin annehmen. Wie die Motive bemerken, würde das ebenso dem die Lehre von der Kollision der Rechte beherrschenden Grundsatz, daß ein an dem einen Orte erworbenes Recht auch an dem andern anerkannt wird, als auch dem Grundgedanken des §. 13 widersprechen, wonach der in einem Bundesstaate oder Gebiete eröffnete Konkurs so angesehen werden soll, als ob er in dem ganzen Bundesgebiete (als Einem Inlande) eröffnet worden sei.

Handelte es sich aber darum, ob und inwieweit solche besondere Rechte, welche bei dem abliefernden Gerichte hätten anerkannt werden müssen, nunmehr auch bei demjenigen, an welches abgeliefert wird, in dem dort anhängigen Konkursverfahren Anerkennung zu finden haben, und erwog man andererseits die bis zum Mißbrauch gediehene Häufung und Verschiedenheit aller der Vorzugsrechte, welche nach den Partikularrechten für den Konkurs bedeutsam werden, so gerieth man[167]) bald auf diejenige Unterscheidung, welche in §. 14 aufgestellt wird.

1) Nach dem ersten Absatz bleiben gewisse Rechte nach den Gesetzen des Staats- oder Rechtsgebietes, in welchem sich das zu einem auswärtigen Konkurs herangezogene Vermögen befindet, einmal begründet, trotz des Gebotes der Ablieferung in voller Geltung; in derselben Weise, als wenn der Konkurs in diesem Staats- oder Rechtsgebiete eröffnet wäre. Letzteres will nur sagen, daß sie in derselben Weise als objektiv bestehend anerkannt werden; denn über die Art und den Effekt ihrer Geltendmachung verfügt, wie sich zeigen wird, §. 16, indem es keineswegs bei dem belassen wird, was in dieser Beziehung gelten würde, wenn der Konkurs am Orte des abzuliefernden Vermögens eröffnet wäre. Das Gesetz hat sich darauf beschränken müssen, summarisch die Rubriken anzugeben. Es

---

[167]) Prot. S. 59.

wird Sache der Doktrin und der Praxis sein, die Definition dieser Rubriken näher zu präzisiren, sowie namentlich auch Angesichts der zahlreichen Kontroversen des seitherigen Rechtes zu entscheiden, ob gewisse Gläubiger zu der einen oder der andern Klasse gehören.

Die Gläubiger, deren besondere Rechte unter Nr. 1—3 anerkannt werden, sind:

a. diejenigen, welche Vindikationsansprüche auf dieses Vermögen oder einzelne Theile desselben geltend machen. Dies ist nur eine Umschreibung des Begriffs der Vindikanten. Man wird mithin Nr. 1 nicht auf Vindikationsansprüche in dem Sinne beschränken dürfen, daß damit nur die Verfolgung mittelst der wirklichen vindicatio begriffen sei, sondern wird sie auf alle diejenigen zu beziehen haben, welche, wie die gemeine Lehre sagt, ex jure dominii, mit einer vindicatio, hereditatis petitio u. s. w., oder mit einer persönlichen (actio depositi, commodati u. s. w.), oder dinglich-persönlichen Klage (actio in rem scripta) der Verwendung zur Konkursmasse entgegentreten[168]);

b. diejenigen, welche ein Recht auf abgesonderte Befriedigung aus diesem Vermögen oder einzelnen Theilen desselben haben; eine Umschreibung des Begriffs der Separatisten. Unter diesem Namen werden aber nach dem gewöhnlichen Sprachgebrauche zweierlei Gläubiger zusammengefaßt.

Einmal diejenigen, welche ein Recht auf Separation gewisser Vermögenstheile zu dem Behufe geltend machen können, damit über dieselben ein Separatkonkurs eingeleitet werde. Dahin gehören nach gemeinem Recht: die Legatare und Erbschaftsgläubiger, welche die Absonderung der dem Kridar angefallenen Erbschaft fordern, die Gläubiger des kastrensischen Pekuliums eines Haussohnes, die Lehns- bzw. Allodialgläubiger[169]). Außerdem kommt nach Handelsrecht oder handelsrechtlichem Gebrauch Separation mehrerer Handelsetablissements, des Geschäfts- und Gesellschaftsvermögens vom Privatvermögen[170]), sowie abgesonderte Befriedigung aus einem Seeschiffe oder Schiffsparten vor. Nach Partikularrecht endlich findet eine Separation auch noch bei andern Vermögenstheilen, bei Bergwerkseigenthum u. dgl. statt.

Alle diese Separationsrechte werden hier an sich aufrecht erhalten; d. h. sie sollen nicht ohne Weiteres so, wie das Separationsrecht, auf dessen Abschaffung (s. oben zu §. 13 z. A.) der vorliegende Abschnitt hinausläuft, abgeschafft sein, wenn sich auch ihre praktische Verwerthung nach §. 16 modifizirt.

Sodann diejenigen, welche anstatt in die Gemeinschaft der gewöhnlichen Konkursgläubiger einzutreten, sich ausschließlich oder doch zunächst auf ihr Recht an einzelnen Theilen oder Stücken des Vermögens stützen; eine Klasse, die theilweise von der dritten Rubrik

---

[168]) Endemann §. 295, II A.

[169]) Endemann §. 285, II.

[170]) Endemann, Handelsrecht §. 17.

des §. 15 zu trennen ist[171]). Denn nach manchen Landesrechten, welche hier in keiner Weise alterirt werden, sowie namentlich auch nach dem Handelsgesetzbuche haben manche Pfandgläubiger und Retentionsberechtigte ein Recht auf abgesonderte Befriedigung aus der verpfändeten oder retinirten Sache, brauchen sich auf den Konkurs weiter gar nicht einzulassen und werden also insofern Separatisten.

Ueber die Geltendmachung des Rechtes auf abgesonderte Befriedigung s. §. 16 Abs. 1 und §. 18 Abs. 1. 2;

c. diejenigen, welche aus den Gegenständen des zum Konkurs im Wege der Rechtshülfe herangezogenen Vermögens ihre vorzugsweise Befriedigung beanspruchen; aber nicht alle, sondern nur diejenigen, welche hinter sich haben „ein auf bestimmte Gegenstände“ dieses Vermögens gerichtetes Recht. Hauptsächlich gehören hierher die Spezialpfandgläubiger und Retentionsberechtigten; wohl bemerkt, soweit sie vorzugsweise Befriedigung, nicht aber Separation, verlangen. Denn wenn sie ein Recht haben, abgesonderte Befriedigung zu verlangen, so gehören sie, wie unter b. bemerkt, insofern schon unter Nr. 2 des §. 15. Generalpfandrechte und privilegia exigendi, bei welchen diese Voraussetzung nicht zutrifft, fallen daher nicht unter Nr. 3 des §. 15, sondern unter den Abs. 2 desselben[172]). Dagegen macht es, wenn es nur ein Recht an bestimmten Vermögensstücken ist, keinen Unterschied, ob dasselbe einen dinglichen (Spezialpfandrecht), oder persönlichen (wie in der Regel das Retentionsrecht)[173]) Charakter hat. Ebensowenig kommt darauf etwas an, ob das Spezialrecht aus Vertrag, oder ob es, wie namentlich nach Handelsrecht sowohl bei Pfandrecht als bei Retentionsrecht oft der Fall ist, aus Gesetz hervorgeht.

2) Vorzugsrechte anderer Art bestimmen sich, wie der zweite Absatz ausdrücklich hervorhebt, nach dem für das Konkursgericht geltenden Recht. Solche Gläubiger des abzuliefernden Vermögens, welche nicht einer der Rubriken 1—3 des ersten Absatzes angehören, haben ihr Schicksal lediglich nach dem Rechte des ersuchenden Konkursgerichts zu erwarten. Es sind eben die Gläubiger, welche kein Recht auf bestimmte einzelne Sachen, oder an bestimmten einzelnen Sachen darlegen können, insbesondere diejenigen, welche, gleichviel aus welchem Rechtstitel, ob aus Vertrag oder Gesetz, blos mit einem Generalpfandrecht, oder einem generellen Privileg (exigendi) von persönlichem oder dinglichem Charakter ausgestattet sind. Sie können die Ablieferung des requirirten Vermögens nicht hindern und müssen sich folglich zur Gel-

---

171) Endemann, C.-Pr.-R. §. 295, II C. Denn dazu gehören ferner die Pfandgläubiger und Retentionsberechtigten, wenn sie sich nicht in den Konkurs eigentlich einzulassen brauchen.

172) Prot. S. 59.

173) Vgl. z. B. Preuß. Konkurs-Ordn. §. 33; H.-G.-B. §. 313—316; Preuß. Einf.-Ges. zum H.-G.-B. Art. 28; Bremer Handfesten-Ordn. von 1860, §. 31. — Fuchs §. 7; Endemann a. a. O., Not. 14, 15.

tendmachung ihrer Rechte an das Konkursgericht wenden. Erkennt nun das Gesetz des letzteren, wie jetzt immer häufiger der Fall, solche generelle Rechte überhaupt nicht an, so erweisen sich die daheim begründeten Vorzugsrechte dieser Art als vereitelt. Indessen hat man mit vollem Bewußtsein den in Abs. 2 enthaltenen, nicht unbedeutenden Schnitt in das materielle Recht vollzogen. Man hielt dafür, daß solche Rechte, die nicht ohne Grund eigentlich nur als Qualifikationen der Stellung des Gläubigers im Konkurse zu betrachten und daher nach dem Konkursrecht des Konkursgerichtes zu beurtheilen seien[174]), zu begünstigen keinerlei Ursache vorliege und bedachte sich daher nicht, denselben hier wenigstens schon für den Rechtsverkehr zwischen den einzelnen Staats- und Rechtsgebieten einen Stoß zu versetzen[175]).

§. 16.

„Die in §. 15 Ziff. 1 und 2 bezeichneten Rechte können, so „lange die Ablieferung der Vermögenstheile, auf welche sich die „Rechte beziehen, noch nicht erfolgt ist, bei den Gerichten des „Orts geltend gemacht werden, wo sich diese Vermögenstheile „befinden.

„Nach der Ablieferung sind diese Rechte bei den Gerichten „des Orts der Konkurseröffnung geltend zu machen.

„Die in §. 15 Ziff. 3 bezeichneten Gläubiger haben sich in „den Konkurs einzulassen und ihre Rechte bei dem Konkursgerichte „zu verfolgen."

In diesem Paragraphen wird die Art und Weise geregelt, in welcher die in §. 15 geschützten besonderen Rechte zur Geltung gelangen sollen. In dieser Beziehung werden sie indessen nicht sämmtlich gleich behandelt, sondern es wird unterschieden.

1) Die **Vindikanten und Separatisten** des §. 15 Nr. 1. 2 können

a. **so lange die Ablieferung des requirirten Vermögens noch nicht erfolgt ist**, ihre Rechte bei dem requirirten Gericht geltend machen.

Es wird hier vorausgesetzt, daß diese Gläubiger ihr Recht auf Separation geltend machen, welches also mit andern Worten nicht von Amtswegen geschützt wird; ein Satz, der jedoch in §. 18 Abs. 1 und 2 einige Limitation erfährt (s. unten).

Unter „Geltendmachen" wird nicht blos die Anmeldung, sondern,

---

[174]) Bei denen also der im Eingang der Bemerkungen zu diesem Paragraph aufgestellte Gesichtspunkt des überall zu schützenden Rechts nicht paßt.

Daraus kann freilich, wenn man konseqnent sein will, auch die umgekehrte Situation entspringen. Wie, wenn sich ein auswärtiger Gläubiger, der zu Hause kein privilegium exigendi oder keine Generalhypothek hat, im Konkurse bei einem Gericht meldet, nach dessen Recht ihm eine solche Vorzugsstelluug gebühren würde? Gleichwohl hat man bei Abfassung des Gesetzes nicht daran gedacht, daß so dem Gläubiger am Konkursort ein Vorzugsrecht zu oktroyiren sei, das er zu Hause nicht hat.

[175]) Vgl. Prot. S. 60, Abs. 1 und zur Redaktion S. 85.

wie die Motive besagen, auch die Durchführung verstanden. Aus §. 16 soll zugleich erhellen, welches Gericht darüber zu entscheiden berufen ist, ob eines der in §. 15 Nr. 1—3 berührten Rechte vorhanden sei.

Indessen ist damit noch nicht Alles abgemacht. Der Paragraph läßt ferner durchaus im Dunkeln, zu welchem Zwecke entschieden wird. Wenn eines der Rechte nach §. 15 vor der Ablieferung bei dem requirirten Gericht geltend gemacht wird, so geschieht dies doch zunächst nur, um zu hindern, daß das Vermögen zur Konkursmasse abgeliefert werde. Es hat daher vollen Sinn, daß das requirirte Gericht über den Vindikationsanspruch oder das Separationsrecht insoweit und aus dem Gesichtspunkt entscheide, ob ein Grund sei, deshalb die Ablieferung [176]) an das requirirende Gericht zu versagen. Darüber kann vernünftigerweise das requirirte Gericht zu entscheiden haben; wobei sich dann insbesondere in dem Falle des §. 15 Nr. 2 an die Entscheidung, daß ein Separationsrecht besteht, welches die Ablieferung hindert, möglicherweise die weitere Entscheidung anknüpft, daß hier bei dem requirirten Gericht ein Separatverfahren einzuleiten sei (s. zu §. 16 Nr. 1). Im Uebrigen kann das requirirte Gericht die Vindikations- oder Separationsansprüche entgegen nehmen und dem Konkursgericht mittheilen.

Allein unmöglich kann das erstere definitiv über alle solche Ansprüche nach ihrem materiellen Bestande rechtskräftig und folglich für das Konkursgericht bindend zu entscheiden haben. Eine solche Kompetenz ist in §. 16 dessen Ausdrucke nach nicht ertheilt, müßte aber, als eine exorbitante, alle sonstigen Kompetenzregeln überspringende Kompetenzverleihung, wenn sie erfolgen sollte, besonders scharf ausgedrückt sein.

Darüber, wie die Geltendmachung vor der Ablieferung, welche nur möglich ist, wenn der betheiligte Gläubiger von dem Ersuchen um Ablieferung Etwas erfährt, zu erleichtern sei, sagt der betreffende Paragraph Nichts. Indessen wird man zu unterstellen haben, daß es dem Landesrecht überlassen bleibe, in welcher Weise durch öffentliche Bekanntmachung und Aufforderung dafür zu sorgen sei, daß die Gläubiger ihre Rechte, zumal sie nach §. 16 eigentlich die Wahl zwischen Abs. 1 und 2 haben, geltendmachen können.

---

[176]) Die Geltendmachung des Vindikations- oder Separationsanspruchs bei dem um Ablieferung requirirten Gericht kann überhaupt nur als Versuch, diese Ablieferung zu hindern, betrachtet werden; nicht aber als die gegen den Massekurator oder wen sonst abzielende Klage auf Realisirung des betreffenden Rechts. Ebendeshalb, weil die Geltendmachung des Anspruchs zu diesem Zwecke gar nicht als eine von Partei gegen Partei (welche?) gerichtete Klage, welche nunmehr rechtskräftig inter partes zu entscheiden, angesehen werden kann, hat man unwillkürlich den neutralen Ausdruck „Geltendmachen" gewählt. Es handelt sich hier in §. 15. 16 immer nur um die Frage der Lostrennung oder Einwerfung zur Konkursmasse. Vgl. auch zu §. 17, Abs. 1. — Nach der Fassung des Abs. 1 braucht sich übrigens, trotz der Andeutung Prot. S. 60, der betreffende Gläubiger nicht gefallen zu lassen, daß er mit dieser Frage etwa an das Konkursgericht verwiesen werde. Das requirirte Gericht hat keine Befugniß, dem in Abs. 1 konstituirten Recht des Gläubigers zuwider, etwa die Ablieferung, mit Vorbehalt des Separationsrechtes, zur Geltendmachung bei dem Konkursgericht zu verfügen.

b. Nach der Ablieferung müssen sie mit ihren Ansprüchen an das Konkursgericht gehen.

Diese Vorschrift rechtfertigt sich insofern, als die Vindikanten und die Separatisten, wie auch die Motive anerkennen, als eigentlich außerhalb des Konkurses stehend betrachtet werden. Daß sie in dem Falle unter b. an das Konkursgericht gehen müssen, folgt daraus, daß sich dort das von ihnen in Anspruch genommene Vermögen nunmehr befindet.

Besonderer Erwähnung bedarf indessen doch das Schicksal der Separatisten, welche, wie die Vindikanten, nicht verlangen, daß das requirirte Vermögen oder ein Theil desselben unmittelbar an sie herausgegeben werde, sondern über dasselbe ganz oder theilweise auf Grund ihres Landesrechts (s. oben zu §. 15 Nr. 1. b) den Separatkonkurs verhängt wissen wollen. Da, wie erwähnt, §. 15 Nr. 2 dieses letztere Recht anerkennt, so ist der Erfolg der:

Setzen sie ihre Separationsbefugniß bei dem requirirten Gericht durch, das sie vor der Ablieferung angerufen haben, so findet nunmehr ein Separatverfahren bei diesem Gerichte statt. In einem solchen Separatverfahren sind aber nur die Gläubiger zu berücksichtigen, welche überhaupt ein Separationsrecht der in §. 15 Nr. 2 berührten Art besitzen. Keineswegs kann es, im Widerspruch gegen §. 15, nachdem einmal das Separatverfahren eingeleitet worden, einem Gläubiger freistehen, demselben beizutreten, der nicht ein Recht nach §. 15 Nr. 2 für sich hat. Es sind ferner nur diejenigen Separatisten des §. 15. Nr. 2 zu berücksichtigen, welche ihre Rechte in Gemäßheit des §. 16 Abs. 1 geltend machen. Ob das behufs der Befriedigung der hiernach berechtigten Gläubiger von dem requirirten Gericht eingeleitete besondere oder Separatverfahren ein Separatkonkurs ist, ergiebt sich erst darnach, ob das Vermögen, um dessen Ablieferung es sich handelt, zur Befriedigung jener berechtigten Gläubiger hinreicht. Bleibt ein Ueberschuß, so ist dieser demnächst an das requirirende Konkursgericht abzuliefern.

Setzen dagegen solche nach §. 15 Nr. 2 berechtigten Separatisten ihre Separationsbefugniß nach der Ablieferung des Vermögens bei dem Konkursgericht durch, so ist dann dieses letztere, da es das landesgesetzliche Separationsrecht zu respektiren hat[177]), genöthigt, innerhalb seiner Konkursprozedur, gleichsam als einen besonderen Abschnitt, ein Separatverfahren in Bezug auf die betreffenden Vermögenstheile eintreten zu lassen; eine Erscheinung, die ja auch nach dem Landesrecht nicht selten in dem Konkurse vorkommt[178]).

2) Die in §. 15 Nr. 3 gedachten Gläubiger hingegen werden in Abs. 3 unseres Paragraphen[179]) unbedingt angewiesen, sich in den Konkurs einzulassen und ihre Rechte bei dem Konkursgericht zu verfol-

[177]) Prot. S. 59 a. E.

[178]) Die hier dargestellten Konsequenzen wollte ein im Reichstag gestelltes, später zurückgezogenes Amendement redaktionell klarer stellen. Indessen sind dieselben auch so zu ziehen.

[179]) Nicht ohne Widerspruch bei der Berathung s. Prot. S. 85 a. E. — 86.

gen. Sie können also die Ablieferung nicht verhindern und haben ihre Rechte lediglich als Vorzugsrechte im Konkurs geltend zu machen. In diesem Sinne ist im Umfange dieses Gesetzes die bekanntlich überaus verschieden angesehene und vielfach kontroverse Frage gelöst worden, ob Spezialpfand-, besonders Faustpfandgläubiger, und Rententionsberechtigte in den Konkurs gehen und dort sich rangiren lassen müssen, oder ob sie sich an die speziell verpfändete oder retinirte Sache halten und in dieser oder jener Form die Stellung von Separatisten beanspruchen dürfen[180]), in dem ersteren Sinne erledigt worden. Indessen nur die allgemeine Frage, wie Mangels besonderer partikularrechtlicher Bestimmung die §. 15 Nr. 3 bezeichneten Gläubiger, welche eben nur vorzugsweise Befriedigung verlangen, zu behandeln sind. Wenn nach Partikularrecht, wie dies möglich ist (cf. Bemerk. zu §. 15 unter 1. c), solchen Gläubigern, Pfandgläubigern oder Rententionsberechtigten ein Absonderungsrecht zusteht, das unter §. 15 Nr. 2 fällt, so findet auf Geltendmachung des so qualifizirten Pfand- oder Rententionsrechts nicht §. 16 Abs. 3, sondern §. 16 Abs. 2 Anwendung.

Indessen ist die Anwendung des Abs. 3 des §. 16 auf Pfand- und Rententionsgläubiger in gewissem Umfange restringirt und gemildert durch den hieran unmittelbar anschließenden §. 17.

§. 17.

„Gläubiger, welche sich kraft eines Pfand- oder Rententions„rechts in dem Besitze eines abzuliefernden Vermögensstücks be„finden, sind in keinem Falle verpflichtet, vor ihrer Befriedigung „das Vermögensstück zur Konkursmasse abzuliefern.

„Inwieweit dieselben berechtigt sind, ihre Forderung im Kon„kurse anzumelden, ohne gleichzeitig das von ihnen als Pfand „oder rententionsweise besessene Vermögensstück der Konkursmasse „zur Verfügung zu stellen, entscheidet sich nach den Gesetzen des „Orts, wo der Konkurs anhängig ist.“

Der nächste Zweck dieses Paragraphen ist nach den Motiven, die hier bezeichneten Gläubiger gegen die Härte des §. 16 Abs. 3 zu sichern. Es erschien nämlich zu hart, daß Pfand- und Rententionsgläubiger, welche nicht nach dem Landesgesetz des Ortes, wo sich das abzuliefernde Vermögen befindet, ein Separationsrecht haben (§. 15 Nr. 2) — denn in diesem Falle brauchen sie sich die Ablieferung nicht gefallen zu lassen nach §. 16 Abs. 1 —, unbedingt die Ablieferung dulden und mit der Verfolgung ihrer Ansprüche an das Konkursgericht verwiesen sein sollten. Aus diesem Grunde wurde

1) der jetzt den ersten Absatz bildende nunmehr zum Bundesgesetz erhobene Satz aufgestellt, wonach Gläubiger die auf Grund eines Pfand- oder Rententionsrechtes besessenen Vermögensstücke nur gegen Befriedigung an die auswärtige Konkursmasse abzuliefern brauchen. Ob

[180]) S. darüber Endemann, C.-Pr.-R. §. 290, Not. 24 ff. §. 292. S. 1135 bis 1136; §. 295, S. 1145.

ein Pfand- oder Retentionsrecht begründet sei, ist nach dem zur Anwendung kommenden Recht zu beurtheilen, d. h. soweit es nicht etwa auf dem Handelsgesetzbuch beruht[181]), nach dem Landesrecht.

In dieser Fassung bezieht sich der erste Absatz

a. nur auf Pfand- und Retentionsgläubiger. Sind unter §. 15 Nr. 3 möglicherweise noch andere Gläubiger begriffen, obwohl dies kaum vorkommen wird, so bezieht sich §. 17 auf solche andere Gläubiger nicht. Zufolge seines allgemeinen Ausdrucks gilt aber §. 17 von allen Pfand- und Retentionsgläubigern, nicht blos von den mit einem Recht nach §. 15 Nr. 3 versehenen, sondern auch von denjenigen, welche ein Separationsrecht nach §. 15 Abs. 2 haben[182]); vorausgesetzt,

b. daß sie Vermögensstücke in ihrer Qualität als Pfand- oder Retentionsgläubiger besitzen, welche Bestandtheil des sonst nach §. 14 auf Requisition abzuliefernden Vermögens sein würden.

Diese Gläubiger sind

c. in keinem Falle, nämlich auch dann nicht, wenn sie dies nach den Gesetzen des Ortes, wo sie die fraglichen Sachen besitzen, thun müßten[183]), schuldig;

d. vor ihrer Befriedigung, vor Empfang derjenigen Leistung, zu deren Deckung ihnen das Pfand- oder Retentionsrecht zusteht, worüber nach Befinden zu kognosziren bleibt,

e. das Vermögensstück zur Konkursmasse, d. h. zu demjenigen Vermögen, dessen Ablieferung zur Konkursmasse des requirirenden Gerichts verlangt wird, — von einer unmittelbaren Ablieferung des Gläubigers an das Konkursgericht ist ja nicht die Rede — abzuliefern.

Seinem praktischen Erfolge nach schafft also der erste Absatz des §. 17 gegenüber der sonst bestehenden Verpflichtung, der attrahirenden Kraft des Konkurses im Wege der Rechtshülfe durch Ablieferung der Sachen Folge zu geben und dieselben der Masse des in einem andern Staats- oder Rechtsgebiete anhängigen Konkurses zur Verfügung zu stellen, ein Separationsrecht auf Grund von Pfand- oder Retentionsbesitz. Wer solchen Besitz hat, braucht den Gegenstand desselben behufs Ablieferung an die Konkursmasse nur dann zur Verfügung zu stellen, wenn er zuvor vollständig befriedigt und damit jeder Veranlassung überhoben ist, sich noch an dem Konkurse zu betheiligen. In solchem Besitze

---

[181]) Daß das H.-G.-B. hier nicht abgeändert wird, versteht sich von selbst. Nach demselben ist das kaufmännische Pfandrecht und Retentionsrecht so gedacht, daß die Pfand- und Retentionsgläubiger die Befugniß haben, sich aus den von ihnen besessenen Objekten bezahlt zu machen; also unbedingte Separation. Vgl. Endemann H.-R. §. 76, II B.

[182]) Auch für einen solchen hat die Befugniß nach §. 17 immer ein Interesse. Denn es ist etwas Anderes, erklären zu können, daß man nur gegen Befriedigung den Besitz aufgebe, als (möglicherweise) den Besitz zunächst aufgeben zu müssen, wenn auch mit Vorbehalt abgesonderter Befriedigung (§. 15, Not. 2).

[183]) Insofern wird die Ablieferung an ein auswärtiges Gericht also ganz anders behandelt, als die Ablieferung an ein Gericht desselben Staats- oder Rechtsgebietes.

befindliche Sachen müssen also, wenn sie zur Konkursmasse gezogen werden sollen, zuvor aus dem Pfand- oder Retentionsnexus ausgelöst werden[184]); eine Singularität, die man keineswegs auf alle Fälle ausgedehnt hat, wo Sachen abzuliefern sind, welche sonst außerhalb des Konkurses nur gegen Empfang einer Gegenleistung, z. B. des Kaufpreises, an den Kridar auszufolgen gewesen wären[185]).

Das Recht des Pfand- oder Retentionsgläubigers tritt in Erscheinung entweder dadurch, daß das requirirte Gericht die Herausgabe behufs der Ablieferung an das Konkursgericht verlangt. Theils aus diesem Grunde, theils auch nach §. 16 Abs. 1, weil die Verweigerung sich als eine Art von Separationsrecht charakterisirt, welches vor der Ablieferung geltend gemacht wird, kann auch ohne ausdrückliche Bestimmung nicht bezweifelt werden, daß die Geltendmachung vor das ersuchte Gericht gehöre. Geltendmachung muß natürlich vorausgesetzt werden; denn der Pfand- oder Retentionsgläubiger kann ja, und hat dazu oft guten Grund, auf das Recht nach §. 17 verzichten und vorziehen, in den Konkurs zu gehen. Das ersuchte Gericht aber hat ohne Zweifel nicht blos die Geltendmachung entgegenzunehmen und dem Konkursgericht vorzulegen, sondern auch, wie bei §. 16 Abs. 1, darüber zu entscheiden, ob die Weigerung der Herausgabe soweit gegründet erscheine, daß in Betreff dieser Gegenstände von der Ausführung der Requisition abzustehen sei[186]).

Es kann aber auch sein, daß der Pfand- oder Retentionsbesitzer von dem Massekurator darauf belangt wird[187]), die betreffenden Vermögensstücke zum Konkurse einzuliefern. Auch für diesen Fall, wo gar kein Ersuchen um Rechtshülfe an das Gericht, sondern eine förmliche Klage wider den Pfand- oder Retentionsgläubiger vorliegt, gilt der allgemein gehaltene Rechtssatz des §. 17. Derselbe giebt dem Pfand- oder Retentionsbesitzer eine Einrede, welche überall zulässig ist, wo ihm die Herausgabe zu dem Behufe zugemuthet wird, daß die Sache zu dem in einem andern Staats- oder Rechtsgebiet anhängigen Konkurse gezogen werde; eine Einrede, welche man eine Einrede der Separation oder (selbst wieder) Retention nennen kann.

2) Der zweite Absatz ist einem keineswegs nach allen Richtungen hin genügend diskutirten und fast nur zufällig angenommenen Amendement des Reichstages zu verdanken.

Stände Abs. 1 für sich allein, so könnte es scheinen, daß damit dem Pfandgläubiger oder Retentionsberechtigten nur die kategorische Wahl gegeben sei, entweder sich lediglich an seinen Pfand- oder Retentionsbesitz zu halten, damit die Erzwingung seiner Befriedigung zu versuchen, dafür aber auch von dem Konkurs gänzlich ausgeschlossen

---

[184]) Vgl. Endemann S. 1135—1136.

[185]) S. darüber Endemann S. 1130.

[186]) Auch hier ist es undenkbar, daß das requirirte Gericht, ohne eigentlichen Prozeß mit dem Massekurator oder Kontradiktor, definitiv über die Existenz oder Nichtexistenz des Pfand- oder Retentionsrechtes entscheiden sollte, über einen Anspruch, für den es ihm vielleicht sonst an jeder Kompetenz fehlen würde.

[187]) Endemann §. 294, II.

zu sein, oder in den Konkurs einzutreten, dann aber auch die von ihm besessene Sache der Masse zu überantworten. Es erhellt leicht, daß dies eine üble Situation des Gläubigers sein würde, wenn das Pfand- oder Retentionsobjekt nicht zu seiner völligen Deckung hinreicht.

Der Zusatz will hervorheben, einmal

a. daß keineswegs der Pfandgläubiger oder Retentionsberechtigte unbedingt durch den Gebrauch der ihm in Abs. 1 gewährten Befugniß von der Liquidation im Konkurse ausgeschlossen ist. Er kann vielmehr im Konkurse anmelden, ohne das Pfand- oder Retentionsobjekt der Masse zu überantworten oder zur Verfügung zu stellen.

b. Die negative Fassung „ohne — zu stellen" läßt es in der Schwebe, in welcher Weise die Anmeldung im Konkurse erfolgen kann, ob nach Abrechnung des Werthes des noch in seiner Hand befindlichen Objektes — denn daß er den Erlös des verkauften Pfand- oder Retentionsobjekts sich abzusetzen hat, versteht sich von selbst —, oder ob er in eventum oder einstweilen seine ganze Forderung anmelden darf.

c. Dies Alles soll sich aber nicht etwa nach dem Heimathsrechte des Gläubigers oder nach dem Rechte, unter welchem die Forderung, das Pfand- oder Retentionsrecht entstanden ist, sondern nach dem Rechte des Konkursgerichts entscheiden. Diesem Recht muß also die Antwort auf die Frage entnommen werden, ob der Pfand- oder Retentionsgläubiger, welcher seine Forderung im Konkurse liquidirt, mit seiner Liquidation abgewiesen werden kann, solange er nicht das Pfand- oder Retentionsobjekt der Masse zur Verfügung stellt.

§. 18.

„Der Verkauf der in einem anderen Staats- oder Rechts„gebiete belegenen unbeweglichen Sachen und die Befriedigung „der Gläubiger, welche aus der durch den Kaufpreis gebildeten „Masse ihre abgesonderte Befriedigung zu verlangen berechtigt „sind, erfolgt am Orte der belegenen Sache nach den Vorschriften, „welche gelten würden, wenn der Konkurs daselbst eröffnet wäre. „Sofern nach den Gesetzen dieses Orts die bezeichneten Gläubiger „ihre Rechte bei dem Konkursgericht geltend zu machen hätten, „tritt an Stelle des letzteren das zuständige Gericht des Orts „der belegenen Sache".

„Insoweit nach den Gesetzen des Orts, wo sich abzuliefern„des Vermögen befindet, im Falle der daselbst erfolgten Eröff„nung des Konkurses ein Spezial- oder Partikular-Konkurs über „das abzuliefernde Vermögen oder einzelne Theile desselben zu „eröffnen wäre, wird dieser Konkurs eröffnet".

„Der Betrag, welcher nach Befriedigung der in Gemäßheit „der Bestimmungen dieses Paragraphen zu berücksichtigenden „Gläubiger übrig bleibt, ist zur Konkursmasse abzuliefern".

Schon bei der ersten Berathung der Bestimmungen über die Rechtshülfe im Konkurs[188]) wurde weiterhin auf die Schwierigkeiten hingedeutet, welche bei Durchführung des in §. 13 ff. zu Grunde gelegten Prinzips in Bezug auf Immobilien entstehen, da deren Behandlung im Konkurse nach den Landesgesetzen überaus verschieden sei. Bald werden nämlich die Immobilien als integrirender Bestandtheil der Konkursmasse behandelt, so daß die Immobiliengläubiger, wie alle anderen Gläubiger, im Konkurse zu liquidiren haben. Bald wird in dem Konkurse mit den Immobilien nach denselben Vorschriften verfahren, welche außerhalb des Konkurses für Zwangsversteigerungen (Subhastationen) gelten. Bald wird neben dem allgemeinen Konkurs ein spezieller über die Immobilien eröffnet[189]).

Um auch hier einstweilen das bestehende Landesrecht zu schonen, schien eine besondere Bestimmung nöthig, welche sich dann später bei der Redaktion noch einigermaaßen erweiterte[190]).

1) Der erste Absatz spricht von dem Verkauf der in einem anderen Staats- oder Rechtsgebiete belegenen unbeweglichen Sachen, nämlich von demjenigen Verkauf, welcher auf eine von dem Konkursgericht[191]) in Gemäßheit des §. 14 erlassene Requisition nöthig wird. Besteht das abzuliefernde Vermögen in Immobilien, so ist eine Ablieferung in Natur undenkbar. Abgeliefert werden kann nur das durch Verkauf erzielte bewegliche Aequivalent.

Daß nun der Verkauf, wenn er nöthig wird, nach dem Rechte des requirirten Gerichts, welches, wo es sich um Immobilien handelt, nur das zuständige Gericht des Ortes der belegenen Sache sein kann, zu erfolgen hat, entspricht den allgemeinen Grundsätzen und insbesondere dem §. 7, da die Ablieferung zur Konkursmasse, um welche requirirt wird, wie bereits öfter bemerkt, eigentlich nichts Anderes ist, als eine Art von Vollstreckung.

Der vorliegende Absatz präzisirt aber das zur Anwendung zu bringende Recht des requirirten Gerichtes noch näher. Von der Erwägung aus, daß möglicherweise in dem betreffenden Gebiete andere Vorschriften für den Verkauf von Immobilien im Konkurse, andere außerhalb des Konkurses gelten, verfügt er (in überaus vorsichtiger Umschreibung), daß diejenigen zur Anwendung kommen, welche gelten würden, wenn der Konkurs von dem requirirten Gericht (und nicht von dem requirirenden) eröffnet wäre.

Ihre vorzüglichste Bedeutung hat indessen die Vorschrift des Abs. 1 dadurch, daß sie nicht blos den Verkauf, d. h. die Art des Verfahrens bei Versilberung der Immobilien, nach dem gedachten Recht vornehmen heißt, sondern auch die Befriedigung der Gläubiger, welche aus der durch den Kaufpreis gebildeten Masse ihre abgeson-

[188]) Prot. S. 59 a. E.

[189]) Motive zu §. 18, Abs. 2.

[190]) Prot. S. 86—87.

[191]) Für Requisitionen um Zwangsvollstreckung in Immobilien, welche in andern Prozessen vorkommen, genügt schon §. 7.

derte Befriedigung zu verlangen berechtigt sind; vorausgesetzt, denn der ganze Vordersatz steht unter der am Schluß des Absatzes angegebenen Bedingung, daß das dortige Konkursrecht eine solche abgesonderte Befriedigung anerkennt. Soweit letzteres der Fall ist, hat mithin das requirirte Gericht, dem hier eine direkte Vorschrift ertheilt wird, schon von Amtswegen darnach zu verfahren. Auch wenn die betheiligten Gläubiger sich nicht in Gemäßheit des §. 16 Abs. 1 regen, hat das um Ablieferung des Immobiliarvermögen, d. h. des Erlöses desselben ersuchte Gericht, wenn nach seinem Konkursgesetze solches Rechtens, aus dem Erlöse einer Spezialmasse zu bilden und die Befriedigung der daran berechtigten Gläubiger zu bewirken. Abgeliefert wird nur der hiernach verbleibende Ueberschuß (Abs. 3.)

Hat das Gericht so schon von Amtswegen zu verfahren, so erhellt, das insoweit für die Separatisten, deren Separationsrecht sich auf Immobilien bezieht, durch die Bestimmung des §. 18 Abs. 1 die Bezugnahme auf §. 15 Nr. 2 und §. 16 Abs. 1 völlig erspart wird.

Noch weiter geht

2) der zweite Absatz. Er enthält die dem requirirten Gericht ertheilte Vorschrift, wie in dem einzelnen Falle des Abs. 1, so auch überall da einen Spezial- oder Partikularkonkurs über das abzuliefernde Vermögen zu eröffnen, wo nach seinem Rechte im Falle, daß der Konkurs bei ihm und nicht bei dem requirirenden Konkursgericht eröffnet worden wäre,[192]) ein solcher Spezial- oder Partikularkonkurs zu eröffnen gewesen sein würde. Da nach verschiedenen Landesrechten ein Verfahren dieser Art neben und in dem allgemeinen Konkurs vorkommt[193]) wird daher in noch größerem Maaße, als durch Abs. 1 die besondere Geltendmachung (§. 16 Abs. 1) von Seiten der zu einer abgesonderten Befriedigung berechtigten (§. 15 Nr. 2) Gläubiger vor der Ablieferung erspart.

§. 19.

„Ist eine bürgerliche Rechtsstreitigkeit in einem Bundesstaate „rechtshängig geworden oder rechtskräftig entschieden, so kann die „Rechtshängigkeit oder die Rechtskraft vor jedem Gericht desselben „oder eines anderen Bundesstaates geltend gemacht werden“.

Der Paragraph enthält einen allgemeinen Rechtssatz, welcher, wie die Motive sagen, nothwendig erscheint, wenn die Rechtshülfe in so ausgedehntem Maaße gewährt wird, wie dies §. 1 vorschreibt.

---

[192]) Unter dieser Voraussetzung steht Abs. 2. Die vorliegende Bestimmung, daß das ersuchte Gericht von Amtswegen Spezialkonkurs einzuleiten hat, bezieht sich nur auf den Fall, daß das dortige Konkursrecht eine solche Einleitung innerhalb des allgemeinen Konkurses oder neben demselben kennt. Dagegen bezieht sich Abs. 2 nicht auf dasjenige Recht, welches die Einleitung eines Separatkonkurses über einen bestimmten Vermögenstheil ohne allgemeinen Konkurs zuläßt oder gebietet. Dieses Recht giebt nur zu Benutzung nach §. 16, Abs. 1, d. h. zu einem Antrag der Gläubiger, nicht aber zu einem Vorschreiten von Amtswegen nach §. 18, Abs. 2 Veranlassung.

[193]) Vgl. über die hier in Betracht kommenden Fälle die Bemerkungen zu §. 15 unter 1 b.

Allerdings ist es richtig nnd verdient neben der Rechtshülfe, wie sie in dem vorliegenden Gesetze geregelt worden ist, noch des besonderen Ausdrucks, daß innerhalb des Bundes kein Gericht die Anerkennung der Rechtshängigkeit eines Streites oder der Rechtskraft eines Erkenntnisses, welche bei ihm geltend gemacht werden,[194]) aus dem Grunde verweigern kann, weil der Prozeß bei dem Gerichte eines anderen Rechtsgebietes (desselben Staates) oder eines anderen Staatsgebietes anhängig gemacht oder entschieden worden ist.

Das ist der einfache Sinn des Paragraphen. Er schützt die exceptio litis pendentis, sowie die actio judicati[195]) und exceptio rei judicatae, auch insoweit, als sie von den betheiligten Parteien, ohne daß eine Requisition in Frage steht, als prozessualische Mittel vor dem Gericht eines anderen Staats- oder Rechtsgebiets geltend gemacht werden. Er schützt sie wider den Gegeneinwand, daß die Rechtshängigkeit oder Rechtskraft darum nicht anerkannt zu werden braucht, weil sie in einem anderen Staats- oder Rechtsgebiet begründet worden sein soll.

Es erhellt, daß hier ein Satz aufgestellt wird, der eigentlich neben dem auf Rechtshülfe in ganz anderem Sinn abzielenden übrigen Inhalt des Gesetzes liegt. Derselbe kehrt sich eben gegen die, früher häufiger verbreitete, neuerdings jedoch ohnehin meist verlassene, zwischen den Theilen des einheitlichen Bundesstaates aber völlig unmöglich gewordene Ansicht, daß die in einem anderen Staate begründete Rechtshängigkeit oder Rechtskraft gar nicht ohne Weiteres anzuerkennen sei. Das ist aber auch Alles, was der Paragraph verfügt. Im Uebrigen ändert er gar Nichts.

Daß die Rechtshängigkeit oder die Rechtskraft nach dem Rechte des Gerichts, wo der Prozeß anhängig oder entschieden worden ist, begründet ist, muß dem Gerichte bei dem sie geltend gemacht wird, von der Partei auf Erfordern dargethan werden. In dieser Hinsicht hat es bei den gewöhnlichen Regeln sein Bewenden. Man hat es unterlassen, etwa über Ertheilung eines Gerichtszeugnisses u. dgl. an dieser Stelle bestimmte Vorschriften zu ertheilen.

Ueber den Zeitpunkt, wann, und die Voraussetzungen, unter welchen die Rechtshängigkeit oder die Rechtskraft eintritt, können die Rechte verschieden lauten, wie dies namentlich in Betreff des Eintritts der Rechtshängigkeit der Fall ist.[196])

Darüber ist zufolge der allgemeinen Regeln nach dem Rechte des Gerichts zu entscheiden, bei welchem der Rechtsstreit anhängig geworden, und die Sentenz ertheilt worden ist.[197])

Nicht das Mindeste sagt endlich das Gesetz darüber, nach welchem Rechte die Wirkungen, der Erfolg der Rechtshängigkeit und der Rechtskraft zu beurtheilen sind. Es beschränkt sich eben, wie bereits ange-

---

[194]) Denn in der Regel giebt es keine Berücksichtigung von Amtswegen. Daher die Fassung des Paragraphen. Vgl. Prot. S. 20.

[195]) Vgl. die Vorbemerkung zu §. 7—12, Nr. 5.

[196]) Endemann, C-Pr. S. 403. 635.

[197]) S. auch Nürnb. Kommissions-Bericht zu §. 24.

deutet, lediglich darauf, den Einwand der Fremdenqualität des Prozesses oder Urtheils hinwegzuräumen. Nach den Landesrechten können sowohl die prozessualischen und materiellrechtlichen Folgen der Litispendenz,[198]) als auch namentlich das Wesen und der Effekt der res judicata verschieden sein.[199]) Daher kann und wird häufig bei fremden Urtheilen, von denen nach §. 19 anerkannt werden muß, daß sie rechtskräftig sind, der Zweifel entstehen ob ihnen bei dem auswärtigen Gericht dieselbe Wirkung beizulegen ist, wie wenn sie in dessen Rechtsgebiet erlassen worden wären, oder diejenige Wirkung, die ihnen nach dem am Orte ihrer Ertheilung geltenden Rechte zukommen. Die Lösung dieser Frage[200]) bleibt der Judikatur überlassen. An sich erscheint es freilich als das Natürlichste, daß, wie das Vorhandensein der Rechtskraft, so auch deren Tragweite nach dem Heimathsrecht der Sentenz beurtheilt werden muß.[201])

---

198) Ueber das gemeine Recht s. Endemann S. 404.

199) Man braucht nur an das total vom gemeinen Recht abweichende System der Rechtskraft nach Preußischem Recht zu erinnern.

200) Die auch im Nürnb. Kommissions-Bericht zu §. 35 nur angeregt, nicht zu entscheiden unternommen wurde.

201) Vgl. dazu Savigny, System Bd. 8, S. 260 ff.

II. Von der Rechtshülfe in Strafsachen.

Viel schwieriger, als die Ordnung der Rechtshülfe in bürgerlichen Rechtsstreitigkeiten, erwies sich von Anfang an die Ordnung der Rechtshülfe in Strafsachen. Indessen ist man, wenn auch lange nicht so vollständig, wie für die Civilrechtspflege, doch auch für die Strafrechtspflege zu einer einheitlichen Ordnung gelangt, welche den seitherigen Zustand weit hinter sich läßt und wenigstens annähernd dem Wesen des neuen Bundesstaates entspricht.

Den Ausgang bildete auch für diesen Abschnitt nach dem Berichte des bundesräthlichen Justizausschusses das durch den Art. 3 der B. V. entstandene Bedürfniß, diejenigen Bestimmungen hinweggeschafft zu sehen, vermöge deren im Gebiete der Strafjustiz der dem einen Bundeslande angehörige Norddeutsche als Ausländer vor den Gerichten eines andern Bundeslandes nachtheiliger behandelt werden konnte, als die Angehörigen des letztern. Daß gerade in dieser Richtung mannigfache Querelen zum Vorschein gekommen, bestätigt zur Genüge die jenem Berichte beigefügte, auf amtlichen Mittheilungen beruhende Zusammenstellung.

Nach dem, was sich bei der Berathung der Rechtshülfe in Civilsachen ergeben hatte, konnte man nicht umhin, auch hier die Aufgabe möglichst umfassend zu verstehen. Man mußte nicht blos die beschwerenden landesgesetzlichen Unterscheidungen von Inländern und Ausländern für die Bundesangehörigen und Bundesterritorien zu beseitigen suchen, sondern überhaupt eine Regelung der Strafrechtspflege über die territorialen Grenzen hinaus unternehmen, wie sie dem Wesen des Bundesstaates am angemessensten.

Bis zu welchem Punkte darin zu gehen sei, darüber ließ sich freilich verschieden denken. Im Bundesrathe war bekanntlich von Bremen der Antrag gestellt worden, die Rechtshülfe so zu regeln, daß die wechselseitige Verpflichtung der Bundesstaaten festgestellt werde, alle Personen, auch ihre eigenen Angehörigen, auszuliefern. Je entschiedener

Jemand der Idee der nationalen Einheit Folge zu geben Willens war, desto mehr mußte er bemüht sein, die Rechtshülfe womöglich ebenso zu ordnen, wie in Civilsachen. Bei voller Konsequenz wäre also gerade, wie dort, vorzuschreiben gewesen, daß jedes Gericht des gesammten Bundesgebietes jedem andern Gerichte desselben ohne Prüfung der Kompetenz auf Requisition unbedingte Rechtshülfe, auch wenn die Auslieferung der eigenen Staatsangehörigen des requirirten Gerichts verlangt würde, zu gewähren habe. Diese Ansicht hätte sich wohl auf den vollen Einklang mit dem sichtlich immer mehr anerkannten Prinzip der territorialen Geltung der Rechte, — auch im internationalen Rechtsverkehr der civilisirten Staaten entschieden der Zielpunkt, dem wir uns nähern, — berufen können; wobei es dann freilich nothwendig war, zugleich den, allerdings in das bestehende Strafprozeßrecht einschneidenden weiteren Schritt zu thun und das forum delicti commissi exklusiv als das allein maßgebende hinzustellen.

Indessen ließen sich manche Bedenken nicht verkennen; Bedenken von solcher Bedeutung, daß deshalb Manche lieber die Regelung der Rechtshülfe in Strafsachen ganz unterlassen oder wenigstens sehr beschränken wollten. Jene weitgehendste Meinung, wonach auch in der Strafjustiz durch das ganze Bundesgebiet hin Rechtshülfe in gleichem Maaße von Gericht zu Gericht bestehen möchte, wie dies für die Civilrechtspflege der erste Abschnitt anordnet, wurde in der Gesetzgebungskommission zwar vertreten[202]), fand jedoch keine Annahme und bedarf, da sie nirgends in das Gesetz übergegangen ist, hier keiner näheren Darlegung.

Darüber war man von vornherein allerseits einig, daß innerhalb des Bundesgebietes die Gerichte, auch der verschiedenen Bundesterritorien, einander insofern Rechtshülfe zu leisten hätten, als es sich um die Vornahme anderer Prozedurakte handelte; ferner auch darin, daß, was den wichtigsten Akt, die Auslieferung betrifft, die Rechtshülfe insoweit stattzufinden habe, als nicht die Auslieferung eigener Angehörigen des Staates, dem das requirirte Gericht angehört, begehrt werde. Dies war ja auch seither schon nach vielen Jurisdiktionsverträgen Rechtens.

Wenn Streit herrschte, so galt er stets der Frage, ob sogar die Pflicht, eigene Unterthanen von dem einen Bundeslande zu dem andern auszuliefern, in dem Gesetze auferlegt werden solle. Von der einen Seite wurde auf die bestehende Verschiedenheit des Strafprozesses und des Strafrechts, insbesondere der Strafarten, hingewiesen. Dadurch könne es kommen, daß ein eigener Staatsangehöriger dem Gerichte eines andern Staates auszuefern sei, um dort wegen einer Handlung be-

---

[202]) S. den Antrag Prot. S. 41 a. E. Derselbe lautete: „Jedes Gericht eines Bundesstaates ist verpflichtet, auf Antrag eines anderen Gerichts des Bundesgebiets, sofern das letztere zuständig ist, zum Zwecke der strafgerichtlichen Verfolgung oder Strafverbüßung eine jede in seinem Gerichtsbezirke sich aufhaltende Person auszuliefern, auch wenn diese Person dem Staate des requirirten Gerichts angehört.

Zuständig im Sinne dieses Gesetzes ist das Gericht, in dessen Bezirk die strafbare Handlung begangen worden ist.

strafft zu werden, für die er in seinem Heimathsstaate gar nicht oder ganz anders zu bestrafen wäre.

Auf der anderen Seite stützte man sich darauf, daß auch hier unmöglich innerhalb des Bundesstaates der Gesichtspunkt aufrechterhalten werden dürfe, als ob es sich innerhalb des Bundesgebietes um Auslieferung eigener Unterthanen an einen fremden Staat handle. Die nationale Verbindung zu einem Bundesstaate schien im Gegentheil gebieterisch dahin zu führen, daß jeder Bundesangehörige sich auch vor dem Strafgerichte eines andern Bundeslandes zu stellen habe, ohne durch sein Landesindigenat geschützt zu sein.

Die letztere Ansicht gelangte in der gedachten Kommission zum Durchbruch[203]) und wurde dem Gesetzesentwurf als §. 23 einverleibt. Allein keineswegs war man darum, weil die Befugniß der einzelnen Staaten, die Auslieferung ihrer eigenen Unterthanen zu versagen, abgelehnt, mithin der, wie man es öfter genannt hat, internationale Standpunkt verworfen wurde, geneigt, die unbedingte Auslieferung in dem bereits berührten weitesten und nationalsten Sinne von Gericht zu Gericht ohne Prüfung der Zuständigkeit, mit einem Worte: so wie in Civilsachen, zu empfehlen. Die Gegengründe gegen eine solche Gleichstellung sind in den Motiven der Bundesregierung[204]) wiedergegeben. Dort heißt es folgendermaßen:

Ist auch davon auszugehen, daß die Rechtssprechung aller Gerichte der Norddeutschen Bundesstaaten ebenso in Strafsachen, wie in bürgerlichen Rechtsstreitigkeiten eine gerechte sei, und daß daher im gesammten Bundesgebiete Jeder, welcher die Strafgesetze übertreten hat, mit einer den vorliegenden Verhältnissen entsprechenden Strafe belegt werde, so weichen doch nicht nur die Strafgesetze, sondern auch die Gerichtsstände und das Verfahren in Strafsachen in den einzelnen Bundesstaaten so wesentlich von einander ab, daß es für einen Angeschuldigten von großem Interesse sein kann, ob er von den Gerichten des einen oder des andern Bundesstaates in Untersuchung gezogen und nach den Strafgesetzen des einen oder des andern Bundesstaates gerichtet wird. Auch würde der im §. 1 ausgesprochene Grundsatz die allgemeine Verpflichtung zur Auslieferung der eigenen Staatsangehörigen zur Folge haben, eine Verpflichtung, welche sich in keiner Weise rechtfertigen lassen würde.

Man entschloß sich daher nicht, weiter zu gehen, als §. 20 ausspricht. Dort stellte man den Grundsatz an die Spitze, daß in Strafsachen die Rechtshülfe von Staat zu Staat zu leisten sei; ein Grundsatz, durch welchen von vornherein der zweite Abschnitt des Gesetzes einen ganz anderen Charakter erhielt, als ihn der erste Abschnitt an sich trägt, wie denn auch schon im Bundesrathe der bereits erwähnte Antrag, welchen der Bevollmächtigte für Bremen gestellt hatte, nicht durchgedrungen war.

Ueber die von der Kommission proponirte Grundlage hinaus-

---

203) S. über die betr. Verhandlungen Prot. S. 38—39.

204) Motive zu dem an den Reichstag gebrachten Ges.-Entw. S. 20.

zugehen, war auch im Reichstage keine Neigung. Im Gegentheil zeigte sich in der ersten Berathung[205]) von mehreren Seiten her mancherlei Zweifel, ob soweit gegangen werden dürfe, als der Entwurf ging. Diese Zweifel reichten hin, um in der zweiten Berathung diesen Abschnitt des Entwurfs sammt dem dritten Abschnitt einer besonderen Kommission zu überweisen.[206])

In der letzteren fanden alle die aus der Verschiedenheit des bestehenden materiellen und Prozeßrechts, sowie der Strafarten geschöpften Bedenken eine eingehende Erörterung. Die Majorität der Kommission war nicht der Meinung, daß es bei der nach dem Bundesbeschluß von 1854 stattgefundenen landesgesetzlichen Regelung, die jedenfalls, wenn der Bundesbeschluß noch als gültig zu betrachten, eine unvollkommene sei, belassen werden könne. Vielmehr erscheine unter allen Umständen, wie die in der Praxis aufgeworfenen großen Zweifel über die Gleichstellung der Ausländer und Inländer nach Art. 3 der B.-V. lehrten, eine einheitlich-bundesmäßige Regelung geboten. Wenn nach heutigen Begriffen sogar völlig selbstständige Staaten immer bereitwilliger sich verbindlich erachteten, um ihres vernunftgemäßen Nebeneinanderbestehens in einer vollständigen und gemeinsamen Rechtsordnung willen möglichst bereitwillig einander Rechtshülfe zu gewähren, so sei dies um so mehr in einem Bundesstaate geboten, in dem der Gedanke der Zusammengehörigkeit der einzelnen Staaten, wie die Verwandtschaft der Rechtsinstitutionen manche sonst entspringende Schwierigkeit ausgleiche. „Es kann unmöglich," hieß es in dem Berichte, „ein Bundesstaat irgendwie ein Asyl für Verbrecher gegen die Verletzungen der Rechtsordnung in einem anderen Bundesstaate bilden und somit diese Verletzungen in Schutz nehmen, vielmehr muß, als Regel wenigstens, eine derartige Verletzung der Rechtsordnung als ein Bruch der allen Bundesstaaten gemeinsamen Rechtsordnung in dem ganzen Bundesgebiete bezeichnet werden."

Von diesem Grundgedanken aus stimmte die Mehrzahl der Kommission dem Prinzip des Entwurfes bei, wie solches namentlich in §. 20 enthalten. Jenen Grundgedanken vielleicht noch weiter zu verfolgen und durchzuführen, war sie jedoch so wenig gewillt, daß sie vielmehr nicht unterlassen zu dürfen glaubte, der Regierungsvorlage einige Beschränkungen beizufügen. Sie werden zu §. 22 ff. des jetzigen Gesetzes, namentlich zu §. 25—27, näher zu erläutern sein.

In der dritten Berathung des Reichstags[207]) wurden die Vorschläge der Kommission angenommen, ohne daß eigentlich wider das Prinzip in Betreff der Frage, ob überhaupt die Ordnung der Rechtshülfe dem Wesen des Bundesstaates entsprechend vorzunehmen sei, sich Stimmen erhoben. Bei den einzelnen Paragraphen freilich, vor Allem bei dem wichtigen §. 23, fehlte es auch diesmal nicht an Widerspruch, der, wäre

[205]) Stenogr. Berichte S. 665 ff.
[206]) Stenogr. Berichte S. 876.
[207]) Stenogr. Berichte S. 1250 ff.

er durchgedrungen, dem ganzen Gesetze einen völlig veränderten Zuschnitt verliehen haben würde.

Diese Vorbemerkungen erscheinen nicht unerheblich für die ganze Auffassung des zweiten Abschnittes. Wie sie einerseits erklären, warum der Satz des §. 20 an die Spitze gestellt wurde, so ergeben sie andererseits, daß auch bei dem vorliegenden Abschnitt diejenige Stimmung das Richtige treffen wird, welche oben in der Einleitung zu dem ganzen Gesetze unter No. 3 von uns berührt wurde. Sämmtliche Faktoren der Gesetzgebung haben übereinstimmend zwar abgelehnt, in der Strafrechtspflege Rechtshülfe so rückhaltlos zu gewähren, wie in der Civilrechtspflege. Aber ebenso gewiß ist es die Absicht gewesen, gegen den ausdrücklich erhobenen, aber in der Minorität verbliebenen Widerspruch die Rechtshülfe auch in der Strafjustiz insoweit uneingeschränkt herzustellen, als nicht dieses Gesetz selbst Einschränkungen macht. Denn man wollte der Anerkennung des gesammten Bundesgebietes als eines einheitlichen Rechtsgebietes möglichst ausgedehnte Folge geben und wies die noch weiter reichenden Konsequenzen nur aus besonderen Gründen, entnommen dem augenblicklich nicht zu ändernden Zustande der Rechtsverschiedenheit, zurück. Dies wird für die Auslegung und Anwendung stets festzuhalten sein.

Den Inhalt des zweiten Abschnittes und dessen Oekonomie anlangend, so wird

1) in §. 20 der allgemeine, für die ganze Strafrechtspflege bezüglich des Verkehrs zwischen den Bundesstaaten leitende Grundsatz aufgestellt. Hiernächst wird als Hauptgegenstand
2) in §. 21—28 die Auslieferung geregelt, und zwar in §. 21—26 der Umfang der Auslieferungspflicht, in §. 27 die Folge der Nichtauslieferung, in §. 28 die Form des Auslieferungsverfahrens. Daran schließt sich eigentlich §. 34 an, in sofern dieser die aus der Auslieferung erwachsende Berechtigung des ersuchenden Gerichts bestimmt.
3) Die §§. 29—33 haben andere Handlungen, als die Auslieferung selbst, wenn auch zum Theil solche, die mit der Auslieferung zusammenhängen oder dieselbe vorbereiten sollen, zum Gegenstande, während
4) die §§. 35. 36 noch einige allgemeine Normen enthalten.

§. 20.

„Die Gerichte eines Bundesstaates haben in Strafsachen „den Gerichten der anderen Bundesstaaten auf Requisition die„selbe Rechtshülfe zu leisten, wie den Gerichten des eigenen „Staates, insoweit sich nicht aus den §§. 21. bis 33 ein Anderes „ergiebt.“

Nach den Motiven der Regierung, wie der Reichstagskommission enthält der Paragraph denjenigen Satz, der sich aus den vorgedachten Erwägungen ergiebt, als leitendes Prinzip den Abschnitt beherrscht[208]) und demgemäß z. B. in §§. 21. 33. 35 wiederklingt.

1. Die Hauptbedeutung des Satzes ist eine negative. Er will sagen, daß für die Strafrechtspflege dasjenige nicht gilt, was für die Civilrechtspflege zufolge des §. 1 gilt. Während dort durch das ganze Bundesgebiet hindurch ohne Rücksicht auf die territorialen Grenzen jedes Gericht einem jeden andern unbedingt Rechtshülfe zu gewähren hat, also so, als ob sie Gerichte eines einzigen Staates wären (vgl. oben zu §. 1 Nr. 1), wird hier in der Strafrechtspflege die Idee der selbstständigen Territorialjustizhoheit geschont. Die Landesgrenzen werden an sich anerkannt, und in Bezug auf die Rechtshülfe nur ein Verhältniß der Gerichte des einen Bundeslandes zu denen des andern Bundeslandes konstruirt. Mit andern Worten: die Gesammtheit der Gerichte Preußens oder Braunschweigs tritt zu der Gesammtheit der Gerichte Mecklenburgs oder Sachsens u. s. w. in eine, außerdem im Vergleich zu der Civilrechtspflege erheblich limitirte Verpflichtung zur Rechtshülfe, oder was dasselbe ist: die Rechtshülfe wird in dieser Branche nicht von Gericht zu Gericht geleistet, sondern von Einzelstaat zu Einzelstaat.

Daraus erklärt sich die Fassung: Die Gerichte des einen Bundesstaates haben u. s. w. den Gerichten der andern Bundesstaaten — Rechtshülfe zu leisten. Der große staatsrechtliche Gegensatz der Anschauung, der hierin zu Tage tritt, braucht nicht hervorgehoben zu werden. Faßt man die praktische Wirksamkeit des in §. 20 enthaltenen Satzes nach Maßgabe dieses Gesetzes in das Auge, so ergiebt sich, daß derselbe einen vorwiegend doktrinären Charakter hat. Dem wirklichen Erfolge nach wird doch die Rechtshülfe in Strafsachen im Wesentlichen eine unbedingte und, was immer den hauptsächlichsten Punkt darstellt, der Schutz der eigenen Angehörigen des einzelnen Staates gegen Auslieferung an das Gericht eines anderen Bundesgliedes bis auf einige objektive Beschränkungen, welche nicht einmal blos den eigenen Angehörigen zu Gute kommen (s. §. 25), ebenso gut aufgehoben, wie wenn man die Scheu vor einem Eingriff in die bestehenden Partikularrechte überwunden und mit Fixirung des forum delicti commissi die Verpflichtung zur Rechtshülfe von Gericht zu Gericht ausgesprochen hätte.[209])

2. Die Gerichte haben den Gerichten Rechtshülfe zu leisten. Damit ist gesagt, daß sich dieser Paragraph, und dasselbe gilt auch von den weiteren Bestimmungen dieses Abschnitts, zunächst auf den Verkehr zwischen Gerichten bezieht.[210]) Es handelt sich um die Requisitionen die zwischen Behörden spielen, welche wirklich Gerichte sind. Vgl. daher

---

[208]) Prot. S. 99 wurde die Berechtigung des Paragraphen, an der Spitze des ganzen Abschnitts zustehen — nicht ohne allen Grund, sobald man die praktische Wirkung in's Auge faßt, — bezweifelt.

[209]) Prot. S. 42.

[210]) S. auch den Bericht der Reichstagskommiss. zu §. 36. — Vgl. oben §. 2 für Civilsachen.

dasjenige, was oben zu §. 1 unter Nr. 1a über den Begriff des Gerichts bemerkt wurde. Indessen werden nach §. 36 zufolge der bestehenden Einrichtungen in gewissem Umfange die Requisitionen der Staatsanwaltschaften denen der Gerichte gleichgestellt. S. darüber unten zu §. 36.

Gerade hier muß wiederholt darauf hingewiesen werden, daß die Frage, ob es ein Gericht ist, welches requirirt, näherer Untersuchung bedürfen kann. Zwar nicht dann, wenn es sich um Requisition in Sachen eigentlicher Verbrechen handelt, deren Verfolgung wohl ausnahmslos nur einem Gerichte zusteht; wohl aber bei geringeren Vergehen oder Kontraventionen, solange nicht überall die Befugniß der Polizeibestrafung ausschließlich den Gerichten überwiesen ist, oder solange auch Verwaltungsbehörden theilweise mit der Befugniß der Bestrafung, ohne dadurch „Gerichte" zu werden, versehen sind. Darüber hat das ersuchte Gericht in Folge des Grundsatzes des §. 37 in Gemäßheit seines Rechtes zu entscheiden.

Zugleich ist somit aber auch gesagt, daß diese Requisitionen, namentlich die um Auslieferung, nicht minder wie die der Civilrechtspflege lediglich von den Gerichten unter sich, ohne Mitwirkung der Regierungsbehörden und nöthigenfalls im Instanzenzuge (§. 38) zu erledigen sind.

Das ist selbstverständlich gleichgültig, ob die Requisition von dem ganzen Gericht oder von einem Theile desselben, z. B. dem Untersuchungsrichter, ausgeht, oder an einen solchen gerichtet ist; wie es ferner gleichgültig ist, ob die Requisition zum Zwecke der Strafverfolgung von dem bereits durch Erhebung der Anklage förmlich mit der Sache befaßten Gericht oder in dem vorbereitenden, nach Preußischem Recht sog. Skrutinialverfahren,[210a]) oder von einem Gerichte ausgeht, das seinerseits selbst nur als requirirtes Gericht erscheint. Es kommt nur darauf an, daß das Gericht als solches in der Strafverfolgung thätig ist.

3. Vorsorglich muß dabei noch Eines bemerkt werden. Es heißt: „die Gerichte haben den Gerichten u. s. w." Dem Buchstaben nach lautet das nur als Befehl an das Gericht. Ebenso ist in den folgenden Paragraphen immer nur von einer Verpflichtung des ersuchten Gerichts die Rede.[211]) Daß diese Verpflichtung, nach dem Gesetze Rechtshülfe zu gewähren, zugleich in tantum die Berechtigung des ersuchten Gerichts in sich schließt, versteht sich von selbst. Dagegen sagt das Gesetz nirgends ausdrücklich, daß außerhalb seines Rahmens alle Berechtigung aufhöre. Mithin könnte man auf den Gedanken kommen, daß die Gerichte, den Ersuchen, denen sie nach dem vorliegenden Gesetze keine Folge zu geben brauchen, doch Folge geben könnten, wenn sie wollten. Indessen wäre dieser Schluß total der Tendenz des Gesetzes zuwider.

[210a]) S. darüber Oppenhof, die Preuß. Gesetze über das mündliche und öffentliche Verfahren in Strafsachen (künftig citirt: Strafverfahren) §. 5.

[211]) In Bezug auf den Sinn dieser gesetzlichen Verpflichtung gilt dasselbe für Strafsachen, was oben zu §. 1, Nr. 1 c. für Civilsachen bemerkt worden ist.

Was in dem ersten Abschnitt nach der Natur des Civilrechtsstreites von selbst hervortritt, daß nemlich die betreffenden Bestimmungen nicht blos um der Gerichte, sondern auch um der Betheiligten willen gegeben sind, macht sich auch hier im Gebiete der strafrechtlichen Rechtshülfe geltend. Der zweite Abschnitt hat nicht blos den Zweck das Verhältniß und die Schuldigkeit des requirirten Gerichts dem requirirenden gegenüber zu ordnen, sondern zugleich den betheiligten Personen Schutz zu verleihen.

Die Gerichte sollen wissen, wann sie auszuliefern, zu vollstrecken haben und dergl. Aber auch der Private, welcher eine Auslieferung, Strafvollziehung u. s. w. auf Verlangen eines auswärtigen Gerichts erfahren kann, soll wissen, unter welchen Bedingungen er sich solches gefallen lassen muß. Dies wäre unmöglich, wenn neben der hier normirten Verpflichtung zur Rechtshülfe noch eine weitergehende fakultative Gewährung derselben nach Belieben des ersuchten Gerichts Platz greifen dürfte.

Nothwendig kann das ganze Gesetz auch in dem zweiten Abschnitte nur so verstanden werden, daß es zugleich die Grenzen festsetzt, über die hinaus keine Rechtshülfe, insonderheit keine Auslieferung, geleistet werden darf; dergestalt, daß Jedem, welcher unter einer Ueberschreitung derselben leidet, unzweifelhaft das Recht der Beschwerde gegen das ersuchte Gericht zusteht. Vgl. zu §. 38 Nr. 4b.

4. In Strafsachen. Nicht ohne Absicht ist der umfassendste Ausdruck gewählt worden. Bei der Abfassung des Gesetzentwurfs wurde ausdrücklich ein Antrag gestellt, die Verpflichtung zur Gewährung der Rechtshülfe auf Vergehen und Verbrechen zu beschränken, dagegen die Rechtshülfe überhaupt, eventuell wenigstens die Rechtshülfe zur Auslieferung, bei den sogenannten Uebertretungen zu versagen. Indessen sah man, obwohl das Gewicht die Gründe für eine derartige Ausscheidung der Kontraventionen gegen Finanz-, Polizeigesetze u. dergl. nicht zu verkennen war, doch davon ab, dem Gesetze diese Einschränkung beizufügen, weil die Begriffsbestimmung von Verbrechen, Vergehen und Uebertretung partikularrechtlich überaus schwankend, vielfach gar nicht brauchbar ist und erfahrungsmäßig gerade in geringeren Sachen das Bedürfniß nach Rechtshülfe, wenn auch selten Auslieferung in Frage kommen wird, sich am größten erweist.

Da in den weiteren Verhandlungen über das Gesetz nirgends an eine Limitation gedacht worden ist, so steht fest, daß Alles hierher gehört, was zu dem Begriff der „Strafsachen" gehört. Ueber Injuriensachen verfügt §. 41 besonders. Im Uebrigen fallen als Strafsachen alle Sachen unter dieses Gesetz, welche Gegenstand der Strafjustiz, auch der polizeilichen, sind, sobald nur die unter No. 2 erwähnte Voraussetzung Platz greift, daß die Sache vor einem wirklichen Gerichte verhandelt und entschieden, beziehungsweise von der Staatsanwaltschaft (§. 36) verfolgt wird.

5. Rechtshülfe zu leisten. Man hat nicht hinzugefügt, in Bezug auf welche Handlungen die Rechtshülfe gemeint ist. In einer

der ursprünglichen Propositionen [212]) fanden sich die Prozeß- und Untersuchungshandlungen, um welche sich die Requisition drehen könnte, näher exemplifizirt. Nachdem jede Spezialisirung unterblieben, muß umsomehr unter „Rechtshülfe" die Hülfe zu jederlei Handlungen verstanden werden, wie sie bei Ausübung der Strafrechtspflege vorkommen. Indem nun aber die §§. 21 ff. ausführlich die Haupthandlung der Auslieferung und einige andere besonders ordnen, hat die allgemeine Fassung des §. 20, wonach „Rechtshülfe" zu leisten ist, hauptsächlich auch die Bedeutung, daß damit die Verpflichtung zu allen anderen Hülfsmaßregeln ausgesprochen ist, von denen einige (aus anderm Anlaß) in §. 36 speziell aufgezählt werden. Mithin sind Requisitionen um Recherchen, Zeugenvernehmungen, Augenscheinseinnahmen, Beschlaglegungen u. s. w., deren sonst in dem vorliegenden Abschnitt keine Erwähnung geschieht, durch §. 20 gedeckt. Sie besonders hervorzuheben, erschien nicht geboten, weil die Rechtshülfe zu dergleichen Handlungen schon seither meist ohne Anstand geleistet wurde. Jedenfalls aber umfaßt der allgemeine Ausdruck des §. 20 Alles, was Rechtshülfe genannt werden kann. Wenn die Gerichte um Handlungen ersucht werden, wegen deren nicht in den §§. 21—33 etwas Besonderes bestimmt ist, so ist eben der Satz des §. 20 nur mit Ausschluß des Schlußnebensatzes: „soweit — ergiebt" zu lesen und anzuwenden.

6) Dieselbe Rechtshülfe, wie den Gerichten des eigenen Staates. Das ist der Kern des Paragraphen: Man hat sich mit einer Fiktion geholfen. Das Sächsische Gericht, welches von einem Oldenburger Gericht, requirirt wird, soll unterstellen, das letztere sei ein Sächsisches Gericht, und soll demgemäß mit der Rechtshülfe so verfahren, als ob das requirirende Gericht innerhalb des Sächsischen Gebietes gelegen sei. In der gleichen Weise wird jedes Norddeutsche Gericht, welches ein Ersuchen an das Gericht eines anderen Bundeslandes erläßt, fiktionsweise für diese Requisitionsangelegenheit wie ein Gericht des letzteren behandelt. Ein, wird man sagen müssen, künstlicher Gedanke, aber allerdings der einzig mögliche Ausweg, wenn man kein einheitlich Norddeutsches Requisitionsrecht herstellen zu können glaubte.

Fragt man nun nach der praktischen Wirkung des eigenthümlichen Satzes, so wird durch den Nachsatz:

7) insoweit nicht — ergiebt — der ganze vorangehende Inhalt des §. 20 limitirt. Auf diejenigen Handlungen, welche in den §§. 21—33 eine besondere Regelung erfahren haben, kann das Prinzip des §. 20 keine Anwendung erleiden. Denn, soweit das Bundesgesetz Normen aufstellt, können die Gerichte nicht mehr auf ihr einzelstaatliches Partikularrecht verwiesen sein. Für die Rechtshülfe, welche zu gewähren ist, weil es das Bundesgesetz befiehlt, bleibt der Fiktion, daß die Rechtshülfe zu gewähren sei, weil die Gerichte des andern Staates den eigenen gleichstehen sollen, kein Platz und kein Bedürfniß mehr. Eben deshalb muß nach logischer Auslegung der Schlußsatz nicht blos als Limitation

---

212) Prot. der Civ.-Pr.-Kommiss. S. 45, §. 11.

gegenüber den Worten: „dieselbe Rechtshülfe", sondern zugleich als Limitation gegenüber den Worten: „wie den eigenen Gerichten" aufzufassen. Daß es nicht ohne Bedeutung ist, wenn die Gerichte die Hülfe zu den in §§. 21 – 33 berührten Handlungen nicht unter den möglicherweise verschiedenen Bedingungen ihres eigenen Partikularrechts, sondern lediglich nach den Bedingungen des vorliegenden Gesetzes zu gewähren haben, s. zu 21, Nr. 1.[213])

Durch den Nachsatz verengert sich der Wirkungskreis des §. 20 in beträchtlichem Maaße. Was die am Schluß des §. 20 ausgedrückte objektive Beschränkung übrig läßt, ist an sich das Geringere (s. oben Nr. 5); zumal gerade der wichtigste Punkt der strafrechtlichen Rechtshülfe, die Auslieferung, im Folgenden ausführlich und selbstständig geordnet wird. Innerhalb des Wirkungskreises aber, der ihm hiernach noch offen gelassen ist, hat der Gegensatz gegen die Rechtshülfe in Civilsachen, welchen §. 20 aufstellt, nur eine theilweise und untergeordnetere Bedeutung.

Zwischen den Gerichten des eigenen Landes nemlich ist entschieden unbedingte Gewährung der Rechtshülfe die Regel. Es kann sich hier, wie überall, nur darum handeln, ob das requirirte Gericht einmal die Zuständigkeit, objektive und subjektive, des ersuchenden Gerichts, sodann aber die Rechtmäßigkeit der Requisition, insonderheit die Strafbarkeit der verfolgten Handlung, die Legalität des zu vollziehenden Urtheils oder der Verfügung zu prüfen hat. Schwerlich will irgend ein Partikularrecht den Requisitionen der Gerichte des eigenen Landes gegenüber diese Prüfung vorgenommen wissen. Wo dies ausnahmsweise doch der Fall, wo das inländische Gericht selbst bei der Requisition eines inländischen Gerichts zu prüfen hätte, ob letzteres zuständig, ob die Anschuldigung nach dem Strafgesetzbuch begründet, ob die Sache nicht verjährt sei u. dgl., da würde allerdings §. 20 auch das auswärtige requirirende Gericht, indem es wie ein Gericht des eigenen Landes angesehen werden soll, in die Lage versetzen, sich die Prüfung der Kompetenz und Legalität gefallen zu lassen.[214]) Soweit aber den Gerichten des eigenen Landes ohne solche Prüfung unbedingte Rechtshülfe zu leisten ist, bewirkt die fiktionsweise Unterstellung, daß das requirirende auswärtige Gericht ein inländisches sei, dasselbe, wie wenn das Bundesgesetz unbedingte Rechtshülfe von Gericht zu Gericht dekretirt hätte.

Derjenige Punkt, an dem das Prinzip des §. 20 immerhin am ersten noch seine Wirkung äußern kann, ist die Frage der Zuständigkeit.

Es ist möglich, daß in dem einen oder dem anderen Lande auch zwischen den eigenen Gerichten die Prüfung, ob das requirirende Gericht nach dem Landesrecht wirklich im einzelnen Falle oder für derartige Strafsachen, wie die vorliegende, kompetent sei, gestattet oder sogar an-

---

213) Es mag der Vollständigkeit halber bemerkt werden, daß absichtlich der Fassung: „ein Anderes ergiebt" der Vorzug vor einer anderen, dahin lautend: „insoweit sich — Beschränkungen ergeben", zu Theil wurde. Vgl. Prot. der Civ.-Pr.-Kommiss. S. 69, §. 19 und S. 93.

214) Vgl. dazu oben die Bemerk. zu §. 1, Nr. 3.

befiehlt. Dann muß sich auch das requirirende Gericht eines andern Bundesstaates derselben Prüfung unterwerfen.

Minder unbedenklich und minder einfach aber stellt sich die Sache, wenn nach dem Partikularrecht etwa besondere Privilegien der Person oder der Sachen für die Strafrechtspflege bestehen. Sollen diese auch für die Requisitionen eines andern Staates maßgebend sein? Man sieht leicht, daß dies zu den größten Unzuträglichkeiten führen könnte.

Außerdem existiren mitunter im Verhältniß der inländischen Gerichte unter sich noch andere eigenthümliche Vorschriften; so z. B. daß Kollegialgerichte nur von Kollegialgerichten, nicht von Einzelgerichten Requisitionen anzunehmen haben. Alle jene Vorschriften des Partikularrechts, die vielleicht auf eigenthümlichen Zuständen oder Auffassungen der Justizorganisation beruhen, werden durch §. 20 nicht nur erhalten, sondern auch auf die requirirenden Gerichte anderer Bundesstaaten erstreckt, wenn letztere lediglich unter denselben Bedingungen Rechtshülfe finden sollen, wie die einheimischen. Eine Mecklenburgische Justizkanzlei, welche keine Requisition eines Mecklenburgischen Justizamtes anzunehmen braucht, wird also zu erwägen haben, wie sie sich zur Requisition eines Hannöverisch-Preußischen Amtsgerichts stellen soll. Man kann nicht sagen, daß, wenn das die Folge, und vielleicht die einzige praktische Folge des §. 20 darstellt, dieselbe erwünscht erscheinen kann, ob man gleich sich der Hoffnung hingeben mag, daß sich in der Praxis dergleichen Konsequenzen abschleifen werden.

8) Was im Uebrigen die in den Vorbemerkungen zu §. 3—6 berührten allgemeinen Grundsätze anlangt, so erhellt, daß sie insoweit auch auf Requisitionen in Strafsachen zu beziehen sind, als nicht die Natur des Strafverfahrens ein Anderes ergiebt. Selbstverständlich geht

a. nach dem dort unter Nr. 3a bemerkten leitenden Prinzip die Ausführung der beantragten Handlung in der Form und nach den Prozedurvorschriften vor sich, welche für den Ausführungsort maßgebend sind. Das ersuchte Gericht verfährt nach seinem Recht. Die Konsequenz dieses Prinzips s. auch in §. 37. Es ist ferner nicht minder klar, daß auch in Strafsachen

b. das requirirte Gericht in der Weise von dem requirirenden abhängig erscheint, wie dies für Civilsachen in den gedachten Vorbemerkungen unter Nr. 4 erwähnt wurde.

Dagegen zeigt sich nach einer Richtung hin eine Grundverschiedenheit. Denn, während das Ersuchen in Civilrechtsstreitigkeiten, auch wenn es von dem Gerichte erlassen wird, stets im Interesse einer Partei ergeht, ist es in Strafsachen nach der Idee der Strafrechtspflege

c. stets das Gericht, welches um seiner Zwecke willen, in dem Interesse der Verwirklichung des öffentlichen (Straf-) Rechts die Rechtshülfe fordert. Das ersuchende Strafgericht hat keine Partei hinter sich; das Interesse der Privatperson tritt völlig zurück. Daraus erklärt sich, daß hier nur Requisition von Gericht zu Gericht (bzw. Staatsanwaltschaft nach §. 36) vorkommt, und daß von einem Selbstbetrieb der Requisition ähnlich, wie er in

Civilsachen theilweise vorkommen kann, keine Rede ist. Ueber die Ausnahme in Betreff der Civilentschädigung s. §. 42.

Aus der eben berührten Stellung der strafrechtlichen Requisition ergiebt sich weiter

d) daß für eigentliche Einwendungen der Betheiligten gegen die Ausführung derselben in dem Sinne, wie in civilrechtlichen Angelegenheiten (s. Vorbem. zu §. 3—6 unter Nr. 3, b und zu §. 8 unter Nr. 2 ff.), kein Raum ist. Das Ersuchen und dessen Erledigung stellt sich lediglich als Ausfluß der Offizialthätigkeit der Gerichte dar. Keinem Betheiligten kann natürlich verwehrt werden, seine Gründe gegen die Vollstreckung des Ersuchens bei dem ersuchten Gerichte vorzubringen. Allein, wie die Anträge für, so können auch die Anträge wider die Gewährung der Rechtshülfe nur den Zuschnitt einer Vorstellung bei dem Gerichte oder einer Anregung der richterlichen Offizialthätigkeit zu dem, was schon von Amtswegen zu beachten sein würde, annehmen. Vgl. namentlich über die Gegenvorstellung wider die Zulässigkeit der Rechtshülfe nach diesem Gesetz §. 37; und über die deshalbige Beschwerde §. 38.

Man wird selbst den Einwendungen, welche vom Standpunkte des Einwendenden rein privatrechtlicher Natur sind, keine andere Stellung einräumen dürfen. Wenn ein Dritter einer im Wege der Requisition vorzunehmenden Beschlagnahme, oder der Auslieferung einer Sache aus dem Grunde sich widersetzt, weil er Eigenthümer ist, so hat sein Widerspruch für das ersuchte Gericht immer nur die Bedeutung einer Gegenvorstellung, durch welche letzter es vielleicht veranlaßt wird, über die daraus entspringenden Bedenken mit dem ersuchenden Gericht zu kommunizíren, die es aber nie zwingen, eine förmliche Prozedur zur Verhandlung über diese Einwendung, wie nach §. 8, zu eröffnen und nie berechtigen, darauf hin die Rechtshülfe zu versagen. Das Gesetz hat nirgends anerkannt, daß bestehende Privatrechte einen Grund zur Verweigerung der Rechtshülfe darbieten, weil es von der Vorstellung ausgeht, daß trotz bestehenden Privatrechts, aber auch unbeschadet desselben (s. §. 31), alle Gegenstände der Strafjustiz zu Gebote gestellt werden müssen, deren diese zu der Erreichung ihrer Ziele bedarf.

Vorbemerkung zu §. 21—28.

In diesen Paragraphen wendet sich das Gesetz zu dem wichtigsten Gegenstande der Rechtshülfe, zu der Auslieferung.

1) Der Begriff der Auslieferung ergiebt sich aus dem Zwischensatz des §. 21, Abs. 1, und ist noch bestimmter in §. 26 bezeichnet. Unter Auslieferung ist in dem Gesetze die Ueberantwortung einer Person[215]) an das ersuchende Gericht sowohl zur Strafver-

---

[215]) Und daher für Strafvollstreckung nur da anwendbar, wo eine Strafe gegen die Person erkannt worden ist S. zu §. 33, Nr. 1.

folgung, als auch zur Strafverbüßung verstanden. Von vorn herein darf daran erinnert werden, daß die Auslieferung als eine mit körperlichem Zwange verbundene Ueberantwortung der Person nach dem neueren Strafprozeßrecht in weit geringerem Umfange nöthig wird, als früher. Das moderne Kontumazialverfahren wirkt in dieser Hinsicht vielfach ersparend.

Soweit dasselbe nach dem bestehenden Recht zulässig erscheint, genügt die Zustellung der Ladung, um die Einleitung einer gerichtlichen Strafverfolgung und die Erwirkung eines Strafurtheils (welches letztere unter Umständen auch nicht einmal der Auslieferung behufs der Vollstreckung bedarf, s. §. 33) herbeizuführen.[216]) Früher wurde gerade die Rechtshülfe zu diesem Akt nicht selten verweigert, oder nur unter besonderen Bedingungen gewährt. Man ging davon aus, daß die Annahme und Ausführung der Ladung von Seiten des ersuchten Gerichts oder Staates recht eigentlich in prägnanter Weise eine Anerkennung des Jurisdiktionsrechtes des ersuchenden Gerichts oder Staates involvire, und war daher geneigt, die Rechtshülfe zur Insinuation der Ladung mit der wirklichen Auslieferung auf eine Stufe zu stellen. Davon sieht das gegenwärtige Gesetz ab. Obwohl die Ladung ein so wichtiger Akt ist, obwohl sie die Androhung der zwingenden Rechtsnachtheile von Seiten des fremden ersuchenden Gerichts enthält, welche nach älteren Ansichten keineswegs ohne Weiteres von dem ersuchten Gericht in seinem Bezirke zuzulassen war, wird doch als selbstverständlich vorausgesetzt, daß sie auf Requisition stets zugestellt werden muß.[217]) Derjenige, der sie empfängt, mag sehen, wie er sich zu verhalten, ob er namentlich das möglicherweise in dem andern Staate ergehende Urtheil zu scheuen und dessen Vollstreckung in dem Staate seines Aufenthaltes (§. 33), oder bei dem Betreten des Staates, in dem das Urtheil gefällt wurde, zu gewärtigen hat. Dagegen schützt ihn das Gesetz nicht, sondern nur (in gewissem Umfang) gegen die Auslieferung. Zu einer Auslieferung in dem hier aufgestellten Sinne ist mithin nur da Veranlassung, wo die gefängliche Vorführung oder die Haftnahme nach dem Prozeßrecht geboten erscheint. Geht aber schon der allgemeine Zug der neueren Strafprozeßgesetzgebung überhaupt dahin, die Untersuchungshaft zu beschränken, so fällt gerade durch dieses Gesetz (§. 39) ein bisher noch anerkannter Haftgrund im Umfange des Norddeutschen Bundes hinweg, die Präsumtion des auf die Ausländerqualität gegründeten Fluchtverdachts. Diese greift für einen Angeschuldigten, der zwar nicht Staatsangehöriger des verfolgenden Einzelstaates, aber Bundesangehöriger ist, nicht mehr Platz.

Gerade weil die Rechtshülfe so gewährt wird, wie es das vor-

---

[216]) Möglicherweise kann sich das Untersuchungsgericht, wenn sein Landesrecht diese Form kennt, schon durch Zustellung per Post helfen. Davon abgesehen bleibt ihm nur das Mittel der Requisition um Zustellung, wenn der Angeschuldigte in einem andern Gebiete sich befindet.

[217]) Es verdient erwähnt zu werden, daß eine besondere Erwähnung der Beamten, Militärs und Exterritorialen hinsichtlich der Verbindlichkeit einer Ladung, die ihnen im Wege der Requisition zugestellt wird, nicht übersehen, aber unterblieben ist. Vgl. Prot. der Civ.-Pr.-Kommiss. S. 56.

liegende Gesetz will, bedarf es eines solchen Haftgrundes nicht mehr. Es zeigt sich daher, daß von der Auslieferung zum Zwecke der Strafverfolgung oder Untersuchung insoweit blos noch aus besonderen sachlichen Gründen die Rede sein wird.

Die Auslieferung zum Zwecke der Strafvollstreckung, d. h. behufs der Verbüßung einer bei dem auswärtigen Gericht, welches die Strafe erkannt hat, auszuführenden Verbüßung (s. dagegen §. 33) bedarf keiner Erläuterung.

Nach dem hier unterstellten Begriff setzt die Auslieferung die Möglichkeit der Ergreifung und Ueberantwortung der betreffenden Person voraus, d. h. die Auslieferung kann verlangt werden, wenn die auszuliefernde Person in dem Gebiete, in welches das Ersuchen erlassen wird, — ob des ersuchten Staates oder des ersuchten Gerichts s. zu §. 21 Nr. 3 — sich befindet oder aufhält (vgl. zu §. 26 Nr. 2; §. 27 Nr. 1 b). Ist dies nicht der Fall, so ist das ersuchte Gericht thatsächlich außer Stande, dem Ersuchen zu entsprechen; es kann sich nur darum handeln, das Ersuchen etwa weiter an das Gericht, welches demselben entsprechen kann, zu befördern (s. zu §. 21 Nr. 3) oder im Wege der Subrequisition dessen Hülfe zu beanspruchen.

2) Zunächst hat offenbar §. 21, wie §. 26, bei Definition der Auslieferung den Fall im Auge, wo der Auszuliefernde wegen einer That, welche nach dem Strafgesetzbuch den Gegenstand einer Strafverfolgung bildet, in Untersuchung, bzw. Anklage, befangen, oder verurtheilt ist. Daneben können aber auch Fälle vorkommen, wo diese Unterstellung direkt nicht zutrifft. Es kann z. B. ein ungehorsamer (nach §. 40 zum Erscheinen verpflichteter) Zeuge nicht blos bei dem auswärtigen Gericht zu einer Strafe verurtheilt werden, und zwar selbst zu einer solchen, welche bei dem erkennenden auswärtigen Gericht, und nicht nach §. 33, zu vollziehen ist; sondern das letztere kann auch, weil die Vernehmung des Zeugen in der Untersuchung oder Verhandlung durchaus unentbehrlich erscheint, dessen zwangsweise Vorführung verlangen. Daß sich die Auslieferungspflicht unseres Gesetzes auf die Verurtheilungen wegen Zeugenungehorsams, wegen disziplinarischer Strafen u. dgl. mit bezieht, läßt sich allenfalls sogar aus dem Wortlaut des §. 21 herausinterpretiren. Denn, wenn es nur darauf ankommt, daß Verurtheilung wegen einer „strafbaren Handlung“ vorliegt, so ist das Disziplinarvergehen oder der Ungehorsam des Zeugen nicht minder eine strafbare Handlung; wenn auch nicht nach dem Strafgesetzbuch, doch nach dem Strafprozeßrecht.

Die Auslieferung als zwangsweise Gestellung aber, welche nicht zum Zwecke der Strafverfolgung der auszuliefernden Person verlangt wird, läßt sich unmittelbar unter die Definition des §. 21 nicht bringen, und noch weniger unter die des §. 26. Indessen ist die Möglichkeit einer Auslieferung zum Zwecke der Auskunftsertheilung eine selbstverständliche Konsequenz dessen, was in §. 40 (s. unten) angeordnet worden ist.

3) Das Gesetz befaßt sich nur mit der Auslieferung zwischen den einzelnen Staaten, welche dem Norddeutschen Bunde ange-

hören.[218]) Es wurde zwar bei Bearbeitung des Gesetzes der Antrag gestellt, einen der damaligen Gestaltung Norddeutschlands entsprechenden Satz über die Auslieferung von Bundesangehörigen an das Ausland aufzunehmen. Indessen wurde, ungeachtet des Hinweises darauf, daß ein einzelnes Bundesglied unmöglich noch die Befugniß haben könne, einseitig ohne Zustimmung des Bundes einen Bundesangehörigen auszuliefern, von einem solchen Satze Abstand genommen.[219])

4) Die Wirkung der Auslieferung besteht darin, daß das Gericht, an welches ausgeliefert wird, diejenige Strafverfolgung oder Strafvollstreckung vorzunehmen berechtigt ist, um derentwillen die Auslieferung erwirkt wurde. S. darüber weiter §. 34.

§. 21.

„Die Gerichte eines Bundesstaates sind verpflichtet, Per„sonen, welche von den Gerichten eines anderen Bundesstaates „wegen einer strafbaren Handlung verfolgt werden oder ver„urtheilt sind, diesen Gerichten auf Ersuchen auszuliefern, wenn „die strafbare Handlung, wegen welcher die Auslieferung be„antragt wird, in dem Gebiete des Bundesstaates verübt ist, „welchem das ersuchende Gericht angehört.

„Bei Anwendung dieser Vorschrift wird angenommen, daß „eine mittelst der Presse verübte strafbare Handlung nur an „dem Orte verübt sei, an welchem das Preßerzeugniß er„schienen ist."

---

1) Der Hauptzweck ist, festzusetzen, unter welcher Voraussetzung eine Auslieferung zum Zwecke der Strafverfolgung stattfindet.

Die nächste Voraussetzung, von welcher die Gewährung dieser Rechtshülfe abhängig sein soll, besteht zufolge des Nachsatzes: **wenn die strafbare** (d. h. strafrechtlich verfolgte oder durch Urtheil bestrafte) **Handlung, wegen welcher die Auslieferung beantragt wird** (ein vielleicht nicht ganz korrekter, aber seinem Sinne nach kaum mißzuverstehender Ausdruck), **in dem Gebiete des Bundesstaates verübt ist, welchem das ersuchende Gericht angehört.**

Wie zu §. 20 entwickelt (s. das. Nr. 7), kommt es hier nicht weiter darauf an, ob und in welcher Weise das ersuchte Gericht einem Gericht seines eigenen Staates zur Willfährigkeit verpflichtet sein würde. Das ersuchte Gericht hat, sobald **Auslieferung** der Gegenstand des Ersuchens ist, keinenfalls, auch wenn dies in dem betreffenden Lande nach dessen Partikularrecht zwischen seinen eigenen Gerichten Rechtens wäre, nach der Kompetenz des ersuchenden Gerichts und der Legalität der Prozedur zu fragen, sondern lediglich darnach, ob die strafbare (s. über

---

[218]) Vgl. oben die Einleitung zu unserer Darstellung Nr. 2.

[219]) Prot. der Civ.-Pr.-Kommiss. S. 51 und die dort gestellten Anträge. Der Hauptgrund, welcher damals maßgebend erschien, hat sich beseitigt. Er lag in der bekannten Kartelkonvention zwischen Preußen und Rußland, die nach den jüngsten Nachrichten nun nicht mehr erneuert werden wird.

die Prüfung dieser Voraussetzung Nr. 4) Handlung, um derentwillen die auszuliefernde Person verfolgt wird oder bestraft worden ist, in dem Staatsgebiete des ersuchenden Gerichts verübt wurde. Ist letzteres der Fall, so muß ausgeliefert werden, und zwar gleichviel, welches einzelne Gericht jenes Staates requirirt. Denn Nichts berechtigt das ersuchte Gericht, das ja nur in Beziehung zu der Gesammtheit der Gerichte des letztern gedacht wird (s. zu §. 20 Nr. 1), wenn einmal feststeht, daß „die Gerichte" desselben berechtigt sind, die Auslieferung zu verlangen, weil die That im dortigen Staatsgebiete verübt wurde, auch noch nach der Zuständigkeit des einzelnen requirirenden Gerichtes zu fragen.

Weshalb man hier, anstatt des forum delicti commissi den „Staat des begangenen Verbrechens" als entscheidendes Kriterium wählte, wird aus dem Prinzip des §. 20 klar. In den Motiven der Regierung zu §. 21 wurde unter Hinweis auf die in der Reichstagssitzung von 1868 gestellten Anträge[220]) und wissenschaftliche Autoritäten[221]) mit Recht ausgeführt, daß die unbedingte Auslieferung, selbst eigener Staatsangehöriger, nur auf der Grundlage des natürlichsten und dem modernen Grundgedanken der territorialen Geltung der Rechte allein entsprechenden Gerichtsstandes, des forum delicti commissi, sich bewegen könne.[222]) Die Gewährung der Rechtshülfe von Gericht zu Gericht würde man daran geknüpft haben, daß die strafbare Handlung im Gebiet des ersuchenden Gerichts verübt sei. Da man aber in dem zweiten Abschnitt nur eine Rechtshülfe von Staat zu Staat konstruirt, mithin in diesem Paragraphen auch immer nur von den Gerichten eines Staates in der Mehrzahl, von der Gesammtheit der Gerichte des einen Staates gegenüber der Gesammtheit der Gerichte des andern redet, stößt man nothwendig auf den Begriff des „Staates der begangenen Handlung.[223])

Eine materielle Bestimmung über den Begriff des Ortes der begangenen That trifft §. 21 nur in Absatz 2, sodann in gewissem Maaße auch §. 22. Im Uebrigen will er nur die Grenzen der Auslieferungspflicht feststellen,[224]) nämlich verordnen, daß kein Gericht irgend eines Einzelstaats die Auslieferung verlangen kann, wenn es etwa in der Verfolgung einer Handlung begriffen oder die Bestrafung einer Handlung in Vollzug setzen will, die gar nicht im Territorium seines Staates verübt worden ist.

Die Zuständigkeit des ersuchenden Staates aber, welche darauf fußt, daß die That in seinem Gebiete verübt wurde, ist, soweit nicht Ausnahmen von der Auslieferungspflicht in §§. 24—26 gemacht worden sind, nach §. 35 auch eine ausschließliche. Der Angeschuldigte soll gegen Untersuchungen in irgend einem andern Bundesstaate geschützt sein, sobald einmal in dem nach §. 21 zuständigen Staate die Strafverfolgung

[220]) Stenogr. Berichte 1868 S. 579.
[221]) Vgl. v. Bar, das internationale Privat- und Strafrecht S. 526. 587 ff.
[222]) Vgl. Prot. der Civ.-Pr.-Kommiss. S. 40—41. 42.
[223]) Dieselbe Voraussetzung s. auch in §. 33.
[224]) S. Bericht der Reichstagskommiss. S. 5 zu §. 21, Abs. 1.

eingeleitet worden ist. Siehe unten zu §. 35 über diese wichtige Ergänzung des §. 21.

Im Einzelnen noch Folgendes:

2) Personen. Dieser allgemeinste Ausdruck ist beibehalten worden, trotzdem erwogen wurde, ob die vorliegende Bestimmung nicht auf Bundesangehörige zu beschränken sei.[225]) Folglich gilt dasselbe wie von Angehörigen des Norddeutschen Bundes auch von den Angehörigen irgend eines anderen Deutschen oder außerdeutschen Staates. Auch solche Ausländer werden von jetzt an nur unter der Voraussetzung des §. 21 an das Gericht eines andern Bundeslandes ausgeliefert; also für diejenigen Theile des Bundes in viel engerem Umfange als bisher, in denen bei der Auslieferung von Ausländern nicht einmal darnach gefragt wurde, wo die strafbare Handlung begangen war. Den Ausländern wird hier ein gewisser Rechtsschutz geboten, den sie früher nicht hatten, da nach dem zu §. 20 unter Nr. 5 berührten Sinne des Gesetzes eine Auslieferung mit Mißachtung der hier angeordneten Vorbedingung auch bei Ausländern nicht mehr erfolgen darf.[226])

Was die Bundesangehörigen betrifft, so umfaßt der Ausdruck „Personen" auch die Angehörigen des ersuchten Staates, von denen §. 25 noch besonders handelt. Aber auch die eigenen Angehörigen des requirirenden Staates fallen unter die vorliegende Bestimmung. Sie werden also, während sie bisher in der Regel unbedingt ausgeliefert wurden, jetzt nur dann ausgeliefert, wenn erhellt, daß sie im Gebiete des ersuchenden Staates, dem sie angehören, delinquirt haben.

Mit einem Worte: es wird in dem Gesetze bezüglich der Auslieferung überhaupt gar keine Unterscheidung mehr nach der Staatsangehörigkeit der auszuliefernden Person gemacht. Vgl. §. 25 Abs. 2.

3) Die Gerichte sind verpflichtet. Die Verpflichtung ist gegeben, sowie das nach Maßgabe dieses Paragraphen begründete Ersuchen an das ersuchte Gericht gelangt. Daraus folgt, daß zwischen den Anträgen verschiedener Bundesstaaten, wie der Bericht der Reichstags-Kommission hervorhebt, die Prävention entscheidet. Nach dem unter 1. berührten Grundgedanken ist die Gesammtheit der Gerichte des ersuchten Staates verpflichtet, sobald sich die auszuliefernde Person in dessen Gesammtgebiet befindet.[227])

Die Requisition kann also an sich an jedes Gericht dieses Staates erlassen werden, und ist von dem einzelnen Gericht, an das sie sich als Theil jener Gesammtheit adressirt, sofern es selber die Auslieferung nicht bewirken kann (s. Vorbem. zu §§. 26—28 Nr. 2 a. E.), in Gemäßheit des §. 44 an das rechte Gericht seines Landes weiterzugeben, soweit dies nach Lage der Dinge möglich ist.

---

[225]) Prot. der Civ.-Pr.-Kommiss. S. 42 — Vgl. auch Bericht der Reichstags kommiss S. 5 zu § 21, Abs. 2.

[226]) Beiläufig mag erwähnt werden, daß die Worte „nur dann" vor „verpflichtet", deren Beifügung beantragt war, bei der Bearbeitung des Gesetzes abgelehnt wurden. Prot. der Civ.-Pr.-Kommiss. S. 99.

[227]) Eine bei näherer Betrachtung interessante Konsequenz des Hauptprinzips.

4) Wegen einer strafbaren Handlung. Zunächst heißt das: wegen einer Handlung, die als strafbar von dem verfolgenden oder verurtheilenden Gericht, welches ersucht, angesehen wird. Ob die Handlung wirklich strafbar sei, hatte nach der Regierungsvorlage das ersuchte Gericht weder nach dem Rechte des ersuchenden Gerichts, noch nach seinem eigenen Rechte zu prüfen. Eine solche Prüfung schien der Absicht des Gesetzes direkt zu widersprechen. Jetzt steht dies nach dem Gesetze zum großen Theil anders. Denn nach Aufnahme des §. 25 Nr. 2, welcher dem sog. nationalen Prinzip des zweiten Abschnittes recht eigentlich die Spitze abgebrochen hat, steht allerdings, und zwar nicht blos rücksichtlich der eigenen Angehörigen, sondern rücksichtlich aller Personen, bei jedem Auslieferungsantrag eine Prüfung zu, ob die Handlung nach seinem Rechte eine strafbare oder noch strafbare sei. Vgl. unten zu §. 25 Nr. 2; über den strafbaren Ungehorsam eines Zeugen Vorbem. zu §§. 21—28 Nr. 2 und §. 40 Nr. 2a.

5) Wenn die strafbare Handlung — im Gebiete des Bundesstaates verübt ist, u. s. w. Dadurch wird schlechthin die Auslieferung, welche nach Maßgabe dieses Gesetzes geschieht, unter die Vorbedingung gestellt, daß die strafrechtlich verfolgte oder verurtheilte Handlung im Jurisdiktionsgebiete des ersuchenden Staates vorgenommen wurde. Folgeweise bezieht sich diese Vorbedingung auch auf diejenige Auslieferung, welche nach §. 26 als Ausnahme von §. 25 gefordert werden kann. Vgl. zu §. 26 Nr. 2 a. E. Nicht minder aber auch auf die in §. 27 als Surrogat der Nichtauslieferung angeordnete Prozedur. S. zu §. 27 Nr. 1, c. Ob die Handlung in jenem Gebiete verübt ist, eine Frage, die bei manchen Vergehen keineswegs so einfach erscheint, hat das ersuchte Gericht zu prüfen, und zwar nach seinem Recht.[228]) Einige Unterstützung hierbei zu gewähren, dient §. 28 Abs. 2.

Um einen Zweifel in dieser Beziehung abzuschneiden, insbesondere der mehrfach in der Praxis hervorgetretenen Ansicht entgegenzutreten, daß Preßvergehen überall da verübt seien, wo die Verbreitung geschehen, wurde

6) der zweite Absatz beigefügt.[229]) Derselbe verfügt, jedoch nicht als Satz des Strafrechts überhaupt, sondern nur „bei Anwendung dieser Vorschrift", d. h. für den Umfang des Rechtshülfegesetzes, daß als Ort der Verübung für Preßvergehen nur derjenige anzusehen sei, wo das Preßerzeugniß erschienen, bzw. herausgegeben ist. Man hat sich begnügt, das leitende Prinzip aufzustellen. Die weitere Entscheidung über den Erscheinungsort fällt der konkreten Beurtheilung anheim.

Der praktische Werth des Satzes, der aus der Regierungsvorlage beibehalten wurde, erscheint freilich, nachdem auf Veranlassung des Reichstags die Auslieferung wegen Preßvergehen schlechtweg versagt worden ist (vgl. §. 25 Nr. 1), sehr gemindert. Indessen behält er

[228]) Bericht der Reichstagskommiss. zu §. 21, Abs. 1.
[229]) Prot der Civ.-Pr.-Kommiss. S. 50.

seine Geltung nach dem, was soeben unter Nr. 5 bemerkt wurde, für den Fall der Anwendung des §. 26, sowie des §. 27.

§. 22.

„Die Verpflichtung zur Auslieferung (§. 21) erstreckt sich „auf die Auslieferung der Theilnehmer, einschließlich der in„tellektuellen Urheber, der Gehülfen und derjenigen Begünstiger, „welche die Begünstigung vor Verübung der That zugesagt haben, „auch dann, wenn die denselben zur Last fallenden Handlungen „nicht in dem Gebiete des Staates begangen sind, in welchem „das ersuchende Gericht sich befindet."

Die hier getroffene Bestimmung erscheint als eine Erweiterung des §. 21 Abs. 1. Wenn die Haupthandlung, die eigentliche Ausführung des Verbrechens, in dem andern Staate erfolgt und daher nach §. 21 das Auslieferungsverlangen bezüglich des Haupt- oder physischen Urhebers für die dortigen Gerichte begründet ist, so soll die Haupthandlung gleichsam eine Attraktivkraft in Bezug auf die sonstigen, damit in Verbindung stehenden Handlungen der hier genannten Personen ausüben. Demgemäß kann deren Auslieferung begehrt werden, gleichviel wo sie dasjenige vorgenommen, was ihre Handlung bildet. Zu einer solchen Bestimmung war deshalb Anlaß, weil das Verhältniß der intellektuellen Urheber, Gehülfen und Begünstiger nach den partikularen Strafrechten sehr verschieden, ihre That bald als ein selbstständiges Vergehen (z. B. Partirerei, Hehlerei), bald nur als als eine Nebenhandlung oder Theilnahme an dem Hauptverbrechen aufgefaßt[230]) und weil über die Frage, wo das Delikt jener Personen konsumirt sei, nach dem internationalen Recht gestritten wird.[231])

Die Regierungsvorlage sprach nur von den intellektuellen Urhebern und Gehülfen. Von dem Reichstage wurde jedoch der ausführlich motivirte[232]) Vorschlag seiner Kommission acceptirt, die Begünstiger ebenso zu behandeln, welche die Begünstigung vor Verübung der That zugesagt haben. Vermöge des hier vollständig gerechtfertigten und beabsichtigten argumenti e contrario folgt daraus, daß alle anderen Begünstiger, da deren Thätigkeit als mit der That in keiner unmittelbaren Verbindung stehend betrachtet und bezüglich des dolus dieser Komplicen keine Konnexität mit der That der eigentlichen Theilnehmer unterstellt wird, der Auslieferung nur unterliegen, wenn ihre strafbare Handlung im Gebiete des ersuchenden Staates begangen wurde.

Selbstverständlich sind übrigens auch dann, wenn es sich um Auslieferung von Theilnehmern der in §. 22 bezeichneten Art handelt, die

---

230) Prot. der Civ.-Pr.-Kommiss. S. 40 42.

231) S. v. Bar a. a. O. S. 558, Not 9 und über die hier in Betracht kommenden Begriffe nach Preuß. Recht Oppenhoff, Strafgesetzbuch §. 34—39.

232) S. Bericht S. 5 zu §. 22 und Stenogr. Berichte des Reichstags S. 1250.

Bestimmungen des §. 25 zu beobachten. Namentlich sind durch die daselbst unter Nr. 2 enthaltene Reservation diejenigen Theilnehmer geschützt, welche nach dem Rechte ihres Aufenthaltsstaates straflos erscheinen.[233])

§. 23.

„Die Bestimmungen der §§. 21 und 22 finden auch dann „Anwendung, wenn die Person, deren Auslieferung verlangt „wird, dem Staate angehört, dessen Gericht um die Auslieferung „ersucht ist."

Was §. 23 besagt, ist eigentlich implicite schon in §. 21 enthalten, welcher unter „Personen" eben „alle Personen" einschließlich der eigenen Staatsangehörigen versteht. Bei der Redaktion fand man es jedoch für angemessen, den wichtigen Satz, anstatt ihn in §. 21 versteckt zu lassen, als einen eigenen Paragraphen einzuschalten.[234]) In der That konnte darüber kein Zweifel sein, sondern nur darüber, ob derselbe nicht geradezu an die Spitze des Abschnitts zu stellen sei. Denn offenbar ist es die größte Abweichung von der bisherigen Rechtsgewohnheit, der Gipfelpunkt des dem Gesetz zu Grunde liegenden Gedankens und die rechtlich, wie politisch einschneidendste Konsequenz des einheitlichen Bundesstaates, daß im Verhältniß zu den übrigen Theilen des letzteren kein Einzelstaat die Auslieferung blos darum soll versagen können, weil die Auslieferung seiner Staatsangehörigen gefordert wird.

Im Zusammenhang mit dem, was oben bereits bemerkt wurde, hatte sich die Civilprozeß-Kommission rasch, wenn auch nicht ohne Widerspruch, entschlossen, den hergebrachten Satz, daß eigene Angehörige nicht auszuliefern seien, für das Bundesgebiet aufzugeben.[235]) Angesichts des Art. 3 der B.-V. konnte, wie auch die Motive der Regierungsvorlage hervorheben, nicht anders verfahren werden.

Nicht so rasch fand der Satz in dem Reichstage Annahme. Von Anfang an war die Auslieferung der eigenen Staatsangehörigen der Gegenstand der heftigsten Angriffe. In dem Kommissionsberichte setzte die Minorität der für den Paragraphen sich erklärenden Majorität eine ausführliche Begründung ihrer abweichenden Ansicht entgegen; und noch in der letzten Berathung wurde ein Antrag gestellt, der, wenn er durchgegangen wäre, das Prinzip vollständig vernichtet haben würde.[236])

[233]) In der Generaldebatte des Reichstags S. 667 wurde es als etwas ganz Exorbitantes dargestellt, wenn nach der Regierungsvorlage ein Dresdener Bürger, welcher einen Wunderdoktor in Preußen um Geld konsultirte, als intellektueller Urheber oder Theilnehmer an Medikasterei in Preußen bestraft werden sollte, während das Sächsische Recht die Medikasterei nicht strafe Es wird erlaubt sein, darüber und über die Genugthuung, mit der in dem Kommiss. Bericht darauf hingewiesen wird, daß dies nunmehr vermieden sei (was nach §. 25, Nr. 2 allerdings der Fall), anders zu denken.

[234]) Vgl. Prot. der Civ.-Pr.-Kommiss. S. 99 mit S. 69.

[235]) Prot. ders. S. 39. 41.

[236]) Stenogr. Berichte S. 1251 ff.

Die Gründe der Gegner sind hier nicht näher zu erörtern. Schließlich wurde §. 23 in der ursprünglichen Fassung gebilligt.

Dadurch, daß die Auslieferungspflicht der §. 21. 22 selbst auf eigene Angehörige des requirirten Staates erstreckt wurde, ist im Zusammenhalt mit dem, was zu §. 21 unter Nr. 2 bemerkt wurde, das Eine erreicht, daß für diesen Akt der Rechtshülfe die persönliche Eigenschaft des Auszuliefernden völlig gleichgültig erscheint. Alle Personen, welche sich im Gebiete des requirirten Gerichts aufhalten[237]) und deren Auslieferung durch dasselbe möglich ist, werden gleich behandelt unangesehen ihrer Nationalität oder Staatsangehörigkeit. Unzweifelhaft ist dies ein wichtiges Resultat. Freilich erleidet §. 23, während auf der einen Seite alle subjektiven Schranken hinweggeräumt wurden, bedeutende objektive Begrenzung durch das, was in §. 25 zu verordnen nöthig befunden worden ist.

§. 24.

„Die Auslieferung findet nicht statt, wenn in Ansehung der „strafbaren Handlung in dem Staate, welchem das ersuchte Ge„richt angehört, ein Gerichtsstand begründet und das Strafverfahren „früher anhängig geworden ist, als in dem Staate, welchem „das ersuchende Gericht angehört.

„Befindet sich die Person, deren Auslieferung verlangt wird, „in dem Staate, welchem das ersuchte Gericht angehört, wegen „einer anderen strafbaren Handlung in Untersuchung oder in „Strafhaft, so kann die Auslieferung bis nach Erledigung der „Untersuchung oder der Strafhaft abgelehnt werden."

Von der Auslieferungspflicht nach §. 21—23 werden überhaupt Ausnahmen gemacht in §. 24. 25 und 33; hier in §. 24 zunächst zu Gunsten einer bei dem ersuchten Gericht eingetretenen Prävention.[238]) Es werden zwei Fälle unterschieden:

1) Der erste Absatz handelt von dem Fall, wo mit derselben strafbaren Handlung, wegen deren requirirt wird, auch das requirirte Gericht befaßt ist.

Die Auslieferung findet nicht statt — ein Ausdruck, der absichtlich von dem Reichstage gewählt wurde anstatt der Fassung der Vorlage: „die Auslieferung kann nicht verlangt werden", und der also casu quo dem ersuchten Gericht die Willfährigkeit geradezu verbietet[239]), — unter zwei Voraussetzungen:

a. Einmal muß dieserhalb in dem Staate des ersuchten Gerichts ein Gerichtsstand begründet sein. Natürlich nach dem Rechte dieses Staates Was für ein Gerichtsstand, ist gleich-

---

[237]) Vgl auch §. 26 und 27.

[238]) Vgl. Prot. der Civ.-Pr.-Kommiss. S. 43 §. 3 und S 50. 100.

[239]) Nach dem Kommiss -Bericht soll dies freilich eine blos redaktionelle Anordnung darstellen. Vgl auch die Fassung des §. 37.

gültig; wenn es nur ein gesetzlicher Gerichtsstand ist. Ist also in dem Staate des ersuchten Gerichts, und zwar bei irgend einem Gerichte dieses Staates, nicht etwa blos speziell bei dem ersuchten Gerichte selbst, das forum domicilii begründet, so hat keineswegs das forum delicti commissi des Staates, dem das ersuchende Gericht angehört einen Vorzug.

b. Sodann muß in dem Staate des ersuchten Gerichts das Strafverfahren früher anhängig geworden sein, als in dem Staate des ersuchenden Gerichts. Man wird das billig nur so verstehen können, daß das Strafverfahren bei dem Gerichte eröffnet sein muß, wo der Gerichtsstand begründet ist. Was „anhängig geworden" heißt, ist hier nicht näher definirt worden, und es muß daher nach der Landesgesetzgebung, bzw. nach den allgemeinen Grundsätzen entschieden werden, ob bereits solche Akte vorgenommen worden sind, daß dadurch das Verfahren pendent geworden. Namentlich ist darauf hinzuweisen, daß die in dem §. 26 für den dort berührten Zweck aufgeführten Momente keineswegs eine auf §. 24 zu beziehende und erschöpfende Definition des „Anhängiggewordenseins" enthalten sollen.[240])

In Folge der kategorischen Fassung der vorliegenden Bestimmung darf, wenn die Auslieferung bereits erfolgt ist, weil vielleicht das ersuchte Gericht keine Kenntniß davon hatte, daß bei einem anderen Gerichte seines Staates die betreffenden Voraussetzungen eingetreten sind, auch die Zurücklieferung von Seiten des ersuchenden Gerichts nicht verweigert werden.

2) Der zweite Absatz betrifft den Fall, wo die auszuliefernde Person in dem Staate des ersuchten Gerichts wegen einer anderen strafbaren Handlung in Untersuchung oder Strafhaft befangen ist.

Da die Strafverfolgung oder Strafvollstreckung des einheimischen Staates den Vorrang verdienen soll, so kann die Auslieferung bis zur Erledigung, also zeitweise, im Gegensatz zu der definitiven Nichtauslieferung des Abs. 1, abgelehnt werden. Das ersuchte Gericht hat die, auf ein verständiges Ermessen, ob nicht dadurch die einheimische Justiz eine unberechtigte Störung erleiden würde, gegründete Befugniß, einstweilen die Auslieferung zu versagen, wenn bei ihm selbst oder bei irgend einem andern Gerichte seines Staates der Auszuliefernde in der erwähnten Lage sich befindet. Ob die Auslieferung erfolgen soll, darüber entscheidet der ersuchenden Stelle gegenüber das ersuchte Gericht. Das letztere aber wird sich nothwendig, wenn die Untersuchung oder Strafverbüßung bei einem andern Gerichte seines Landes schwebt, erst mit diesem in Einvernehmen setzen müssen.

In §. 24 Abs. 2 ist zunächst an solche Auslieferung gedacht, welche zum Zweck der Aburtheilung oder Strafverbüßung, insofern also als dauernde, verlangt wird. Es kann aber auch vorkommen, daß das ersuchende Gericht die Auslieferung nur zu einem vorübergehenden Zweck begehrt, z. B. um eine Konfrontation, eine Verhandlung u. dgl. vor-

[240]) Bericht der Reichstagskommiss. zu §. 26 a. E.

zunehmen. Auch in solchem Falle, wo es sich nur um eine vorübergehende Sistirung der einheimischen Untersuchung oder Vollstreckung handelt, ist die Auslieferung nicht unzulässig, aber von der Erwägung der Angemessenheit abhängig.[241])

Ueber eine andere Ausnahme von der Auslieferung s. §. 33 Abs. 2.

§. 25.

„Bis zum Erlasse eines gemeinsamen Strafgesetzbuchs für „den Norddeutschen Bund findet die Auslieferung auch dann „nicht statt, wenn

„1) die Handlung ein politisches Verbrechen oder Vergehen, „oder mittelst der Presse verübt worden ist, oder

„2) sie nicht mit Strafe bedroht oder in Betreff ihrer die „Strafverfolgung oder die Strafvollstreckung durch Ver„jährung ausgeschlossen ist, oder

„3) die Handlung nach den Gesetzen des Staates, welchem „das ersuchende Gericht angehört, mit Todesstrafe oder „mit körperlicher Züchtigung bedroht ist, während die „Anwendung dieser Strafen nach den Gesetzen des Staa„tes, welchem das ersuchte Gericht angehört, nicht zulässig ist.

„Ob einer der Fälle unter 1 oder 2 vorhanden, ist nach „den Gesetzen des Bundesstaates, in dessen Gebiete der Beschul„digte oder Verurtheilte sich befindet, zu beurtheilen, und bei „dieser Beurtheilung die Handlung als im Gebiete dieses Staates „verübt anzusehen."

In dem Regierungsentwurfe war mit voller Absicht jede weitere Ausnahme der Auslieferungspflicht, selbst zu Gunsten der politischen Verbrechen,[242]) fortgelassen worden. Von der Kommission des Reichstags dagegen wurde der vorliegende Paragraph vorgeschlagen, der denn auch im Hause Annahme fand. Dadurch ist, wie schon mehrfach (zu §. 21. 23) bemerkt, die Wirkung der übrigen Bestimmungen dieses Abschnitts sehr eingeengt und die Rechtshülfe im Gebiete der Strafrechtspflege zum großen Theil vereitelt worden.

Die Bestimmungen des §. 25 sind, da sie Ausnahmen von der in dem Gesetze aufgestellten Regel bilden, in keinem Falle auszudehnen. Sie sind die einzigen Ausnahmen. Von der Aufstellung anderer hat man, obwohl dazu die Neigung nicht mangelte und namentlich die Verschiedenheit der Prozedur — in dem einen Lande Geschwornengericht, in dem andern nicht, in dem einen öffentlich-mündliches Anklageverfahren, in einigen noch schriftlicher Inquisitionsprozeß — Bedenken erregte, Abstand genommen.

In der Reihe von Fällen, welche unter den folgenden Nummern

---

[241]) Wenigstens war dies die Meinung der Civ.-Pr.-Kommiss. S. deren Prot. S. 50 und Motive zu §. 24.

[242]) Vgl. Prot. der Civ.-Pr.-Kommiss. S. 40.

zusammengefaßt sind und zu deren Begründung die Reichstagskommission sich darauf bezog, daß sie in der Hauptsache den Bestimmungen der bisher bestandenen Konventionen[243]) entsprächen, findet die Auslieferung nicht statt, d. h. darf (vgl. zu §. 24 Nr. 1) die Auslieferung (anders die Vollstreckung nach §. 33 s. das. Nr. 3) unter keinen Umständen gewährt werden; vorbehaltlich der Unterausnahme des §. 26.

Ueber den Begriff der Auslieferung s. oben die Vorbemerkungen zu §. 21—28 bei. Nr. 1. Durch das Verbot derselben wird die Verpflichtung zur Rechtshülfe in Betreff anderer Akte nicht berührt. Namentlich darf also auch die Rechtshülfe behufs Zustellung einer Ladung, auf welche hin der Angeschuldigte ohne Auslieferung seiner Person verurtheilt werden kann, selbst in den Fällen des §. 25 nicht verweigert werden. Vor Untersuchung und Verurtheilung ist der Angeschuldigte durch §. 25 keineswegs absolut geschützt, sondern nur vor Auslieferung.

Bis zum Erlaß eines gemeinsamen Strafgesetzbuchs. Mit dem Momente der Publikation eines solchen, von dem vorausgesetzt wird, daß es die hier unter Nr. 1—3 hervorgehobenen Punkte unzweifelhaft regeln wird, fällt der ganze Paragraph (mit §. 26. 27) eo ipso hinweg. Er existirt selbst dann nicht mehr, wenn eines oder das andere der Bedenken, welche ihn diktirten, in dem Strafgesetzbuche gar nicht erledigt würde.

1) Wenn die Handlung ein politisches Verbrechen ist.[244]) Der Dehnbarkeit dieses in den Gesetzbüchern nirgends definirten und von der Theorie nirgends festgestellten Gattungsbegriffs ist man sich wohl bewußt gewesen. Aber man hielt sich daran, daß dieselbe Bezeichnung in den meisten Konventionen ohne praktischen Nachtheil sich finde und auch bereits in mehreren Bundesgesetzen[245]) gebraucht worden sei.

Das ersuchte Gericht hat daher im gegebenen Fall zu prüfen, ob die strafbare Handlung nach seinem Recht (s. Abs. 2 dieses Paragraphen) als „politisches Verbrechen“ anzusehen sei, oder nicht. Seine Entscheidung, die bei dem schwankenden Begriff unter Umständen schwierig genug werden kann,[246]) unterliegt zweifellos der Anfechtung in dem Instanzenzuge nach §. 38.

Liegt ein politisches Verbrechen vor, so ist von einer Auslieferung keine Rede, gleichviel welcher Staatsangehörigkeit die Person, deren Auslieferung verlangt wird, sein mag. Selbst der eigene Angehörige des requirirenden Staates, der in dessen Gebiet ein politisches Vergehen

[243]) Man bezog sich immer wieder auf die früher zwischen völlig souverainen Staaten geschlossenen Jurisdiktionsverträge, da es doch eigentlich galt, für den Bundesstaat gerade über jede Konvention hinweg eine einheitliche Rechtshülfe zu schaffen

[244]) S. über die — sicher nicht unanfechtbaren — Gründe der Reichstagskommiss. deren Bericht S. 9.

[245]) Vgl. §. 3 des Wahlgesetzes vom 31. Mai 1869

[246]) Bei der Beleidigung eines Ministers wird z. B. zu unterscheiden sein, ob dieselbe seine politische Eigenschaft und Stellung, oder lediglich seine Privatmannsqualität betrifft

begangen hat, ein Preuße, der in Preußen Hochverrath, Majestätsbeleidigung u. s. w. begangen, kann, wenn er sich in Reuß aufhält, nicht an ein Preußisches Gericht ausgeliefert, sondern muß nach §. 27 behandelt werden. Ebenso wenig ein Ausländer, der gar nicht Norddeutscher ist, oder der Angehörige eines andern in dem Bunde stehenden Staates. Vgl. Abs. 2 des §. 25.

Ganz ebenso verhält es sich mit den strafbaren Handlungen, welche mittels der Presse verübt sind. Obwohl vielleicht nicht ganz in demselben Maaße, so kann doch auch der Begriff der Preßverbrechen oder Preßvergehen im einzelnen Fall fraglich erscheinen. Ueber eine Rückwirkung dieser Ausnahme s. oben zu §. 21 Nr. 6.

Was in Folge des Unterbleibens der Auslieferung nach Nr. 1 weiter zu geschehen hat, darüber vgl. §. 27.

2) Noch viel umfassender und wichtiger als Nr. 1 erweist sich Nr. 2. Die Auslieferung irgend einer Person, die sich im Gebiete des ersuchten Gerichts aufhält, findet nicht statt:

a. wenn die Handlung, um derentwillen Auslieferung verlangt wird, nicht mit Strafe bedroht ist. Natürlich wieder nach dem Rechte des ersuchten Gerichts, ungeachtet des Umstandes, daß die Handlung gar nicht im Gebiete dieses Rechts, sondern im Gebiete und folglich unter der territorialen Herrschaft eines andern verübt wurde.[247] Die vorliegende Rubrik hindert jedoch selbstverständlich die Auslieferung nur insoweit, als die fragliche Handlung nach dem Rechte des ersuchten Gerichts ganz und gar unbestrafbar erscheint.

Es handelt sich dabei nach der unzweifelhaften Absicht des Gesetzes nicht um eine Prüfung, ob die fragliche Handlung in concreto straffrei sei, sondern ob es überhaupt in abstracto für eine derartige Handlung nach dem Strafrecht des ersuchten Staates an einer Rubrik der Strafbarkeit fehlt. Dies schließt freilich nicht aus, daß unter Umständen, um ermessen zu können, ob sie nach dem Rechte nicht mit Strafe bedroht sei, doch die fragliche Handlung in ihrem Thatbestande genauer von dem ersuchten Gericht wird erörtert werden müssen.

Die Beurtheilung, ob Nr. 2 anwendbar, findet nach Maßgabe des Abs. 2 dieses Paragraphen statt, aus dem sich zugleich ergiebt (s. unten), daß die Bestimmung der Nr. 2 selbst auf solche Handlungen Anwendung erleidet, welche die den Gegenstand der Requisition bildende Person außerhalb des ersuchten Staates und sogar in dem ersuchenden Staate begangen hat. Da sich nun Nr. 2 nicht minder wie Nr. 1 unterschiedslos auf alle Personen bezieht, einerlei welchem deutschen oder nichtdeut-

---

[247]) Der Bericht der Reichstagskommiss. geht kurzweg davon aus, „es könne dem requirirten Staat nicht angesonnen (?) werden, eine Auslieferung (zunächst seiner eigenen Angehörigen, folgeweise aber auch irgend einer andern Person) eintreten zu lassen, wenn nach seinen Gesetzen und sonach nach der in ihnen ausgedrückten Rechtsanschauung seines Landes die Handlung nicht strafbar sei“.

schen Staate sie angehören, so ist der Preuße oder Oldenburger, der in Preußen oder Oldenburg ein dort nach klarem Recht strafbares Vergehen verübt hat, nicht nur vor der Auslieferung, sondern auch vor Strafe[248]) sicher, wenn er sich in Sachsen oder einem anderen Bundeslande aufhält, wo die betreffende Handlung nach dem daselbst geltenden Recht straffrei erscheint. Es entscheidet eben, wie bei Nr. 1, absolut der Aufenthalt zur Zeit der Requisition. Eine Folge, die nur dann erträglich erscheint, wenn man erwägt, daß über die Strafwürdigkeit der meisten und eigentlichen Deliktshandlungen die Ansichten doch nur ausnahmsweise differiren. Nr. 2 spricht übrigens nur von dem Fall, daß die Handlung nach dem Rechte des ersuchten Staates gar nicht mit Strafe bedroht, völlig straflos ist, bezieht sich also keineswegs auf das Strafmaß. Unterschiede der Ansichten darüber, wie die Handlung zu strafen, können, wenn sie noch so groß sind, die Auslieferung nicht aufhalten.

Dasselbe gilt,

b. wenn durch Verjährung ausgeschlossen ist,

aa. die Strafverfolgung, sofern die Auslieferung zum Zwecke der Strafverfolgung, oder

bb. die Strafvollstreckung, sofern die Auslieferung zum Zwecke der Strafverbüßung verlangt wird. Mit einem Worte: die von dem ersuchenden Gerichte eingeleitete Strafverfolgung nicht nur, sondern auch das von demselben erlassene Straferkenntniß unterliegt in Hinsicht der Verjährungsfrage der Prüfung des ersuchten Gerichts nach Maßgabe seines Rechtes.[249])

Andere Strafausschließungs-Gründe, als die unter a. und b. berührten, sind absichtlich in das Gesetz nicht aufgenommen worden;[250]) und daß sich eine Ausdehnung im Wege der Analogie bei der Eigenthümlichkeit der in §. 25 enthaltenen Bestimmung unbedingt verbietet, wurde bereits bemerkt.

3. Die Ausnahme unter No. 3 ist diejenige, welche von vornherein als die nothwendigste betont wurde: zunächst freilich nur im Hinblick auf die eigenen Staatsangehörigen, indem es als unerträglich geschildert wurde, daß ein Staat die Auslieferung seiner Bürger an einen anderen behufs der Verhängung oder Verbüßung solcher Strafen, welche seiner Rechtsanschauung durchaus widersprechen, dulden sollte. Dabei handelte es sich stets um die beiden Strafarten: Todesstrafe, welche in einigen Theilen des Bundes aufgehoben worden ist, und die Prügelstrafe, welche, wenn auch vielleicht nicht in dem unterstelltnen Maße, doch hier und da noch besteht. Durch die jetzige Fassung des

---

248) Denn §. 27 erstreckt sich nicht auf Nr. 2 des §. 25.

249) Der Bericht der Reichstagskommiss. hofft, daß dazu meist nur „ein einfaches Gegenüberstellen bestimmter und bereits feststehender Zeitpunkte erforderlich" sein wird. Mitunter wird aber viel mehr zu untersuchen nöthig werden.

250) S. den cit. Kommiss.-Bericht S. 9 a. E.

Gesetzes aber beschränkt sich auch dieser Schutz gegen eine Auslieferung, welche die auszuliefernde Person der einen oder anderen jener nach dem Rechte des ersuchten Gerichts unzuläsisigen Strafen aussetzen würde, nicht mehr auf die eigenen Angehörigen. Wer sich in dem Teritorium des ersuchten Staates aufhält, auch der Ausländer und der eigene Angehörige des requirirenden Staates, darf nicht ausgeliefert werden, wenn eine derartige Strafe droht.

Die Fassung der Nr. 3 erscheint übrigens wenig korrect.

Nach dem Wortlaut: wenn die Handlung — bedroht ist, wird zunächst nicht ausdrücklich gesagt, ob die Bedrohung der Handlung in thesi, oder in hypothesi gemeint ist. Wenn man das erstere annimmt, und dafür spricht allerdings die Rücksicht, daß der ersuchte Staat, weil er solche Strafen nach seinen sittlichen Begriffen verwirft, Niemanden auch nur in die Möglichkeit versetzen darf, solche Strafen zu erleiden, so unterbleibt die Auslieferung auch in allen den Fällen, wo in concreto gar kein Gedanke an die Anwendung der Todes- oder Prügelstrafe ist; blos schon deshalb, weil das Gesetz in abstracto, vielleicht nur elektiv neben anderen Strafen, die eine oder andere angedroht hat. Und wenn dies von minderer Bedeutung bezüglich der Todesstrafe erscheint, weil diese regelmäßig nur noch auf wenige Verbrechen gesetzt ist, so kann doch die Bestimmung wegen der Strafe der körperlichen Züchtigung, in dem bisher dargestellten Sinne aufgefaßt, dahin führen, daß ein Land, wo dieselbe noch existirt, in einer großen Menge von Fällen auf Auslieferung kein Recht hat; nemlich dann nicht, wenn nicht blos für einige wenige Vergehen, sondern für ganze Reihen oder Kategorieen die Prügel elektiv oder kumulativ neben Gefängniß u. dgl. nach dem Partikularrecht möglich sind.

Nähme man dagegen an, daß die konkrete Handlung gemeint sei, so würde, so rationell dies an sich erscheinen könnte, dem ersuchten Gerichte die undurchführbare Aufgabe zugemuthet, zu untersuchen, ob die Handlung von den Gesetzen des ersuchenden Staates wirklich Grund zu der Anwendung der Todesstrafe oder der körperlichen Züchtigung darbiete.

Ist die erstere Auffassung, daß es nur auf die Androhung in thesi ankommt, die der Absicht des Gesetzes entsprechende, so hat das ersuchte Gericht sich zu vergewissern, ob nach den Gesetzen des ersuchenden Staates eine solche Strafandrohung vorliegt. „Nach den Gesetzen", diese Worte würde man zufolge des sonst üblichen Sprachgebrauchs so zu verstehen haben: „nach dem Rechte".[251] Strafbestimmungen über körperliche Züchtigung können sehr leicht auch in Verordnungen, Erlassen u. s. w. enthalten sein. Doch ist dies Bedenken das mindere. Wie verhält es sich aber gegenüber den Gebieten des gemeinen Rechts mit dem ungeschriebenen Recht? Oder soll etwa die Auslieferung versagt werden, weil die fragliche Handlung, z. B. Kindesmord, nach dem dortigen Gesetz, d. h. nach der Carolina, die dort noch

---

[251]) S. das Bundesges., betr. die Einführung des Handelsgesetzbuchs u. s. w. §. 3, B. 1.

immer pro forma als Unterlage des darauf gegründeten Gerichtsgebrauchs in den Urtheilen citirt zu werden pflegt, mit dem Tode bedroht ist? Soll das geschehen, da doch Jedermann weiß, daß eben in so weit das „Gesetz" nicht mehr gilt?

Das erscheint doch unmöglich, weil es zu rein lächerlichen Konsequenzen führt. Es käme dann dahin, daß §. 25, gleichsam die modernen Kodifikationen prämiirend, die Rechtshülfe in Länder, wo keine neueren Strafgesetze bestehen, ganz ungebührlich zurücksetzte. Will man das aber nicht, so ist das ersuchte Gericht freilich seinerseits öfter in eine üble Lage versetzt, wenn es sich fragen muß, ob die Handlung nicht nach den immerhin leichter erkennbaren Gesetzen, sondern nach dem Gerichtsgebrauch, sogar abweichend von den faktisch antiquirten, aber niemals durch positive Legislation hinweggeschafften Quellen, des ersuchenden Staates mit der Todesstrafe bedroht sei. Gleichwohl kann vernünftigerweise nur das dermalen bestehende Recht solcher Gebiete gemeint sein.

In Abs. 2 wird besonders hervorgehoben, daß die Frage, ob No. 1 oder 2 des Paragraphen zur Anwendung kommt, nach den Gesetzen, bzw. nach dem Recht — denn eine Firirung namentlich der politischen und Preßvergehen durch positives Gesetz geht manchen Staaten ab — des Bundesstaates, in dessen Gebiet der Beschuldigte oder Verurtheilte (dessen Auslieferung gefordert wird) sich befindet, zu beurtheilen ist. Besonders deutlich ist durch: sich befindet, Alles lediglich auf die faktische Anwesenheit, welche an sich dem ersuchten Gericht die faktische Möglichkeit der Ergreifung darbietet, gestellt und eben dadurch die Nichtauslieferung auf alle in dem Gebiete dieses Gerichts, gleichviel aus welchem Grunde und mit welcher Dauer, sich aufhaltende Personen ausgedehnt. Vgl. zu §. 21 No. 2 und §. 23 a. E.

Der Schlußsatz: und bei dieser Beurtheilung — anzusehen, ist zu mehrerer Deutlichkeit, damit ein sonst denkbarer Zweifel abgeschnitten sei, noch hinzugefügt worden.[252]) Der Grund zu einem solchen Zweifel war der: Die meisten Strafrechte, das Preußische an der Spitze, gehen von dem Prinzip aus, daß Ausländer wegen der im Auslande verübten Vergehen im Inlande nicht bestraft werden können. Da jene Handlungen kraft des Gesetzes straffrei erscheinen, so könnte man möglicherweise No. 2 des ersten Absatzes hierauf mit beziehen und die Auslieferung für verboten erachten, obgleich die Handlung an sich in dem Staate des ersuchten Gerichts keineswegs straflos erscheinen würde. Man käme dann dahin, daß ein Franzose oder selbst ein Preuße, der in Preußen delinquirt hat, jetzt aber in Sachsen sich aufhält, den Preußischen Gerichten nicht ausgeliefert wird, weil er in Sachsen als Ausländer wegen der im Auslande begangenen That nicht gestraft werden kann, zugleich aber auch weil ihn das Sächsische Gericht nicht prozessiren soll, überhaupt straffrei ausgeht; selbst in solchen Fällen gemeiner Verbrechen, welche auch das Sächsische Recht an sich für strafbar erklärt.

[252]) Stenogr. Berichte S. 1255—1256.

Einem so widersinnigen Resultate vorzubeugen, wird befohlen, bei der Erwägung der Auslieferungsfrage fiktionsweise die Handlung als im Gebiete des ersuchten Staates verübt anzusehen. Der Nichtsachse, um bei unserem Beispiel zu bleiben, soll also nicht schon deshalb der Auslieferung entgehen, weil er die Handlung, derentwegen seine Auslieferung gesucht wird, außerhalb Sachsens begangen hat, sondern nur dann, wenn die Handlung, z. B. der Diebstahl, die Fälschung, die Widersetzung u. s. w., wäre sie in Sachsen begangen, dort gar nicht mit Strafe zu belegen stände. Man hätte dies vermuthlich einfacher ausdrücken können. Unter der künstlichen Fiktion ist der einfache und nicht unwichtige Satz enthalten, daß jene (übrigens in §. 27 durchbrochene) Bestimmung des Partikularrechts, wonach ein Ausländer wegen eines nicht im Inlande verübten Vergehens im Inlande nicht gestraft wird, der Auslieferung im Gebiete des Norddeutschen Bundes niemals entgegen steht. Vielmehr hat das ersuchte Gericht nach dem ersten Theil dieses Absatzes zu prüfen, und zwar nach *seinem* Recht, auch wenn die Handlung außerhalb des Geltungsgebietes desselben und von einem Nichtangehörigen seines Staates verübt wurde, ob diese Handlung mit Strafe bedroht sei. Nichtangehörige, wie Angehörige, des ersuchten Staates werden daher wegen der außerhalb des letzteren verübten Delikte ausgeliefert, sofern nicht eine der No. 1—3 des §. 25 hindernd entgegen tritt.

Zur Erleichterung der theilweise schwierigen Prüfung, welche §. 25 den ersuchten Gerichten zumuthet, sucht §. 28 Abs. 2 wenigstens dafür zu sorgen, daß denselben das dazu erforderliche Material schon in der Requisition selbst unterbreitet wird.

§. 26.

„Die Auslieferung kann auch in den, im vorigen Paragraphen bezeichneten Fällen, und zwar sowohl zum Zwecke der Untersuchung, als auch zu dem der Strafvollstreckung, nicht abgelehnt werden, wenn während des Aufenthalts in dem Staate, welchem das ersuchende Gericht angehört, dem Angeschuldigten der Beschluß oder die Verfügung, durch welche die Untersuchung gegen ihn eröffnet worden ist, persönlich zugestellt oder er als Angeschuldigter über die That verhört oder zum Zwecke der Einleitung der Untersuchung in Haft genommen war."

Der Ausnahme, welche §. 25 von der Auslieferungspflicht statuirt, wird hier eine Beschränkungh inzugefügt, welche man als „nothwendiges Korrektiv" jener Ausnahmen betrachtet hat.[253]) Hat einmal, das ist der Grundgedanke des §. 26, das Gericht des ersuchenden Staates in rechtsgültiger Weise die Strafverfolgung eröffnet und die auszuliefernde Person in dieselbe hineingezogen, so soll diese Ergreifung der Jurisdiktion dadurch

[253]) S. Bericht der Reichstagskommiss., von welcher auch dieser Paragraph herrührt, zu §. 26.

nicht aufgehoben sein, daß sich der Angeschuldigte aus dem Jurisdiktionsgebiete des betreffenden Staates entfernt. Man unterstellt hier eine „Prävention" des requirirenden Gerichts, welche von dem ersuchten Gericht des anderen Staates anzuerkennen ist. Nebenbei hat das denn auch den Vortheil, daß das Gericht, weil es der Auslieferung sicher ist, um so weniger Anlaß hat, Angeschuldigte, die an sich seinem Gerichtszwange nicht unterworfen sind, fortdauernd in Haft zu behalten.

Die Voraussetzungen, unter denen eine solche die unbedingte Auslieferungspflicht begründende Ergreifung der Jurisdiktion stattfinden soll, sind nun folgende.

1) Es muß ein diese Ergreifung involvirender Akt von Seiten des ersuchenden Staates —, denn auch §. 26 spricht nicht von dem ersuchenden Gericht, sondern von dem ersuchenden Staat — bereits vorgenommen worden sein.[254]) Die Jurisdiktion des ersuchenden Staates wird und bleibt begründet,

a. wenn der Beschluß oder die Verfügung, durch welche die Untersuchung gegen ihn eröffnet worden ist, dem Angeschuldigten persönlich zugestellt war. Im Einzelnen Folgendes.

Untersuchung. Das will heißen: das Strafverfahren. Der Ausdruck „Untersuchung" ist kein technischer oder allgemein gesetzlicher. Nichts hindert, denselben auch schon auf die Prozedur zu beziehen, welche noch bevor die Sache an das Gericht kommt, bei dem Staatsanwalt, der Polizei oder einer sonstigen Behörde behufs der Ermittlung der Schuld stattfindet. Auch von dem

Beschluß oder der Verfügung ist nirgends gesagt, daß sie gerade von einem Gericht, wenn man auch soviel bei der ungenauen Fassung subintelligiren wird, daß sie von einer Behörde des Staates, dem das ersuchende Gericht angehört, ausgegangen sein müssen. Ein innerer Grund aber, warum nicht auch schon durch den Akt einer Staatsanwaltschaft oder einer Hülfsbehörde der Justiz die Jurisdiktion des ersuchenden Staates — und um diese, nicht um die Begründung der Zuständigkeit eines einzelnen Gerichts handelt es sich ja nach dem Standpunkt des §. 26 — ergriffen wurde, läßt sich nicht erkennen.[255])

Der Beschluß oder die Verfügung, durch welche die Eröffnung in der Regel implicite geschieht, ist aber die Ladung. Denn eine förmliche Verfügung de aperiundo processu gibt es nicht, man müßte denn an die Erkennung der Hauptunter-

---

[254]) Ueber die Wirkung eines solchen Aktes in Betreff der Ausschließlichkeit der dadurch begründeten Zuständigkeit s. §. 21, Nr. 1 a. E. und §. 35.

[255]) Der Kommissionsbericht wollte zwar die von ihm sogenannte Prävention „als das Ergebniß bestimmter Akte des Gerichts" behandeln. Allein es fehlt dafür an jedem Ausdruck und zu dem bei c. zu berührenden Fall verläßt der Bericht selbst jenen Ausgangspunkt. — Es bedarf wohl kaum der Erwähnung, daß die hier angedeutete Auslegung, da es sich an dieser Stelle um eine ganz andere Erwägung handelt, nicht dem widerspricht, was zu §. 20 unter Nr. 2 a. E. bemerkt wurde.

suchung denken. Dazu, daß insbesondere die erste Ladung des Angeschuldigten, gemeint ist, paßt auch das Erforderniß, wonach ihm

persönlich, also nicht einem Mandatar, Stellvertreter u. s. w. zugestellt sein muß.

Wenn nun aber schon die Ladung zur Voruntersuchung die Jurisdiktion des ladenden Gerichts begründet, so muß doch festgehalten werden, daß es eine Ladung sein muß, durch die

gegen ihn die Untersuchung eröffnet wird. Mit anderen Worten: der Betreffende muß qua Angeschuldigter geladen, es muß mindestens erkennbar sein, daß die Untersuchung gegen seine Person Richtung nehmen soll. Mithin, so prekär in praxi auch die Unterscheidung werden kann, wird man nach dem Wortlaute diesen Paragraphen nicht auf die Zustellung beziehen können, aus der jene Richtung noch nicht ersichtlich ist.

b. Wenn die auszuliefernde Person als Angeschuldigter, also in der erkennbaren Intention seine Schuld zu eruiren, über die That (d. h. über die strafbare Handlung, welche den Gegenstand der Strafverfolgung bildet) verhört war. Auch hier ist nicht unterschieden, ob das Verhör in der Hauptverhandlung oder Hauptuntersuchung, oder in der Voruntersuchung, vor dem erkennenden Gericht, oder vor dem Untersuchungsrichter oder einem Kommissar stattgefunden hat. Vgl. zu §. 20 No. 2 a. E.

Nach dem, was unter a über die Bedeutung des Beschlusses oder der Verfügung gesagt wurde, muß sogar, da nicht unterschieden wird, dem Verhör vor dem Staatsanwalt oder der Polizei dieselbe Wirkung beigelegt werden, sobald nur die einzig hier aufgestellte objektive Voraussetzung erfüllt, nemlich die betreffende Person als Angeschuldigter über die That verhört worden ist. Damit erscheint die occupatio jurisdictionis, auf die nun einmal §. 26 die Sache stellt, für den Staat, in dem dies geschieht, vollendet.

c. Wenn der Auszuliefernde zum Zwecke der Einleitung der Untersuchung in Haft genommen war. Hier fehlt nicht nur jede ausdrückliche Beschränkung auf die gerichtlich verfügte Haft, sondern, wie die Motive der Reichstagskommission ersehen lassen, hat man in der That darunter auch z. B. die einstweilige Verwahrung begreifen wollen, in welche der Staatsanwalt nach manchen Landesrechten während der von ihm ausgehenden vorbereitenden Handlungen den Bezüchtigten nehmen kann. Ist dies die Meinung, so muß nicht minder jede andere Ergreifung der Person, sofern sie nur „zum Zwecke der Einleitung der Untersuchung" geschieht, dem gleichstehen. Denn auf jede derartige Ergreifung paßt die Motivirung, daß „dadurch die Person der Machtsphäre des betreffenden Staates und seiner Behörden unterworfen worden".

Durch die Flucht oder Loslassung wird dann die einmal begründete sogenannte Prävention der Justiz des ersuchenden Staates in keiner

Weise alterirt. Sobald einmal in irgend einer Weise Beschlag auf die Person gelegt worden war, kann jederzeit von dem andern Bundesstaate die Zurückführung verlangt werden, der selbst die eigenen Angehörigen des letztern preisgegeben sind.

2) Es muß eine der unter a—c berührten Thatsachen eingetreten sein während des Aufenthalts (der auszuliefernden Person) in dem Staate, welchem das ersuchende Gericht angehört. Hier wird das territoriale Prinzip, gegen das man sich in anderer Beziehung so sehr sträubte, in größter Schärfe durchgeführt.

Von dem Standpunkte aber, der sonst die Amendirung des zweiten Abschnittes beherrscht hat, läßt sich sehr wohl die Zweifelsfrage aufwerfen, warum nicht dasselbe gelten sollte, wenn zwar nicht in dem territorialen Gebiete des ersuchenden Staates, sondern auf Requisition eines Gerichtes desselben außerhalb die Ladung zugestellt, das Verhör stattgefunden oder die Haftnahme vollzogen worden ist.

Wenn das requirirte Gericht eine dieser Handlungen auf Requisition ausführt, und das Verbot der Auslieferung steht der Ausführung einer solchen Requisition nicht entgegen, so handelt es doch nur im Interesse der Rechtspflege des requirirenden Gerichts. Es ist so gut, als ob letzteres selbst die Akte, in denen die Ergreifung der Jurisdiktion liegt, vorgenommen hätte; und es will nicht einleuchten, warum diese Akte, wenn sie auf Requisition legali modo geschehen, darum, weil sie auswärts geschehen, einen andern Werth haben sollen, als wenn sie innerhalb des ersuchenden Staates geschehen wären. Indessen §. 26 verlangt nun einmal ausdrücklich, daß eine der Voraussetzungen während des Aufenthalts,[256]) d. h. der persönlichen, gleichviel wie beschaffenen, Anwesenheit des Auszuliefernden eingetreten ist.

Das nach diesem § begründete Auslieferungsrecht erstreckt sich sowohl auf den Zweck der Untersuchung, und zwar in ihrer ganzen Ausdehnung, als auch auf den Zweck der Strafvollstreckung. Dem Umfange nach ist also der Effekt der Ausnahme von §. 25 vollkommen.

Daß auch diese dem §. 25 gegenüber ausnahmsweise Auslieferung des §. 26 überhaupt nur unter der Voraussetzung des §. 21, nemlich wenn das Delikt in dem Gebiete des ersuchenden Staates verübt wurde, zu geschehen hat, s. zu §. 21 Nr. 5, und daß folgeweise Absatz 2 des §. 21 für Preßvergehen hier zur Anwendung gelangt, das. Nr. 6.

§. 27.

„Wenn in Gemäßheit der Bestimmungen in §. 25. Nr. 1 „und 3 eine Auslieferung nicht stattfindet, so ist der Angeschuldigte in dem Staate, in dessen Gebiete er sich befindet, „und zwar, falls nach den Gesetzen dieses Staates ein anderer „Gerichtsstand nicht begründet ist, von dem Gerichte, in dessen „Bezirke er sich aufhält, wegen der ihm zur Last gelegten Hand-

[256]) S. auch die Bemerk. zu §. 27 unter 1, b.

„lung zur Untersuchung zu ziehen. Es wird jedoch hierzu in „den Fällen des §. 25. Nr. 1 noch der Antrag der zuständigen „Behörde des Staates, in dessen Gebiete die Handlung verübt „worden, vorausgesetzt.

„Bei der Untersuchung und der Aburtheilung ist die Hand„lung so anzusehen, als ob sie in dem Gebiete des Bundes„staates, welchem das untersuchende Gericht angehört, verübt „worden. Sollte jedoch die Handlung in den Gesetzen des „Staates, in dessen Gebiete sie verübt worden, mit einer „geringeren Strafe bedroht sein, so sind bei der Aburtheilung „diese Gesetze zur Anwendung zu bringen."

Die unmittelbare Folge des §. 25, wenn weiter Nichts verordnet wäre, würde die sein, daß in vielen Fällen nicht nur keine Auslieferung, sondern auch keine Bestrafung eintreten könnte. Nemlich dann nicht, wenn die betreffende Person kein Angehöriger des ersuchten Staates ist und nach dem bereits mehrfach berührten strafrechtlichen Satze[257]) wegen ihrer im Auslande verübten Handlung einer Strafe nicht unterliegt. Um dies zu vermeiden und ein Korrektiv oder, wenn man will, Surrogat der nach §. 25 versagten Auslieferung zu geben, fand man für nöthig den §. 27 anzuschließen, der freilich ebenso gewiß einen Schnitt in das bestehende partikulare Strafrecht macht, als man in §. 25 gerade das Partikularrecht erhalten wollte.

1) Der erste Satz legt dem ersuchten Staate auf, den Angeschuldigten seinerseits wegen der ihm zur Last gelegten Handlung zur Untersuchung zu ziehen. Daß in dem „zur Untersuchung ziehen" auch die Aburtheilung (s. Abs. 2) und die Strafvollstreckung begriffen, wird Niemand bezweifeln. Der ersuchte Staat ist dazu nach diesem Paragraphen gesetzlich verpflichtet. Allein diese Pflicht bezieht sich

a. was den Umfang anlangt, nur auf diejenigen Fälle, in denen die Auslieferung nach §. 25 Nr. 1 und 3 versagt werden muß. Wegen politischer und Preßvergehen, so wie wegen der Vergehen, welche das Recht des requirirenden Staates mit dem Tode oder mit körperlicher Züchtigung bedroht, sollte kein „Asyl" gewährt sein. Dagegen galt als selbstverständlich,[258]) daß die Fälle unter Nr. 2 des §. 25 auszunehmen seien, weil dem ersuchten Staat nicht zugemuthet werden dürfe, eine nach seinen Rechtsbegriffen straflose Handlung zu verfolgen.

Vorausgesetzt wird,

b. daß sich der Angeschuldigte in dem Gebiete des ersuchten Staates befindet. So, wie überhaupt die Strafrechtshülfe von Staat zu Staat geordnet ist (vgl. zu §. 21 Nr. 1 und 3), kommt es zunächst nur darauf an, daß derselbe in dem Gesammt-

---

[257]) S. Preuß. Strafgesetzbuch §. 4.

[258]) S. den Kommiss.-Bericht des Reichstags zu § 27.

gebiete jenes Staates anwesend (greifbar, s. Vorbem. zu §§. 21—28 Nr. 2 a. E.) ist. Damit ist die Verpflichtung des ersuchten Staates die Justiz auszuüben gegeben. Allein nun bedarf es doch noch weiter einer Bestimmung, welches einzelne Gericht für die demgemäß einzuleitende Verfolgung zuständig sein soll. Die Antwort ist: Das Gericht, in dessen Bezirk der Angeschuldigte sich aufhält. Nach dem Bericht der Kommission ist keineswegs Wohnsitz, dauernder oder irgend wie qualifizirter Aufenthalt gemeint, sondern lediglich die faktische Anwesenheit, welche die Ergreifung ermöglicht. Damit soll freilich gewiß nicht gesagt sein, daß der Angeschuldigte, wenn er in dem ersuchten Staate einen Wohnsitz oder dauernden Aufenthaltsort hat, absolut von dem Gericht prozedirt werden müßte, in dessen Bezirk er, vielleicht ganz zufällig, in dem Momente der Requisition (oder deren Ablehnung?) angetroffen wird.

Ferner wird vorausgesetzt

c. in den Fällen des §. 25 Nr. 1, also bei politischen und Preßvergehen, der Antrag (auf Bestrafung) der zuständigen Behörde des Staates, in dessen Gebiete die Handlung verübt worden. Der zweite Satz des Abs. 1 wurde noch besonders zugefügt,[259]) damit nicht die Gerichte des ersuchten Staates absolut und selbst gegen den Willen des Staates des begangenen Delikts verpflichtet seien, zur Strafverfolgung solcher Vergehen zu schreiten. Welche Behörde für den Antrag zuständig sei, entscheidet sich nach dem Rechte des ersuchenden Staates.

Zugleich erhellt aus diesem Zusatz ausdrücklich, was freilich auch schon aus §. 21 (s. oben das. Nr. 5) folgt. Die an die Stelle der versagten Auslieferung tretende Uebung der Justiz in dem ersuchten Staate ist nicht minder, wie die Auslieferung, davon abhängig, daß die strafbare Handlung in dem Gebiete des ersuchenden Staates (s. zu §. 21 Nr. 1) verübt worden ist.

2) Der zweite Absatz enthält zweierlei. Er beseitigt zunächst

a. für die Anwendung des ersten Absatzes mit dem in §. 25 a. E. gewählten Mittel die Vorschrift des Partikularrechtes, wonach sonst gegen Ausländer wegen eines im Auslande begangenen Delikts gar nicht oder nur unter beschränkenden Voraussetzungen strafrechtlich vorgeschritten werden könnte.

Er verordnet sodann

b. daß die Aburtheilung nicht, wie dies mit der Prozedur der Fall, unbedingt nach den Gesetzen des ersuchten Staates erfolgen soll. Vielmehr läßt er dem Angeschuldigten, während nach Absatz 1 im Uebrigen allerdings die Gesetze des ersuchten Staates entscheiden, in Bezug auf das Strafmaaß die milderen Gesetze des ersuchenden Staates (des Ortes der That) zu Statten kommen. Dies entspricht einem bekannten Prinzip des internationalen

---

[259]) Stenogr. Berichte S. 1257.

Rechts, dessen Anwendung jedoch nicht selten auf erhebliche Schwierigkeiten stößt, weil keineswegs immer so leicht zu beurtheilen ist, welches Recht (in abstracto, oder für den konkreten Fall?) die für den Angeschuldigten geringere Strafe einträgt.

3) Schließlich verdient noch Eines Erwähnung. In §. 27 ist Nichts darüber gesagt, wie es sich mit den Kosten einer solchen Strafverfolgung, Aburtheilung und Verbüßung verhält.

Kann man sagen, daß das ganze in diesen Fällen eintretende Verfahren Rechtshülfe sei, behandelt man dasselbe lediglich als Ersatz der ausnahmsweise nach §. 25 Nr. 1 und 3 versagten Auslieferung, so kann §. 43 Abs. 1 anwendbar erscheinen. Aber man kann auch §. 27 in anderem Sinne auffassen, nemlich betonen, daß gerade in diesem Umfange dem ersuchenden Staate keine Rechtshülfe gewährt, sondern die eigene, aus besonderen Gründen durch das Bundesgesetz über das Partikularrecht hinaus erweiterte Rechtspflege des ersuchten Staates geübt wird. Nach der Tendenz, welche bei den Amendementsparagraphen 21 ff. der Reichstag verfolgte, wenn diese zur Auslegung benutzt werden darf, trat entschieden die Erhaltung (in tantum) der partikularen Rechtspflege in den Vordergrund. Darnach würde also eine Erstattung der Kosten des nach §. 27 stattgehabten Verfahrens bei dem ersuchenden Staate, der um Auslieferung, nicht aber um Aburtheilung ersucht hat und dessen Strafantrag (nach Abs. 1 Satz 2) keineswegs der Requisition gleichgestellt werden darf, von dem Staate, in dem das Verbrechen begangen worden ist, nicht zu verlangen sein.

4) Mit der unter Nr. 1 berührten Verpflichtung des Aufenthaltsstaates, proprio motu oder auf Antrag des Staates des begangenen Verbrechens (Nr. 1, c.) den Angeschuldigten zur Untersuchung zu ziehen, wird keineswegs dem ersuchenden Staate die Befugniß genommen, bei seinen Gerichten das Strafverfahren einzuleiten und durchzuführen, soweit dies ohne Auslieferung geschehen kann. S. zu §. 25. z. A. Mithin ist es auch sehr gut möglich, daß der Angeschuldigte, den §. 35 dagegen nicht deckt, weil dieser letztere sich auf die Fälle, in denen keine Auslieferung stattfindet, nicht erstreckt, sowohl in dem ersuchten Staate, der die Untersuchung einleiten muß, als auch in dem ersuchenden, der sie eben wohl einleitet, in Strafprozedur genommen wird.

§. 28.

„Dem Ersuchen um Auslieferung ist eine Ausfertigung des „gegen den Auszuliefernden erlassenen gerichtlichen Verhaftsbefehls oder des gegen ihn ergangenen rechtskräftigen Strafurtheils beizufügen."

„In dem Verhaftsbefehle ist die Beschuldigung und das „auf sie anzuwendende Strafgesetz genau zu bezeichnen, insbesondere Zeit und Ort der That anzugeben."

Der Paragraph beschäftigt sich einzig und allein mit den formalen Erfordernissen der Requisition um Auslieferung. Er enthält in demselben Sinn eine rein instruktionelle Vorschrift, wie §. 5 a. E.; zunächst für das ersuchende Gericht. Das ersuchte hat auf Erfüllung dieser Vorschriften in der Weise zu achten, wie zu §. 5 Nr. 4 bemerkt wurde.

Das ersuchende Gericht soll dem Ersuchen um Auslieferung (worunter eben gefängliche verstanden ist) eine Ausfertigung des gerichtlichen Haftbefehls oder des, wie ausdrücklich eingeschoben wurde,[260]) ergangenen rechtskräftigen Strafurtheils beilegen. Das heißt: dem Ersuchen muß der äußerlich als solcher erkennbare Nachweis beigefügt werden, daß die Haftnahme gerichtlich angeordnet worden sei (vgl. §. 36 a. E.), bzw. der Nachweis, daß ein rechtskräftig gewordenes Strafurtheil vorhanden sei. Sonst würde das ersuchte Gericht verweigern, auf das Ersuchen einzugehen. Allein es ist keineswegs an dieser Stelle, wo nur von den äußeren Erfordernissen der Requisition die Rede ist, allgemeinhin dem ersuchten Gericht über den zu §. 20 unter Nr. 7 berührten Fall, daß den eigenen Landesgerichten gegenüber eine solche Prüfung Rechtens ist, hinaus die Prüfung zugewiesen worden, ob der äußerlich als solcher kenntliche gerichtliche Haftbefehl wirklich materiell ein solcher und legal erlassen sei. Ebensowenig soll dem ersuchten Gericht überlassen werden, materiell zu prüfen, ob das Straferkenntniß wirklich rechtskräftig geworden ist. Es genügt auch in dieser Beziehung die äußere Ersichtlichkeit der Rechtskraft, insbesondere durch Bescheinigung des ersuchenden Gerichts.[261])

Der zweite Absatz hat den Zweck, bei Auslieferungen behufs der Strafverfolgung dem ersuchten Gerichte für diejenige Prüfung, welche dieses nach §. 21 Abs. 1 (Ort der That) und nach §. 25 Nr. 1—3 (anzuwendendes Strafgesetz, sowie wegen der nach Nr. 2 daselbst zu beachtenden Frage der Verjährung Zeit der That) vorzunehmen hat, die Anhaltspunkte oder das Material darzubieten. Bei Strafurtheilen erschien ein Gleiches zu verfügen unnöthig, weil solche schon von selbst die betreffenden Momente ersehen lassen werden. Selbstverständlich sind die Gerichte des ersuchten Staates nicht formell an jene Angaben des ersuchenden Gerichts dergestalt gebunden, daß sie nicht weitere oder genauere Angaben fordern oder selbst recherchiren dürften.

Im Uebrigen ist über die Form des Ersuchens in Strafsachen überhaupt Nichts gesagt worden. Dies war auch um so weniger nöthig, als in Strafsachen von einem Selbstbetriebe der Parteien nicht die Rede sein, vielmehr die Requisition nur als Aufforderung eines Gerichts oder einer Staatsanwaltschaft (s. zu §. 20 Nr. 2) gedacht werden kann.

Der erste Absatz des §. 15 Prot. der Civil-Prozeß-Kommission S. 46, der eine darauf bezügliche Bestimmung enthielt, wurde fort-

[260]) Kommiss.-Bericht zu §. 28.

[261]) Dies muß einer möglichen Dunkelheit des Kommiss.-Berichts zu §. 28 gegenüber bemerkt werden. Bei Bearbeitung des Ges. hielt man den Zusatz „des gegen ihn ergangenen rechtskräftigen“ (Strafurtheils) für nicht nöthig. Prot. der Civ.-Pr.-Kommiss. S. 52 (zu §. 5).

gelassen. Der „unmittelbare Schriftenwechsel" versteht sich nach diesem Gesetz von selbst.

§. 29.

„In dringenden Fällen kann, unter Vorbehalt unverzüglicher „Nachbringung eines vorschriftsmäßigen Auslieferungsantrages, „die einstweilige Verhaftung des Auszuliefernden auf dem „kürzesten, selbst auf telegraphischem Wege erwirkt werden."

Dadurch wird §. 28 in geeigneter Weise ergänzt. Es handelt sich hier noch nicht um die Auslieferung, sondern nur um die einstweilige Verhaftung im Wege der Requisition; und zwar des Auszuliefernden, d. h. desjenigen, dessen Auslieferung demnächst von dem ersuchenden Staate aus nachgesucht werden wird; um eine Verhaftung, die, wie der Vorbehalt eines nachzuliefernden Auslieferungsantrags ergiebt, in Rücksicht auf demnächstige Auslieferung geschieht. Daraus folgt, daß das Ersuchen um Festnahme dem ersuchenden Staat gegenüber abzulehnen ist, insofern schon jetzt ersichtlich, daß die Auslieferung (nach §. 25) unstatthaft sein wird. Ob das ersuchte Gericht um der von ihm (§. 27) auszuübenden Rechtspflege willen, sei es auch auf Anregung eines ihm nach §. 29 zugegangenen Antrags, zur Verhaftung schreiten will oder muß, ist eine andere Frage.

Bei einem solchen Antrag, wenn er auch noch nicht unmittelbare Auslieferung, sondern zunächst blos Festhaltung bezweckt, wird als Regel vorausgesetzt, daß den Erfordernissen des §. 28 genügt ist. Indessen soll die Regel doch nicht unbedingt gelten. In dringenden Fällen kann die Verhaftung auf dem kürzesten, selbst auf telegraphischem Wege erwirkt, d. h. nachgesucht und auf solches Ersuchen von dem ersuchten Gericht vollzogen werden. Die Vorschrift statuirt nach jeder Richtung hin nur eine Fakultät oder Ermessenspflicht. Sie überläßt die Beurtheilung, ob der Fall dringend, und welcher Weg des Ersuchens der geeignete, bzw. kürzeste sei, lediglich der konkreten Beurtheilung.

Außerdem braucht, wie der Kommissionsbericht zu §. 29 hervorhebt, bei den gegenwärtigen, die Flucht so sehr erleichternden Verkehrsmitteln durchaus nothwendige, ganz allgemeine Vorschrift, das Ersuchen keineswegs gerade von Seiten eines Gerichts an das ersuchte Gericht oder den ersuchten Staatsanwalt (§. 33)[262]) gelangt zu sein. Die Verhaftung steht nur unter dem Vorbehalt unverzüglicher Nachbringung eines vorschriftsmäßigen, d. h. dem §. 28 entsprechenden Auslieferungsantrags, und dieser kann nur von einem Gericht oder von einem Staatsanwalte (nach §. 33) ausgehen. Daß der Vorbehalt ausdrücklich in dem Ersuchen um Verhaftung, z. B. in dem Telegramme, müßte erklärt sein, ist nirgends gesagt. Somit liegt es vollständig in der Diskretion des ersuchten Gerichts, die einstweilige Verhaftung auch ohne solche besondere Zusicherung eines nachzubringenden Auslieferungs-

---

262) Ersuchen an die Polizei oder eine andere nicht gerichtliche Behörde gehören nicht unter dieses Gesetz. S. zu §. 20 Nr. 2.

antrags eintreten zu lassen, unter dem (selbstverständlichen) Vorbehalt, die Haft wieder aufzuheben, wenn nicht unverzüglich jener Antrag in legaler Weise nachfolgt.

§. 30.

„Die Sicherheitsbeamten eines Bundesstaates, insbesondere „die Gensdarmen sind ermächtigt, die einer strafbaren Handlung „verdächtigen Personen unmittelbar nach verübter That, oder „unmittelbar nachdem dieselben betroffen worden sind, im Wege „der Nacheile bis in benachbarte Staatsgebiete zu verfolgen und „daselbst festzunehmen. Der Festgenommene ist unverzüglich an „die nächste Gerichts- oder Polizeibehörde des Bundesstaates, in „welchem er ergriffen wurde, abzuliefern.

„Zur selbstständigen Vornahme von Haussuchungen sind „Sicherheitsbeamte des anderen Bundesstaates nicht befugt."

Innerhalb des Bundesgebietes soll die Nacheile, die Verfolgung eines Verdächtigen in gewissem Maße gestattet sein.

Dazu ermächtigt sind die Sicherheitsbeamten. Man wählte den allgemeinsten Ausdruck um alle der Justiz, oder der Verwaltung angehörende Funktionäre zu umfassen, welche und soweit sie überhaupt mit der Ueberwachung der öffentlichen Sicherheit nach der einen oder der anderen Richtung betraut sind. Nichtsdestoweniger sind die Gensdarmen noch besonders hervorgehoben, weil bei deren militärischem Charakter doch zweifelhaft erschien, ob man sie aller Orten ohne Weiteres zu den Sicherheitsbeamten rechnen würde[263]).

Dies Recht zur Nacheile soll stattfinden a) unmittelbar nach verübter That, bei Verfolgung des Verdächtigen, wie es sonst hieß, auf handhafter oder frischer That, oder b) unmittelbar nachdem derselbe betroffen worden, d. h. da, wo der Verdächtige noch im Gebiete des ihn verfolgenden Staates, wenn auch nicht mehr unmittelbar nach verübter That, sondern erst später, bei irgend einer Gelegenheit, betroffen wurde, gleichviel ob dies Betreffen schon bis zum Festnehmen gediehen ist, sich aber flüchtig gemacht und in ein anderes Staatsgebiet begeben hat. Nur muß das Betreffen, Flüchtigwerden und Nachfolgen sich unmittelbar aneinander schließen.

In diesen beiden Fällen sind die Sicherheitsbeamten befugt, bis in die benachbarten Staatsgebiete, ein Begriff, der absichtlich unter Ablehnung des Antrags, eine bestimmte Distanzgrenze zu setzen, der konkreten Definition überlassen worden ist[264]), zu verfolgen und dort festzunehmen. Indessen soll die Nacheile, für welche hier in ausgedehntestem Maße ganz anders, als früher, die Landesgrenzen beseitigt sind, durchaus den Charakter einer vorläufigen, polizeilichen Maßregel, welche nur den Zweck hat, sich thatsächlich der Person des Verfolgten zu versichern, nicht überschreiten.

[263]) Prot. der Civ.-Pr.-Kommiss. S. 100.
[264]) Prot. der Civ.-Pr.-Kommiss. S. 52.

Daher der Schlußsatz des Abs. 1. Die Sicherheitsbeamten, oder die in das benachbarte Gebiet streifenden Gensdarmen des verfolgenden Staates dürfen in keinem Fall den jenseits der Grenze betroffenen Beschuldigten mit sich nehmen. Sie haben ihn unverzüglich an die nächste Gerichts- oder Polizeibehörde des Staates, in welchem er ergriffen wurde, abzuliefern. Es verhält sich nun so, als ob die eigenen Beamten des letzteren die Festnahme bewirkt hätten. Ob weiterhin die Auslieferung zu bewirken, entscheidet sich nach den sonstigen Bestimmungen dieses Gesetzes.

Der zweite Absatz hat eine negative Fassung. Er spricht den Sicherheitsbeamten (einschließlich den Gensdarmen nach Abs. 1) die Befugniß ab zur selbstständigen Vornahme von Haussuchungen jenseits der Grenze. Da ihnen ausdrücklich aus naheliegenden Gründen nur die selbstständige Haussuchung verwehrt wird, so ist e contrario zu schließen[263]), daß sie nicht nur, wie sich von selbst versteht, die zuständigen Gerichts- oder Polizeibeamten des jenseitigen Staates zur Vornahme einer Haussuchung bei Gelegenheit der Nacheile — denn davon handelt überhaupt Abs. 2 allein[266]) — veranlassen, sondern auch kraft dieses Bundesgesetzes der demgemäß vor sich gehenden Haussuchung assistiren können.

Obwohl keineswegs unbeschränkt gewährt, wird doch gerade die in diesem Paragraphen sanktionirte Erleichterung der Verfolgung praktisch von bedeutendem Einfluß sein, wie alle diejenigen bezeugen werden, welche die Nachtheile des Grenzlandes unter den früheren Verhältnissen kennen gelernt haben.

§. 31.

„Bei Auslieferung der Person sind zugleich die zum Be„weise der strafbaren Handlung dienlichen Gegenstände, vorbe„haltlich der Rechte dritter Personen, zu übergeben."

Wenn die Auslieferungspflicht, soweit sie nach dem vorliegenden Gesetze besteht, sich nicht blos auf die Person des Auszuliefernden, sondern auch auf die „zum Beweise dienlichen Gegenstände" erstreckt, welche das Gericht des ersuchten Staates schon in Händen hat oder zu diesem Behufe erst einziehen wird, so ist damit natürlich nicht ausgeschlossen, daß eine „Auslieferung von Sachen" auch für sich allein vorkommen kann und nach den allgemeinen Grundsätzen (s. zu §. 20 Nr. 5) zu gewähren ist. Daß Rechte dritter Personen an diesen Gegenständen nicht alterirt werden, versteht sich von selbst.

Die Einschiebung „vorbehaltlich der Rechte dritter Personen" deutet auf mehr hin, als auf den selbstverständlichen Satz, daß durch die im Wege der Requisition vorgenommene Manipulation den

---

[265]) Bericht der Reichstagskommiss. zu §. 30, Abs 2.

[266]) In der ersten Vorlage (s. Prot. der Civ.-Pr.-Kommiss. Nr. 44) hieß es ausdrücklich: „hierbei". Später wurde das als bei dem Zusammenhang mit Abs. 1 selbstverständlich weggelassen.

Privatrechten dritter Personen (nicht einmal denen des Auszuliefernden selbst) nicht präjudizirt wird. Sie wäre unnöthig, wenn nicht der Gedanke zu Grunde läge, daß an sich der Dritte, auch wenn er ein noch so gutes Privatrecht an den betreffenden Gegenständen hat, die zum Zwecke der Strafrechtspflege nothwendige Ausliefung nicht zu hindern vermag. Denn daß nicht gesagt ist, die Auslieferung solle unterbleiben, insofern Rechte dritter Personen (d. h. nicht des Auszuliefernden selbst) ersichtlich sind, ergiebt sich schon aus sprachlichen Gründen. Wie demjenigen, welcher seine Sachen behufs der Strafjustiz den Gerichten zur Verfügung stellen muß, der daraus etwa erwachsende Schaden ersetzt wird, ist hier so wenig Gegenstand des Gesetzes gewesen, wie in den meisten Partikularrechten. Im Ganzen verläßt man sich auf die Diskretion der Gerichte. (Vgl. zu §. 21 Nr. 8 d.)

§. 32.

„Jeder Bundesstaat ist verpflichtet, die Durchführung von „Personen und Gegenständen durch sein Staatsgebiet zum Be„huf der Ueberlieferung an einen anderen Bundesstaat zu ge„statten."

Auch dieser Paragraph bedarf kaum der Erläuterung. Er ist der Vorsicht halber, um jeden Zweifel abzuschneiden, aufgenommen worden. Sowohl der ausliefernde, als auch der empfangende Staat, welcher von beiden nun den behufs der Auslieferung nöthigen Transport ausführen mag, kann ohne Weiteres den letzteren durch seine Beamten oder Diener durch die hierbei zu passirenden Gebiete anderer Bundesländer ausführen, ohne dazu erst, wie früher häufig erfordert wurde, besondere Ermächtigung erwirkt zu werden braucht. Die Folge davon ist die, daß der Staat, durch dessen Gebiet solchergestalt die Durchführung geschieht, in den meisten Fällen, sofern er bei dem Transport gar Nichts zu leisten hat, auch bei dessen Kosten gänzleich unbetheiligt ist.

Indessen kann auch behufs der Durchführung (z. B. durch Verbindungspatrouillen der Gensdarmerie) die Hülfe des bei der Durchführung zu passirenden Staates in der Weise angerufen werden, daß dieser gleichsam einen Zwischentransport leistet, dessen Gewährung wieder schon zum Umfang der allgemeinhin zu jederlei Handlungen zu leistenden Rechtshülfe gehört.

§. 33.

„Zur Vollstreckung eines in einem Bundesstaate erlassenen „Strafurtheils sind die Gerichte eines anderen Bundesstaates „nur dann verpflichtet, wenn die strafbare Handlung, wegen „welcher die Strafe erkannt ist, im Gebiete des Bundesstaates, „in welchem sich das ersuchende Gericht befindet, verübt ist „(§§. 21, 22), und wenn außerdem die Strafe entweder nur in „das Vermögen des Verurtheilten zu vollstrecken ist oder in einer „Freiheitsstrafe besteht, welche die Dauer von sechs Wochen nicht „übersteigt.

„Ist die Verpflichtung zur Vollstreckung einer Freiheitsstrafe „begründet, so findet die Auslieferung zum Zwecke der Straf„vollstreckung nicht statt.

„Dem Ersuchen um Vollstreckung ist eine Ausfertigung des „rechtskräftigen Strafurtheils beizufügen."

Als Regel gilt, daß das Untersuchungs- bzw. erkennende Gericht auch die erkannte Strafe zu vollstrecken hat. Eben darum ist für den Fall, daß der Verurtheilte nicht im Gebiete jenes Gerichts ergriffen werden kann, die Verbindlichkeit zur Auslieferung nach §. 21 ff. ausgesprochen worden.

Indessen gestattet §. 33 umgekehrt doch in gewissen Fällen, nicht nur nach einem anderen Bundesstaate hin, anstatt um Auslieferung, um eine dort vorzunehmende Strafvollstreckung zu requiriren, sondern legt auch die Pflicht auf, einer solchen Requisition Folge zu geben. Dies gilt:

1. wenn es sich um Vollstreckung einer Strafe in das Vermögen des Verurtheilten handelt. Hier kann von der Auslieferung, welche nur da Sinn hat, wo eine Strafe gegen die Person vollstreckt werden soll, nicht die Rede sein (vgl. Vorbemerk. zu §§. 21 bis 28 Nr. 1). Wenn dem erkennenden Gericht nicht unmittelbar Vermögen des Verurtheilten zugänglich ist, muß es der Exekution des Strafurtheils halber gerade so im Interesse des Staates ein Ersuchen erlassen, wie es dies bei Civilsachen im Interesse einer Partei zu thun hat. Es ergiebt sich ganz von selbst, daß für eine derartige im Wege der Requisition betriebene Vollstreckung im Ganzen die Grundsätze gelten müssen, welche Abschnitt 1 für die Civilrechtspflege aufstellt, unbeschadet natürlich des Unterschiedes, der sich daraus ergiebt, daß dort auch die Exekution als eine Prozedur zwischen zwei Parteien erscheint, während hier dem Verurtheilten lediglich die im Namen des Staates vollstreckende Gerichtsbehörde gegenübersteht. (Vgl. zu §. 20 Nr. 8, c.)

2. Wenn es sich um Vollstreckung einer Freiheitsstrafe von höchstens sechs Wochen handelt. Für diesen Fall soll aber das erkennende Gericht nicht etwa die Wahl haben, ob es die Strafe selber vollstrecken, oder um Vollstreckung requiriren will, sondern es muß, wenn es den Verurtheilten, der sich in einem andern Bundesstaate[267]) befindet, zur Strafverbüßung bringen will, die Gerichte des letztern um Vollstreckung ersuchen.

Denn nach Abs. 2 des §. 33 findet insoweit keine Auslieferung statt. Das Gesetz will eben, daß der Verurtheilte einer geringen Freiheitsstrafe wegen keine Auslieferung erfahren, sondern die Strafe unbedingt bei dem Gerichte seines Aufenthalts[268]) erleiden soll[269])

---

[267]) Wie innerhalb des eigenen Einzelstaats zu verfahren, darauf bezieht sich §. 33 nicht.

[268]) Denn ein Gefängniß für die Verbüßung der einfachen Freiheitsstrafe wird sich in der Regel bei jedem Gerichte finden, eventuell wenigstens in nächster Nähe.

[269]) In der Regel liegt dies „im Interesse des Verurtheilten". Aber nicht immer ist es ein jus favorabile, sondern möglicherweise ein odiosum.

ohne auch nur für den Fall eine Ausnahme zu statuiren, daß der Verurtheilte die Verbüßung im Staate des erkennenden Gerichts vorzieht[270]. Der allgemeine Ausdruck „Freiheitsstrafe“ wurde gewählt, und nicht: „Gefängnißstrafe“, weil die landesgesetzlichen Einrichtungen und und Terminologieen der untersten Art von Freiheitsstrafen verschieden sind[271]). Schärfere Arten von Freiheitsstrafe (qualifizirte), nahm man an, würden überhaupt schwerlich in dem geringen Maße von sechs Wochen erkannt.

3. Die Vollstreckung in beiden vorberührten Fällen steht unter derselben Voraussetzung, wie die Ausliefe ung auf Requisition nach §. 21. Die strafbare Handlung, wegen deren die Strafe erkannt ist, muß im Gebiete des Bundesstaates verübt sein, in welchem sich das ersuchende Gericht befindet. Es ist mithin dasjenige, was zu §. 21 Nr. 1 und 5 bemerkt wurde, hierher zu beziehen. Nur dieses eine Moment hat das ersuchte Gericht zu prüfen, denn nur davon macht §. 33 die Verpflichtung zur Rechtshülfe der Vollstreckung abhängig. Namentlich kommt §. 25 dabei nicht in Betracht. Da der letztere nur eine Ausnahme von der Pflicht der Auslieferung macht und als Ausnahme keineswegs über seinen nächsten Zweck ausgedehnt werden darf (vgl. zu § 25 z. A.), so hätte es einer ausdrücklichen Erwähnung bedurft, wenn dieselbe auch die Vollstreckung nach §. 33 mitumfassen sollte. Dies ist nicht geschehen. Folglich kann eine Requisition, welche nach §. 33 Vollstreckung einer Geld- oder geringen Freiheitsstrafe verlangt, aus den Gründen des §. 25 Nr. 1. 2 weil das bestrafte Vergehen ein politisches oder Preßvergehen, weil es nach dem Rechte des ersuchten Gerichtes nicht mit Strafe bedroht oder verjährt ist, nicht abgelehnt werden.

4. Ein Unterschied, ob das ergangene Urtheil auf wirkliche Verhandlung, oder in contumaciam, bzw. einseitig, als Bestätigung eines Strafmandats u. dgl. erlassen worden, ist nicht gemacht worden[272]).

Nach dem letzten Absatz des §. 33 soll nur dem Ersuchen eine Ausfertigung des Urtheils beigegeben werden, welche in demselben Sinne ersehen läßt, daß dasselbe rechtskräftig geworden, wie dies in §. 28 Abs. 1 (s. Bemerk. dazu) vorgeschrieben ist.

Die Beifügung des Urtheils erschien nöthig, damit das ersuchte Gericht prüfen kann, ob die Voraussetzung des Abs. 1 vorliegt.

§. 34.

„Im Falle der Auslieferung darf die Untersuchung oder „Strafvollstreckung auf andere Handlungen oder Strafen, als „diejenigen, wegen welcher die Auslieferung erfolgt war, nicht „erstreckt werden.

„Die vorstehende Bestimmung findet auf die von dem Aus„gelieferten nach der Auslieferung im Gebiete des Staates,

---

270) Prot. der Civ.-Pr.-Kommiss. S. 52 a. E.
271) Das. S. 100
272) Prot. der Civ.-Pr.-Kommiss. S. 53.

„welchem das ersuchende Gericht angehört, verübten strafbaren „Handlungen keine Anwendung."

Eine Einschaltung des Reichstags, auf welche man gekommen ist, weil sich eine „ähnliche Bestimmung in einer Mehrzahl von Konventionen findet". Auch hier zeigte sich das Bestreben, die Auslieferung einzuengen.

In Abs. 1 soll dem Mißbrauche vorgebeugt werden, den ein Gericht insofern machen könnte, als von ihm der Angeschuldigte auch wegen eines Vergehens zur Untersuchung gezogen würde, wegen dessen eine Auslieferung (nemlich nach §. 25) abgelehnt werden konnte. Um dies zu vermeiden, wird das ersuchende Gericht formell an dasjenige gebunden, worauf das Ersuchen und die Auslieferung lautet. Nach der Meinung des Kommissionsberichts ist aber nicht ausgeschlossen, daß sich das Untersuchungsgericht, wenn es die Untersuchung gegen den Ausgelieferten weiter ausdehnen will, zuvörderst mit dem ausliefernden Gericht dieserhalb in Vernehmen setzt und die Zustimmung dieses Gerichtes einholt.

Dasselbe gilt denn auch von der Auslieferung zum Zwecke der Strafvollstreckung.

In Abs. 2 aber wird wiederum von der zum Schutz des §. 25 nöthig befundenen Bestimmung des Abs. 1 eine Ausnahme gemacht. Dabei wird (nach dem Kommissionsbericht) „selbstverständlich an den besonderen Bestimmungen des betreffenden Staates über die Gerichtszuständigkeit und den Gerichtsstand Nichts geändert".

Die Folge des Abs. 2 ist die, daß, wo einmal die Auslieferung geschehen, der Ausgelieferte von dem ersuchten Gericht wegen aller und jeder nach der Auslieferung im Gebiete des ersuchenden Staates verübten Vergehen verfolgt und zur Strafverbüßung gebracht werden kann. Vorausgesetzt ist offenbar, daß dies so lange gilt, als das ersuchende Gericht den Ausgelieferten hat oder wenigstens ohne Auslieferungsantrag haben kann. Durch Vornahme einer der in §. 26 bezeichneten Handlungen sichert sich das Gericht seine Befugniß der Strafverfolgung oder Vollstreckung. Hat sich dagegen der Ausgelieferte in einen anderen Bundesstaat zurückbegeben, bevor wegen der im Gebiete des Staates, an den er ausgeliefert worden war, verübten neuen Vergehen irgend wie nach §. 26 die Kompetenz festgemacht wurde, so bedarf es nöthigenfalls eines neuen Auslieferungsantrags. Dieser ist alsdann nach dem vorliegenden Gesetz als ein selbstständiges neues Ersuchen um Auslieferung zu beurtheilen.

Insofern führt §. 34 überhaupt auf die natürliche Grenze, bis zu welcher die wirklich erfolgte Auslieferung wirkt (vgl. Vorbemerk. zu §§. 21—28 Nr. 4).

§. 35.

„Ist gegen eine Person von den Gerichten eines Bundes„staates wegen einer in diesem Staate begangenen strafbaren „Handlung die Untersuchung eingeleitet, so findet, sofern die „Verpflichtung zur Auslieferung durch die Bestimmungen der

„§§. 24—26 nicht ausgeschlossen war, gegen diese Person in „einem anderen Staate wegen derselben strafbaren Handlung „eine Untersuchung nicht statt.“

Der Paragraph ist, wie die Motive der Bundesregierung besagen, eine Konsequenz des in §. 21 ausgesprochenen Grundsatzes. Mit Bezug auf den für Civilsachen aufgenommenen §. 19 hielt man bei der Bearbeitung des Gesetzes nothwendig, eine ähnliche Bestimmung auch für Strafsachen zu treffen.[273] Indessen anstatt allgemeinhin Etwas, wie eine exceptio litis pendentis oder rei judicatae hinzustellen, und absehend von allen sonstigen materiell-rechtlichen Gründen der Erledigung eines Kriminalfalls, beschränkte man sich darauf, Vorkehrung zu treffen, daß nicht durch die Auslieferung nach Maßgabe dieses Gesetzes eine doppelte Strafverfolgung eintrete. Diesem Zwecke entsprechend ist vom Reichstage zu mehrerer Deutlichkeit noch der Zwischensatz: sofern — ausgeschlossen war — dem ursprünglichen Entwurfe hinzugesetzt worden.

Der Angeschuldigte ist im Rahmen dieses Gesetzes gegen doppelte Verfolgung geschützt.[274] Denn §. 35 erklärt das forum oder vielmehr „den Staat“ (s. zu §. 21 Nr. 1) des begangenen Verbrechens, sobald einmal dort die Untersuchung eingeleitet ist, für exklusiv zuständig, soweit dorthin nach Maßgabe dieses Gesetzes ausgeliefert werden muß. Die Lage der Dinge ist daher folgende:

1) Besteht ein Recht auf Auslieferung, sei es nach dem Hauptsatz des §. 21, sei es nach der — gerade in Verbindung mit dem vorliegenden §. 35 in seiner vollen Tragweite hervortretenden — Bestimmung des §. 26, so entscheidet zwischen dem ersuchenden und dem ersuchten Staate die Prävention. Der vorliegende Paragraph korrespondirt dem §. 24. Denn wie einerseits nach §. 24 das ersuchte Gericht, wenn bei ihm oder bei einem anderen Gericht seines Landes das Strafverfahren früher anhängig geworden ist, auf Grund dieser Anhängigkeit die Auslieferung verweigernund dadurch den Angeschuldigten gegen eine nochmalige Prozedur bei dem ersuchenden Gerichte schützen muß, so soll umgekehrt, nachdem einmal das ersuchende Gericht das Verfahren zuerst eröffnet hat, der Angeschuldigte, dem die Auslieferung auf Grund dieses Gesetzes bevorsteht, sicher sein, daß er nicht noch einmal anderswo in Untersuchung genommen wird.

2) Besteht keine Auslieferungspflicht, weil eine der in diesem Gesetze angeordneten Ausnahmen zutrifft, so kann natürlich die Einleitung eines Verfahrens in dem ersuchenden Staate nicht die Wirkung der Rechtshängigkeit in dem Sinne begründen, daß die Gerichte des ersuchten Staates ihrerseits von der Untersuchung abzustehen hätten; eben weil die in dem ersuchenden Staate eröffnete Prozedur für den Angeschuldigten, welcher nicht ausgeliefert werden darf, keinen reellen

[273]) Prot. der Civ.-Pr.-Kommiss. S. 56.

[274]) Vgl. über das seitherige Preuß. Recht Oppenhoff, Strafverfahren §. 1, Nr. 44.

Effekt hat. Soweit er überhaupt in dem ersuchten Staate wegen eines in dem ersuchenden Staate verübten Vergehens zur Untersuchung gezogen werden kann oder werden muß (§. 27), bedarf er, wenn die Untersuchung wirklich eingeleitet ist, keines besonderen Schutzes mehr durch Hinweis auf die Rechtshängigkeit. Man nahm an, daß ihn schon die Versagung der Auslieferung zu Untersuchung, wie zu Strafvollstreckung genügend schützt; und dies mag sich im Ganzen bewähren, obwohl sich nicht leugnen läßt, daß in manchen Fällen der Angeschuldigte, obgleich er vor Auslieferung durch die Bestimmungen der §§. 24 bis 26 sicher ist, doch ein nicht geringes Interesse haben kann und darin Schutz verdienen möchte, daß nicht innerhalb des Bundesgebietes überhaupt auch nur zwei Untersuchungen wegen derselben That stattfinden. Ueber die Anwendung des Prinzips in den Fällen des §. 26 s. Nr. 2, über das Verhältniß zu §. 27 s. das. Nr. 4.

Mehr besagt §. 35 nicht. Er redet nur von der Prävention, welche dadurch eintritt, daß von den Gerichten des ersuchenden Staates die Untersuchung eingeleitet worden ist. Untersuchung bedeutet, wie früher (s. zu §. 26 Nr. 1, a), soviel, als Strafverfolgung. Was Einleitung derselben ist, wird hier nicht näher definirt. Wiederum sind die Anhaltspunkte, welche §. 26 angiebt, auch hier ohne Zweifel anwendbar; jedoch ohne darauf etwa den Begriff der Untersuchungseinleitung absolut zu beschränken. Ob wirklich bereits die Untersuchung eingeleitet ist, muß also, wenn darüber zwischen den Gerichten der beiderseitigen Gebiete Zweifel entsteht, casu quo geprüft werden. Dagegen ist ein in §. 26 übergangener Punkt in §. 35 ausdrücklich erledigt. Es muß eine von den Gerichten ausgegangene Eröffnung des Strafverfahrens vorliegen. Was der Staatsanwalt oder die Polizeibehörde gethan hat, begründet noch kein Recht, wodurch die sonst konkurrirende Gerichtsbarkeit des ersuchten Staates ausgeschlossen würde.

Wenn §. 35 von der eingetretenen Verurtheilung zu Strafe schweigt, so versteht sich soviel von selbst, daß die Wirkungen, welche hier schon an die Einleitung der Untersuchung geknüpft sind, umsomehr eintreten, wenn die Untersuchung sogar bis zum Urtheil gediehen ist. Wird alsdann um Auslieferung behufs Vollstreckung der Strafe requirirt, und muß diese nach §. 21 ff. gewährt werden, so kann nicht nur der Auszuliefernde gegen die Eröffnung oder Fortsetzung einer zweiten Untersuchung in dem ersuchten Staate protestiren, sondern die ersuchten Gerichte müssen alsdann offenbar von selbst die von ihnen etwa schon — möglicherweise ohne Kenntniß des Umstandes, daß bereits die auslieferungsberechtigten Gerichte des Staates des begangenen Verbrechens eingeschritten waren — eingeleitete Untersuchung sistiren und aufheben. Das letztere muß aber, obgleich §. 35 nur auf die von der Auslieferung handelden Paragraphen Bezug nimmt, unstreitig auch dann gelten, wenn nicht mehr um Auslieferung zum Zweck der Untersuchung (denn in dieser Richtung umfaßt §. 35 auch die in §. 33 bezeichneten Kategorieen von Strafsachen), sondern um Vollstreckung eines Strafurtheils nach §. 33 ersucht wird. Die Gerichte des ersuchten Staates

können auch in den Fällen keine zweite Untersuchung fortführen, wenn in dem ersuchenden Staate des begangenen Delikts eine Strafverfolgung eingeleitet und beendigt ist, welche nur zu einer Geld- oder geringeren, als sechswöchigen Freiheitsstrafe führt, und nun, ohne daß vorher um Auslieferung behufs der **Untersuchung** requirirt worden wäre, um Vollstreckung requirirt wird.

Im Uebrigen aber hat sich §. 35 mit den materiellen Wirkungen des strafrechtlichen Judikats und mit den Konsequenzen des allgemeinen Axioms: ne bis in idem[275]) nicht weiter beschäftigt.

§. 36.

„Insoweit nach den Vorschriften der Landesgesetze die Requi-„sitionen um Rechtshülfe in Strafsachen zu dem Geschäftskreise „der Staatsanwaltschaft gehören, finden in Ansehung der von „den Bundesstaaten gegenseitig zu gewährenden Rechtshülfe die „Vorschriften, welche für die von den Gerichten erlassenen oder „an diese gerichteten Requisitionen gelten, auch auf die von der „Staatsanwaltschaft erlassenen oder an dieselbe gerichteten Requi-„sitionen Anwendung. Eine Verhaftung, Haussuchung, Beschlag-„nahme, Auslieferung oder Strafvollstreckung kann jedoch bei „einem Gerichte nur auf Grund eines gerichtlichen Beschlusses „verlangt werden und nur auf Grund eines solchen Beschlusses „erfolgen".

Nach den Vorschriften mancher Landesrechte gehören die Requisitionen in Strafsachen sogar ausschließlich zum Geschäftskreise der Staatsanwaltschaft. Außerdem aber ist nach den meisten neueren Strafprozeßgesetzen den Staatsanwälten in Bezug auf die Voruntersuchung und Vorbereitung der mündlichen Hauptverhandlung eine Stellung zugewiesen, welche nicht selten einen Theil der früher dem Gericht obliegenden Funktionen in ihre Hand legt. Es mußte daher die Frage aufgeworfen werden, ob die Verpflichtung zu gegenseitiger Rechtshülfe, wie wie sie in den bisherigen Paragraphen für die Requisitionen von Gericht zu Gericht (s. zu §. 20 Nr. 2) festgesetzt worden, auf die Requisitionen von und zu den Staatsanwaltschaften zu erstrecken sei.

Bei Beantwortung dieser Frage läßt man sich keineswegs von der Idee leiten, daß, weil theilweise die Staatsanwaltschaft als integrirender Bestandtheil des Gerichts gedacht werde, ohne Weiteres die Rechtshülfe der Gerichte auf die Staatsanwälte zu übertragen sei. Im Gegentheil wurde bei Abfassung des Gesetzes ernstlich erwogen, ob nicht, wo es sich um die internationale (d. h. von Staat zu Staat zu gewährende) Rechtshülfe in Strafsachen handelt, zur Vermeidung von Mißbräuchen auf vorgängige gerichtliche Kognition zu bestehen sei. Indessen entschloß man sich aus Zweckmäßigkeitsgründen, weil namentlich nicht selten ein unverweiltes Einschreiten und Vorgehen der Staatsanwaltschaft ohne Mitwirkung des Gerichts nicht zu entbehren, die Staatsan-

[275]) Oppenhoff a. a. O. Nr. 43—68.

waltschaft an der hier geordneten Rechtshülfe, jedoch nur soweit erforderlich und unter bestimmter Einschränkung Theil nehmen zu lassen.[276])

1) Insoweit — gehören. Hiernach bezieht sich die folgende Bestimmung keineswegs[277]) nur auf diejenigen Staaten und Landestheile, in welchen die gegenseitigen Requisitionen der Gerichte durch die Staatsanwaltschaft vermittelt werden. Die Ausdrucksweise ist eine ganz andere als in §. 6. Dort ist allerdings blos von der Vermittlung der Requisition durch die Staatsanwälte die Rede. Hier dagegen handelt es sich nicht um die Requisitionen der Gerichte, welche die Staatsanwälte etwa als Vermittler (aus denselben partikularrechtlichen Gründen, wie zu §. 6 in der Civilrechtspflege) besorgen,[278]) sondern um diejenigen, welche sie kraft eigenen Rechtes und Entschlusses, weil solche Requisitionen zu ihrem Geschäftskreise gehören, erlassen. Vgl. auch §. 37 u. §. 3 über diesen Ausdruck. Zu ihrem Geschäftskreise aber gehört nach dem Landesrecht die Requisition allemal, wenn die Handlung, um derentwillen requirirt wird, in das Bereich ihrer Amtsgewalt fällt und daher von ihnen selbst angeordnet werden kann. Denn soweit der Staatsanwalt für sich, ohne das Gericht in der Strafrechtspflege thätig zu werden oder das einheimische Gericht aufzufordern befugt ist, liegt auch das Ersuchen, welches nöthig wird, weil die fragliche Handlung bei einem auswärtigen Gericht vorgenommen werden muß, in seinem Geschäftskreise. Sollte nur von den Landesgesetzen die Rede sein, welche alle Requisitionen in Strafsachen ausschließlich den Staatsanwälten zuweisen, so hätte das genauer ausgedrückt werden müssen. So, wie §. 36 lautet, geht er füglich auf jede Requisition, durch welche, wenn auch die eben erwähnte Voraussetzung nicht zutrifft, ein Staatsanwalt innerhalb seiner landesgesetzlichen Kompetenz ersucht oder ersucht wird.

2) Unter den „Requisitionen" des Vordersatzes sind, wie aus dem Folgenden erhellt, sowohl im aktiven Sinne solche, welche der Staatsanwalt erläßt, als auch im passiven Sinne solche, welche an ihn erlassen werden, zu verstehen. Der Paragraph bezieht sich nach dem Zweck des ganzen Gesetzes nicht auf diejenigen Ersuchen, welche zwischen dem Staatsanwalt und einer Polizei- oder Verwaltungsbehörde spielen. Er bezieht sich einmal auf Requisitionen des Staatsanwaltes an ein Gericht, sodann umgekehrt auf Requisitionen, welche ein Gericht, während es sonst das Gericht hätte ersuchen müssen, an den Staatsanwalt ergehen läßt, weil nach dem Landesrecht (des ersuchten Staates) der letztere die den Gegenstand der Requisition bildende Handlung erledigen kann oder erledigen muß. Da aber der Wortlaut des §. 36 nicht entgegensteht, vielmehr in dem Satze: finden — auf die von der Staatsanwaltschaft erlassenen oder an dieselbe gerichteten Requisitionen Anwendung diese Deutung zuläßt, wird man konsequenter-

---

[276]) Prot. der Civ.-Pr.-Kommiss. S. 101

[277]) Wie in dem Kommissionsbericht zu §. 36 unterstellt wird.

[278]) Daß dies bei Handlungen des Untersuchungsrichters nach Preuß. Recht nicht erforderlich, s Oppenhoff, Strafverf. §. 43, Nr. 9.

weise §. 36 auch auf die von einem Staatsanwalt an einen Staatsanwalt gerichteten Requisitionen beziehen müssen. Daß der zweite Satz dem nicht widerspricht, wird sich sofort ergeben.

Ein innerer Grund aber, jene Konsequenz abzulehnen, liegt nicht vor, wenn der Paragraph überhaupt die Tendenz hat, die Staatsanwälte in Bezug auf die Rechtshülfe der Strafrechtspflege, eben weil und soweit sie innerhalb dieses Zweiges der Justiz selbstständige Funktionen ausüben, an den für den Verkehr der Gerichte getroffenen Bestimmungen Theil nehmen zu lassen. In der That würde sonst z. B. für den Fall, wo es sich um Vollstreckung einer Strafe handelt, welche sowohl in dem ersuchenden, wie in dem ersuchten Staate gar nicht Sache des Gerichtes, sondern der Staatsanwaltschaft ist, eine empfindliche Lücke entstehen.

3) Finden in Ansehung — gelten, Anwendung. Dadurch werden eben die Normen der gerichtlichen Rechtshülfe in Strafsachen auf die Staatsanwaltschaft übertragen. Offenbar kann es auch nicht anders sein, als daß die Rechtshülfe der Staatsanwaltschaft von einem Staate zum andern unter denselben Schutz und dieselbe Begrenzung gestellt wird. Bei den Requisitionen, welche von der Staatsanwaltschaft nur als „Vermittler" für das ersuchende Gericht an ihren Bestimmungsort tragen, oder für das ersuchte in Empfang nehmen, versteht sich dies ziemlich von selbst. Es sind ja Requisitionen von einem Gericht oder an ein Gericht, und der Staatsanwalt besorgt nur die Absendung oder Empfangnahme. Wohl aber ist es von Bedeutung, daß auch für die selbstständigen Requisitionen, welche Staatsanwälte erlassen, oder welche an Staatsanwälte gerichtet sind, dieselben Grundsätze gelten, welche den Gerichten ertheilt sind. Alles, was in diesem Gesetz über die Zuständigkeit, Voraussetzung des Ersuchens, Verpflichtung zur Leistung der Rechtshülfe verfügt worden ist, leidet also unmittelbar gleiche Anwendung. Ein Ausdruck, der unmittelbar auch die Staatsanwaltschaft mit umfaßt, ist in §. 43. 44 gewählt worden, wo es heißt: ersuchende und ersuchte Behörde.

4) Der zweite Satz giebt die bereits berührte Begrenzung. So wichtige Akte, wie Verhaftung, Haussuchung, Beschlagnahme (von Vermögensstücken), Auslieferung oder Strafvollstreckung soll bei einem Gerichte nicht auf die bloße Requisition des auswärtigen Staatsanwaltes erfolgen, sondern nur auf Grund eines gerichtlichen Beschlusses. Diesen muß der Staatsanwalt also erst erwirken und dem ersuchten Gericht nachweisen.

Die Worte „bei einem Gerichte" hat der Reichstag eingeschaltet. Dadurch sind nicht etwa wenn dies auch die Absicht gewesen sein sollte, die Requisitionen von Staatsanwalt zu Staatsanwalt gänzlich von diesem Paragraphen ausgeschieden worden; vielmehr hat dadurch nur der zweite Satz eine Beschränkung erfahren, zu der schwerlich ein besonderer Grund vorlag. Die Garantie des gerichtlichen Beschlusses bezieht sich nunmehr lediglich auf die Requisitionen um einen der genannten Akte, welche von einem Staatsanwalt an ein Gericht erlassen werden. Dem Gerichte wird nicht zugemuthet, ohne eine solche Garantie auf das blanke Ersuchen des Staatsanwalts hin vorzuschreiten.

Für die Requisitionen um eine der spieziell bezeichneten Handlungen, welche ein Gericht an einen Staatsanwalt erläßt, bedarf es einer solchen Vorschrift nicht. Denn die vom Gerichte ausgehende Requisition ist ein gerichtlicher Beschluß. Die Requisitionen von Staatsanwalt zu Staatsanwalt um eine derartige Handlung sind nach der jetzigen Fassung absichtlich nicht unter den zweiten Satz des §. 36 gestellt. Der requirirte Staatsanwalt kann also eine Haussuchung, Beschlagnahme, Verhaftung, vorausgesetzt, daß diese zu seinem Geschäftskreise gehört (vgl. §. 37), auf Requisition eines Kollegen des anderen Staates vornehmen, ohne daß er, sofern ihm dies nicht sein Landesrecht gebietet, nach einem gerichtlichen Beschlusse zu fragen hat. Allein, was die Auslieferung oder Strafvollstreckung anlangt, so kann und braucht er zwar keinen gerichtlichen Beschluß zu verlangen, wohl aber bringt es der erste Satz, der auch die von einem Staatsanwalt und an einen Staatsanwalt erlassenen Requisitionen den gleichen Regeln unterordnet, mit sich, daß bei diesen Akten den Erfordernissen des §. 28, sowie des §. 3 Abs. 33 genügt werden muß. Der Staatsanwalt, der ein Ersuchen um Auslieferung oder Strafvollstreckung erläßt, hat daher schon hiernach stets den gerichtlichen Verhaftungsbefehl, bzw. das rechtskräftige Strafurtheil beizufügen.

Fragt man, in welche Situation in Folge dieses Paragraphen überhaupt ein Staatsanwalt dadurch gelangen kann, daß an ihn aus einem anderen Staate in Strafsachen ein Ersuchen ergeht, so hat er

I. wenn die requirirte Handlung zu seinem Ressort gehört, das Ersuchen ebenso zu behandeln, wie dies ein ersuchtes Gericht thun müßte. Es hat dasselbe seinerseits zu prüfen, soweit eine solche Prüfung stattfindet, bzw. auszuführen.

II. Gehört die Handlung nicht zu seinem Geschäftskreise, so hat er

a. entweder schon nach §. 44 das Ersuchen an das Gericht abzugeben,

b. oder dasselbe deshalb zu thun, weil ihm nach dem Landesrecht nur die Rolle zukommt, daß er als Adressat die Uebermittlung der Requisition an das Gericht zu besorgen hat. Es ist aber

c. auch möglich, daß der Staatsanwalt nicht das auswärtige Ersuchen an das Gericht abgiebt, sondern durch das an ihn gerichtete Ersuchen veranlaßt und um demselben seinerseits zu entsprechen, wenn er zu dessen Erledigung irgendwie der gerichtlichen Hülfe bedarf, einen Antrag bei Gericht stellt, der von solchem nicht als Ersuchen des fremden Gerichts, sondern als eigener Antrag des Staatsanwalts zu betrachten ist. In solchem Falle hat natürlich das Gericht, dem der letzte Zweck des Antrags nicht einmal bekannt zu sein braucht, lediglich nach seinem Landesrecht zu verfahren und die Einhaltung des Rechtshülfegesetzes ist lediglich die verantwortliche Aufgabe des ersuchten Staatsanwaltes.

III. Allgemeine Bestimmungen.

In dem dritten und letzten Abschnitt sind verschiedene Bestimmungen zusammengestellt worden, welche gleichmäßig auf die Rechtshülfe in Civil-, wie in Kriminalsachen, Anwendung leiden. Ohne Anspruch auf eine vollständige und systematische Ordnung alles dessen, was möglicherweise unter dem Titel der Rechtshülfe erwartet werden könnte, hat man sich damit begnügt, die Punkte zu erledigen, welche für den unmittelbaren Zweck des Gesetzes nothwendig erschienen

§. 37.

„Die Rechtshülfe findet nicht statt, wenn die Vornahme der „beantragten Handlung nicht zu dem Geschäftskreise des ersuchten „Gerichts gehört, oder wenn eine Handlung des Gerichts, einer „Partei oder eines Dritten beantragt wird, deren Vornahme „nach dem für dieses Gericht geltenden Rechte verboten ist."

In zwei Fällen wird die in den Abschnitten 1 und 2 anbefohlene Rechtshülfe aus objektiven Gründen ausgeschlossen.[279]) Daß

1) wenn die Vornahme der beantragten Handlung gar nicht zu dem Geschäftskreise des ersuchten Gerichts gehört, die Rechtshülfe nicht stattfinden kann, ist klar. Das ersuchte Gericht vermag eben nur im Umfange seiner Befugniß thätig zu werden. Wenn ihm Etwas zugemuthet wird, was außer seiner Macht liegt, so kann es sich höchstens darum handeln, ob dasselbe die Requisition vermöge der ihm in §. 44 (s. unten) auferlegten Pflicht dorthin abzugeben hat, wo sie etwa erledigt zu werden vermag.

Was hier von dem ersuchten Gericht gesagt ist, muß aber für Strafsachen nach §. 36 in gleicher Weise auf die ersuchte Staatsanwaltschaft erstreckt werden.

Ob die Vornahme der Handlung zu dem Geschäftskreise gehört, hat zunächst die ersuchte Stelle zu prüfen. Auf die Entscheidung leidet zweifellos §. 38 Anwendung.

Der zweite Fall, in dem die Rechtshülfe absolut versagt wird, ist der:

2) wenn eine Handlung beantragt wird, deren Vornahme nach dem Rechte des ersuchten Gerichts verboten ist. Dieser Satz ist die Konsequenz des in den Vorbemerkungen zu §. 3—6 Nr. 5 und zu §. 20 Nr. 8 erwähnten Prinzips. Dem ersuchten Gericht oder der ersuchten Staatsanwaltschaft ist nicht die Vornahme einer

---

[279]) Dieser Paragraph stimmt wörtlich mit dem §. 30. des Entwurfs einer Civilprozeßordnung für den Norddeutschen Bund überein. Vgl. die Prot. ders. S. 113—115.

Handlung anzusinnen, welche ihnen das eigene Recht verbietet.[280]) Indessen ist die Bestimmung scharf zu nehmen. Die Handlung muß wirklich verboten, d. h. schlechthin prohibirt sein nach den Gesetzen des ersuchten Gerichts. Ein Versuch statt „verboten" das Wort „unzulässig" zu setzen, wurde abgelehnt.[281]) Daß freilich die Frage, ob Etwas, zumal nach dem ungeschriebenen Rechte, prohibirt sei, oder nicht, keineswegs immer so einfach zu erledigen sein wird, ist bereits oben in den Vorbemerkungen an der erwähnten Stelle angedeutet worden.

Es ist ferner festzuhalten: die Vornahme der Handlung, um welche requirirt ist, muß verboten sein. Es kommt also nicht darauf an, ob die Grundlage, aus welcher die Requisition hervorgeht, nach dem Rechte des ersuchten Gerichts, sondern nur ob die requirirte Handlung verboten ist. Der Standpunkt des Gesetzes, daß weder in Civilsachen noch in Strafsachen[282]) die materielle Rechtmäßigkeit der Klage, der Anklage, des zu vollstreckenden Urtheils von dem ersuchten Gericht erörtert werden soll,[283]) bleibt vollständig gewahrt. Eine Requisition in Civilsachen um ein Zeugenverhör, eine Zustellung oder Zwangsvollstreckung kann also nicht deshalb abgelehnt werden, weil der Anspruch der Klage auf einem nach dem Rechte des ersuchten Gerichts verbotenen Geschäft beruhe, oder weil das Urtheil einen verbotenen Klaggrund, z. B. der Spielschuld, anerkannt habe; und ebensowenig kann bei strafrechtlichen Requisitionen eine andere Erörterung des materiellen Inhalts stattfinden, als sie §. 25 an die Hand giebt. Das ersuchte Gericht hat nicht einmal die Richtigkeit des Urtheils oder der Verfügung, zu deren Ausführung es aufgefordert wird, geschweige denn deren sonstige Uebereinstimmung mit dem Rechte, weder nach seinem eigenen, noch nach dem Gesetze des ersuchenden Gerichtes nachzuprüfen. Vielmehr hat sich das ersuchte Gericht nur zu fragen, ob sein Recht die ersuchte Handlung, also dieses Zeugenverhör, diese Zustellung, diese Vollstreckung, in der Art, wie sie von ihm begehrt wird, verbietet. Für die Zwangsvollstreckung in Civilsachen, insonderheit liegt dies auch schon implicite in §. 7 (S. oben zu §. 7). Im Anschlusse an das dort ausgesprochene Prinzip wird hier allgemeinhin verordnet, daß, ohne auf die Motive des zu vollstreckenden Urtheils und deren Rechtmäßigkeit nach dem Rechte des ersuchten Staates einzugehen lediglich die Möglichkeit, den Akt der Vollstreckung als solchen vorzunehmen, nach dem Rechte des ersuchten Gerichtes zu erörtern ist.

Vielleicht wäre es schon genügend gewesen, zu sagen: wenn eine Handlung des Gerichts beantragt wird, deren Vornahme u. s. w.

---

[280]) Dieser Gedanke liegt auch dem §. 25 Nr. 2. 3 zu Grunde. Darnach soll dem ersuchten Gerichte nicht einmal die Beihülfe (durch Auslieferung) zu einer nach seinem Rechte unzulässigen Handlung zugemuthet werden. — Vgl. Endemann, Civ.-Prozeß §. 46 III, 4

[281]) Bericht der Reichstagskommiss. zu §. 37. S. über eine Anwendung dieses Begriffs auch im Fall der Zeugnißweigerung zu §. 40 Nr. 1

[282]) Prot. der Civ.-Pr.-Kommiss. S 9 und Motive der Regierung S. 33 (zu §. 33). Vgl. auch Nürnberger Prot S 10 über dieselbe Frage.

[283]) S. über Civilsachen zu §. 1 Nr. 3 und über Strafsachen zu §. 20 Nr. 8 a.

Wo die Requisition an ein Gericht geht, wird immer zunächst die Thätigkeit des Gerichts angerufen. Indessen kann der Akt, welcher den Gegenstand des Ersuchens bildet, allerdings insofern ein verschiedener sein, als bald um einen Akt ersucht wird, bei welchem nur das Gericht selbst agirt, bald um einen Akt, bei dem durch den Akt des ersuchten Gerichts die Thätigkeit einer Partei oder eines Dritten (Zeugen u. dgl.) angeregt werden soll. Zu mehrerer Deutlichkeit hat §. 37 die Handlung des Gerichts, einer Partei oder eines Dritten nebeneinander gestellt, um alle Fälle zu decken, in denen entweder schon vom Standpunkte des Gerichts, oder vom Standpunkte der Partei, oder des Dritten, der dazu gezwungen werden soll, die betreffende Handlung verboten erscheint. So muß z. B. die Requisition abgelehnt werden vom Standpunkte des Gerichts, wenn eine Exekutionsart begehrt wird, die am Vollstreckungsorte untersagt erscheint, vom Standpunkte der Partei, wenn sie zur Erfüllung einer Verbindlichkeit, z. B. eines auf Munition während Kriegszeit lautenden Lieferungsvertrags, zu einer nach dem Landesrecht unstatthaften Hypothekenbestellung u. dgl., genöthigt werden soll, welche nach demselben Rechte verboten ist, vom Standpunkte des Zeugen, wenn ihm eine nach diesem Rechte unmögliche Zeugnißpflicht oder Art der Abhörung auferlegt werden würde.

3) Die Beobachtung der kategorischen Vorschrift des §. 37 ist schon Amtspflicht des Richters. Einer Einwendung oder eines Antrags von Seiten des betheiligten Privaten bedarf es nicht und, wenn eine Einwendung, Gegenvorstellung oder drgl. auf Grund des §. 37 zum Vorschein kommt, so ist das nur eine besondere Anregung der richterlichen Amtspflicht (vgl. auch zu §. 8 Nr. 2), was freilich nicht ausschließt, daß über die angeregte Frage der Zulässigkeit der Rechtshülfe eine förmliche und anfechtbare (s. §. 38) Entscheidung veranlaßt werden kann.

Welche Folgen es hat, wenn zuwider dem §. 37 die Rechtshülfe dennoch gewährt wird, ist eine weitere Frage. Soviel erhellt: die Vollziehung der Requisition mag nach dem Rechte des ersuchten Gerichts null und nichtig sein, wenn sie einmal geschehen ist, kann sie nicht wieder ungeschehen gemacht werden. Es wird also erst bei dem ersuchenden Gericht geprüft werden müssen, ob der vollzogene Akt auch dort gar nicht zu beachten oder welcher Werth ihm beizulegen ist. Namentlich wird Niemand dem ersuchenden Gericht zumuthen, den nach seinem Recht gültig vollzogenen Akt deshalb als null und nichtig zu behandeln, weil das ersuchte Gericht gegen die zweite Alternative des §. 37 gesündigt hat. Allein auch dann, wenn das ersuchte Gericht gegen die erste Alternative gefehlt hat, ist nicht ohne Weiteres und unter allen Umständen gesagt, daß der sachlich inkompetent vollzogene Akt von dem ersuchenden Gericht als nicht existirend zu behandeln und (z. B. die geschehene Auslieferung) unbedingt rückgängig zu machen sei.

§. 38.

„Ueber die Zulässigkeit der nach diesem Gesetze zu leistenden „Rechtshülfe und über die Rechtmäßigkeit der Verweigerung

„derselben wird ausschließlich von den Gerichten des Staates, „welchem das ersuchte Gericht angehört, im geordneten Instanzen-„zuge entschieden.“

Der vorliegende Paragraph ist unstreitig einer der wichtigsten und schneidet theilweise tief in die Landesrechte ein.

Aus dem Entwurfe der Civilprozeßordnung für den Norddeutschen Bund §. 30 erhellt, daß man zur Zeit der Bearbeitung des Rechtshülfegesetzes bereits beschlossen hatte,[284]) künftig unter einer einheitlichen Prozeßordnung die Rechtshülfe zwischen sämmtlichen dem Bunde angehörigen Gerichten lediglich zu einer Sache des regulären gerichtlichen Instanzenzuges zu machen. Ob dieser Grundsatz auch schon jetzt, wo eine einheitliche Civil- und Strafprozeßordnung noch nicht vorhanden, vielmehr die Rechtshülfe mit einstweiliger Erhaltung der Landesrechte zu regeln war, ausgesprochen werden könne, zumal bei der Auffassung, welche den zweiten Abschnitt beherrscht, blieb nicht unangefochten.[285]) Bisher war in mehreren Staaten die Gewährung der Rechtshülfe gegenüber den Gerichten eines andern, sei es auch Deutschen, Staates keineswegs der unabhängigen Entschließung der Gerichte anvertraut. Häufig hatte das ersuchte Gericht die Ermächtigung zum Folgeleisten erst von einer höheren, nicht Gerichts- sondern Justizverwaltungsstelle (Ministerium) einzuholen; und ebenso häufig schrieb das Partikularrecht vor, daß wenigstens etwaige Zweifel über die Zulässigkeit einer Requisition, sowie Gegenvorstellungen und Beschwerden über Verweigerung der Rechtshülfe nicht als gerichtliche Angelegenheit durch gerichtliches Erkenntniß, sondern durch höhere Verfügung im Verwaltungswege zu erledigen seien. Wie denn auch nach neueren Gesetzen namentlich die Rechtshülfesachen mehrfach sowohl in Civil- als in Strafsachen dem Geschäftskreise der Staatsanwaltschaft zugewiesen und folgeweise in letzter Instanz dem Justizministerium unterbreitet zu werden pflegten. Man konnte sich daher nicht verhehlen, daß eine umfassende Vorschrift des vorliegenden Inhalts wesentlich in die Behördenkompetenz der Einzelstaaten eingreift. Gleichwohl hielt man eine solche Vorschrift aus sehr triftigen Gründen für nothwendig. Wenn die einheitliche Rechtshülfe, welche dieses Gesetz schaffen will, auf gleichmäßige praktische Durchführung zu hoffen haben soll, durfte man unmöglich die Handhabung desselben in dem einen Staate den Gerichten, in dem andern den Verwaltungsbehörden überlassen. Darin mußte zum Mindesten überall dasselbe Prinzip gelten. In die Lage versetzt, sich für das Eine oder das Andere zu entscheiden, konnte dann die Wahl nicht wohl zweifelhaft sein. Von vorn herein läßt sich nicht vertheidigen, daß die Justiz v e r w a l t u n g s - und Aufsichtsbehörden,[286]) — die vorgesetzten Gerichte in dieser ihrer Administrativeigenschaft, nicht als Instanz g e r i c h t e — und in letzter Spitze das Justizministerium, nicht die Gerichte, endgültig über die Gewährung und

---

[284]) S. die dazu gehörigen Protokolle S. 115.
[285]) Prot. der Civ.-Pr.-Kommiss. S. 61.
[286]) Worauf der Vorschlag, Prot. S. 46, §. 15, Abs. 2, hinauslief.

Versagung der Requisitionen zu entscheiden haben sollten, welche in Ausübung und zum Zwecke der gerichtlichen Rechtspflege erlassen werden, d. h. über eine Gewährung oder Versagung, von der leicht möglich die erheblichsten Privatrechte und selbst die persönliche Freiheit einer Person abhängt. Die Gewährung der Rechtshülfe ist in der That Rechtspflege, nicht Verwaltungsangelegenheit, und deren Versagung nicht im Wege der Disziplinar- oder Administrativgewalt, sondern im Wege des höheren Richterspruchs zu heilen. Erschien also einerseits die Garantie des unabhängigen Richterspruchs geboten und war andererseits zugleich im Interesse der Rechtseinheit die Anwendung des Gesetzes, wenn auch nicht gegen jede Divergenz der Auslegung bei den Gerichten der einzelnen Länder zu schützen, doch vor der ungleich größeren Gefahr abweichender Anschauungen verschiedenartiger Behörden zu bewahren, so mußte die Bestimmung des §. 38 aufgenommen werden. Diese führt kurzweg dahin, daß die ganze Handhabung des vorliegenden Gesetzes ausschließlich Sache der Gerichte ist, womit denn auch die Fassung der §§. 1. 20 in Verbindung steht, welche die in dem gegenwärtigen Gesetz normirte Rechtshülfe, als eine lediglich zwischen den Gerichten, ohne Einmischung irgend einer andern Behörde, zu erledigende Angelegenheit behandelt.

1) Aus den letztgedachten Paragraphen ergiebt sich soviel von selbst: die Leistung der Rechtshülfe kann nicht davon abhängig sein, daß, wie etwa nach dem Landesrecht des ersuchenden oder ersuchten Gerichts für Requisitionen in andern Staaten vorgeschrieben, bei dem Erlassen des Ersuchens eine andere Behörde, namentlich eine höhere Justizverwaltungsbehörde mitwirkt, daß also z. B. erst das Justizministerium seine Genehmigung dazu ertheilt. Wenn dergleichen noch vorkommen sollte, so ist es im Umfang dieses Gesetzes abgeschafft. Das ersuchte Gericht darf in keinem Falle davon seine Rechtshülfe abhängig machen, daß das requirirende Gericht, oder die requirirende Staatsanwaltschaft (§. 36) eine solche Genehmigung beibringe. Gericht und Staatsanwaltschaft sind im Umfange dieses Gesetzes unbedingt berechtigt, schon für sich allein die Rechtshülfe zu fordern.

Der §. 38 aber stellt sich lediglich auf die Seite des ersuchten Gerichts oder Staates und fragt, wem dort die Entscheidung gebührt, ob dem Ersuchen zu entsprechen sei oder nicht. Die Antwort ist:

2) Den Gerichten, d. h. ausschließlich und allein den Gerichten, des Staates, welchem das ersuchte Gericht angehört (eine Fassung, die sich theils aus dem zweiten Abschnitt — s. zu §. 20 Nr. 1 —, theils aus dem weiteren Zusatz erklärt), und zwar im geordneten Instanzenzuge. Darnach steht zunächst dem ersuchten Gericht selbst, und das ist entweder dasjenige, an welches sich das Ersuchen von Haus aus adressirt hat, oder dasjenige, an welches das Ersuchen nach §. 44 weiterhin abgegeben worden ist, die Kognition zu, ob es nach Maßgabe dieses Gesetzes verpflichtet sei, Rechtshülfe zu gewähren. Die Gewährung oder Verweigerung ist ein wirklich richterlicher Akt. Sonst könnte dieserhalb nicht der Instanzenzug eröffnet sein.

Indem §. 38 die Remedur gegen die von dem ersuchten Gericht

bezüglich der Requisition gefällte Entscheidung in den geordneten Instanzenzug verweist, erklärt er damit, die §. 1. 20 ergänzend, daß andere Zwangsmittel zur Realisirung der in dem Gesetze konstituirten Pflicht zur Gewährung der Rechtshülfe, zugleich aber auch eine andere Garantie für die Einhaltung der in diesem Gesetze vorgeschriebenen Voraussetzungen und Schranken der Rechtshülfe nicht gegeben sein soll, als die Erwirkung einer Entscheidung der höheren Instanz darüber, ob das ersuchte Gericht mit Recht so verfügt habe, wie es verfügt hat. Mit Eröffnung der Aussicht auf eine möglicherweise abändernde Entscheidung der höheren Instanz fällt insbesondere jeder direkte Zwang, der im Disziplinar- oder Verwaltungswege wider das ersuchte Gericht zu erlangen wäre, hinweg.[287]) Die Verfügung über die Requisition wird ebenso behandelt, wie jedes der unabhängigen richterlichen Kognition entfließende und nur im Instanzenzuge abänderbare Urtheil.

Damit ist zwar nicht ausgeschlossen, daß Unregelmäßigkeiten, Verzögerungen oder Verweigerungen auch im Wege der Justizaufsicht[288]) gerügt werden mögen, insofern das ersuchte Gericht in dieser Hinsicht unter der Disziplarkontrole einer vorgesetzten Behörde steht.[289]) Indessen braucht auf den Unterschied der Ausübung einer solchen Disziplinargewalt, welche nachträglich rügen, aber niemals die in einem einzelnen Falle getroffene Entscheidung alteriren kann, kaum hingewiesen zu werden.

Es wird von den Gerichten im geordneten Instanzenzuge entschieden. Die Remedur liegt mithin auch für die höhere Instanz nur in der Hand der Gerichte, nicht bei anderen Stellen; woraus sich zugleich umgekehrt, wie zu §. 1 Nr. 1, a bemerkt, ein Argument für den Begriff des ersuchten Gerichts ergiebt. Insofern ist der „geordnete Instanzenzug" dasselbe, wie der „gerichtliche Instanzenzug".

Der Ausdruck: im geordneten Instanzenzug weist aber zugleich darauf hin, daß im einzelnen Falle derjenige Instanzenzug zu beschreiten ist, welcher für das ersuchte Gericht nach seinem Landesrecht besteht. Unmöglich kann die Sache, zu deren Durchführung die Rechtshülfe begehrt wird, den Maßstab liefern. Man würde in unüberwindliche Schwierigkeiten gerathen, wenn die Kompetenz des Instanzenzuges nach diesem oft bei Requisitionen kaum erkennbaren Merkmal bemessen werden sollte. Vielmehr bringt es die Natur der Sache mit sich, daß die Erledigung des Ersuchens, gleichviel, was der Inhalt desselben ist, durchaus als eine Sache des ersuchten Gerichts, d. h. des von Haus aus mit Recht ersuchten oder in die Stelle des irrig ersuchten, nach §. 44 eingerückten Gerichts, anzusehen ist. Denn wenn das ersuchte Gericht aus der Requisition ersieht, daß es nach Beschaffenheit der Sache nicht zuständig sei, so ist es berechtigt und verpflichtet, die

---

287) Daß das seither in der Regel anders sich verhielt s. Wetzell, Syst. des Civ.-Pr. § 38, Not. 28. 49; Endemann, Civil-Prozeßrecht §. 46, II.

288) Bei eigentlicher Justizverweigerung nach Art. 77 der B.-V. in letzter Instanz durch den Bundesrath.

289) Prot der Civ.-Pr.-Kommiss S. 61.

Requisition an das zuständige Gericht abzugeben. Dies gilt namentlich da, wo die Kompetenz in unterster Instanz zwischen mehrerlei Gerichten getheilt ist. Der Zug an die höhere Instanz aber bestimmt sich lediglich von demjenigen Gerichte aus, welches, nachdem es die Requisition als zu seiner Kompetenz gehörig angenommen, die angefochtene Verfügung ertheilt hat. Von diesem Gericht devolvirt die Frage, ob der Requisition Folge zu leisten sei, an dasjenige höhere Gericht, welches für die überhaupt zur Kompetenz des ersteren gehörigen Sachen bestellt ist. Darnach ergiebt sich also, daß z. B. gegen die Verweigerung der Rechtshülfe, welche ein Justizamt erklärt hat, bei dem Kreisgericht Remedur gesucht werden muß, wenn nach der Justizverfassung des Landes das Kreisgericht, bei dem Appellationsgericht, wenn etwa das Appellationsgericht die höhere Instanz der Justizämter vertritt, und daß in keiner Weise an der Instanzenfolge sich etwas ändert, wenn etwa das Justizamt in einer Sache, welche nach *seinem* Landesrecht vor das Kreisgericht gehört haben würde, oder umgekehrt, über die Requisition verfügt.

3) Ueber die *Zulässigkeit* — *Verweigerung derselben.* Dadurch wird der Umfang der Kognition, welche den Gerichten im geordneten Instanzenzuge zugewiesen ist, näher bezeichnet. Zweierlei wird neben- oder gegeneinander gestellt:

a. die Entscheidung *über die Zulässigkeit der nach diesem Gesetze zu leistenden Rechtshülfe.* Zunächst ist nemlich zu prüfen, ob überhaupt ein Ersuchen vorliegt, welches in das von dem vorliegenden Gesetz beherrschte Gebiet fällt[290]) und den von demselben aufgestellten allgemeinen Voraussetzungen entspricht, mit einem Worte: ob nach diesem Gesetze die Requisition überhaupt möglich und behufs der weiteren sachlichen Erwägung annehmbar sei. Erst wenn solches zu bejahen, kommt

b. die Entscheidung *über die Rechtmäßigkeit der Verweigerung*, d. h. die Erwägung, ob nach dem vorliegenden Gesetze die Pflicht des ersuchten Gerichts, der Requisition zu entsprechen, begründet sei, oder ob ein Fall vorliege, in welchem keine Verpflichtung zur Rechtshülfe, vielleicht sogar eine Verpflichtung zur Ablehnung (s. bes. §. 24. 25. 33) besteht.

Indessen läßt sich nicht verkennen, daß der logisch vollkommen richtige Gegensatz praktisch leicht zu entbehren ist. Vom praktischen Standpunkte kommt es darauf an, was überhaupt das ersuchte Gericht und folgeweise auch eventuell dessen höhere Instanzen dergestalt zu prüfen berechtigt sind, daß davon die Gewährung oder die Verweigerung der Rechtshülfe abhängt. Rekapitulirt man dasjenige, was bei den einzelnen Paragraphen in dieser Hinsicht sich ergab, so sind behufs der Entscheidung, ob man sich überhaupt auf das Ersuchen einzulassen und die Rechtshülfe zu gewähren verpflichtet

---

[290]) Denn auf die Rechtshülfe, welche darüber hinaus liegt (vgl. zu §. 46), bezieht sich § 38 so wenig, wie irgend eine andere Bestimmung unseres Gesetzes.

sei, für die ersuchten Gerichte folgende Punkte Gegenstand der Erörterung:

I. Bei Requisitionen in Civilsachen ist von dem ersuchten Gericht zu prüfen:

aa. ob die Requisition von einem Gericht ausgeht; s. zu §. 1 Nr. 1, a;

bb. ob es sich um einen bürgerlichen Rechtsstreit handelt; s. zu §. 1 Nr. 1, b;

cc. ob die formellen Voraussetzungen, welche das Gesetz vorschreibt, bei dem Ersuchen gewahrt sind, ob also namentlich

α. nach §. 5 die erforderlichen Schriftstücke vorhanden sind; s. darüber zu §. 5 Nr. 3, b;

β. nach §. 10 (vgl. die Bemerkung zu §. 10 Nr. 3), vielleicht auch nach §. 11 Abs. 1, sowie nach §. 12 das gehörige Zeugniß der Vollstreckbarkeit vorliegt, wenn nach Maßgabe jener Paragraphen ein Urtheil vollstreckt werden soll;

γ. bei einem Ersuchen nach §. 14, ob es wirklich das Konkursgericht oder der Konkurskurator ist, von welchem das Ersuchen gestellt wird, und ob wirklich die Eröffnung des Konkursverfahrens im Sinne des §. 13 stattgefunden hat.

Dazu kommt dann noch

dd. die nach §. 37 anzustellende Prüfung, ob die beantragte Handlung zum Geschäftskreise des ersuchten Gerichts gehört und nach dessen Recht nicht verboten ist.

II. Bei Requisitionen in Strafsachen hat das ersuchte Gericht zu fragen:

aa. Kommt das Ersuchen von einem Gericht (s. zu §. 20 Nr. 2 a. E.), oder kommt es von einem Staatsanwalt, zu dessen Geschäftskreis ein solches Ersuchen gehört (s. zu §. 36 Nr. 1)?

bb. Handelt es sich wirklich um eine Strafsache (s. zu §. 20 Nr. 4.)?

cc. Sind die formellen Voraussetzungen in Ordnung, liegt also ein rechtes Ersuchen vor und sind in den einzelnen Fällen, wo dies vorgeschrieben, die weiter nöthigen Grundlagen, eines gerichtlichen Verhaftsbefehls, eines rechtskräftigen Urtheils, eines gerichtlichen Beschlusses (s. §. 28. 33. 36) beigebracht?

Hierzu tritt denn wiederum (vgl. I, dd) die weitere Frage:

dd. Kann nach §. 37 auf das Ersuchen eingegangen werden?

Während sich bis dahin augenscheinlich für strafrechtliche Requisitionen völlig das nemliche Verhältniß ergiebt, wie für civilrechtliche, weichen die ersteren in einigen Fällen insofern ab, als noch besondere weitere Erörterungen nöthig werden.

ee. Bei einem Ersuchen um Auslieferung ist nemlich noch zu prüfen:

α. die Zuständigkeit des ersuchenden Gerichts oder der ersuchenden Staatsanwaltschaft nach §. 21 u. 22;

β. ferner, ob nicht nach §. 24 durch Prävention des ersuchten Staates, sowie

γ. insbesondere, ob nicht nach §. 25 (limitirt durch §. 26) aus den dort berührten objektiven Gründen die Auslieferung ausgeschlossen wird.

ff. Endlich unterliegt bei dem Ersuchen um Verhaftung nach §. 29 die Dringlichkeit des Falles der Beurtheilung der ersuchten Gerichte.

4) Wenn über die Zuläſsigkeit der Rechtshülfe und über die Rechtmäßigkeit der Verweigerung derselben im Instanzenzuge entschieden werden soll, so liegt darin von selbst, daß ein Rechtsmittel gegeben sein muß, um die Entscheidung der höheren Instanz zu provoziren. Ueber die Natur dieses Rechtsmittels und das dabei eintretende Verfahren ist Nichts aufgenommen worden.[291]) Indessen wird nicht zu zweifeln sein,

a. daß nur das Rechtsmittel der sog. einfachen Beschwerde (querela simplex) gemeint sein kann. Die äußere und innere Form desselben, sowie die sonstigen Voraussetzungen, Einhaltung einer Frist für den Gebrauch u. s. w. werden sich Mangels einer bundesgesetzlichen Ordnung nach dem Partikularrecht des Staates richten müssen, wo die Beschwerde geltend gemacht wird.

Ein weiterer Zweifel ist der, ob auch insofern das Landesrecht zur Anwendung kommt, als dieses den Instanzenzug beschränkt oder in verschiedener Ausdehnung gewährt. Nicht selten findet die Beschwerde in gewissem Umfang oder in gewissen Sachen nur an eine zweite Instanz statt, während sie in anderen Fällen auch in die dritte und letzte Instanz verfolgt werden kann. Nun läßt sich nicht verkennen, daß der Ausdruck: „im geordneten Instanzenzuge“ des §. 38 leicht darauf hinführt, daß der Instanzenzug so, wie er in dem betreffenden Lande geordnet und daher für die einzelne Sache, folglich hier für den einzelnen Requisitionsfall, gegeben ist, mit einem Worte: der Instanzenzug des Partikularrechts mit allen seinen möglichen Beschränkungen oder Erweiterungen gemeint sei. Wäre dies richtig, so müßte auch bei jeder Beschwerde wegen des Verhaltens eines ersuchten Gerichts bei Requisitionen gefragt werden, welcher Instanzenzug im einzelnen Falle eröffnet sei. Bedenkt man aber, von welchen Kriterien in der Regel die landesgesetzlichen Vorschriften über Beschränkung des Instanzenzuges aus-

---

[291]) S. eine dahin zielende Proposition, der zufolge das Verfahren so von Statten gehen sollte, wie es nach den Landesgesetzen bei Verweigerung der Rechtshülfe zwischen den eigenen Gerichten stattfindet, Prot. der Civ.-Pr.-Kommiss. S. 75, §. 3 In den Berathungen dieses Paragraphen S. 62. 80 ff. kam man jedoch (für Civilsachen) davon ab.

gehen, so überzeugt man sich bald, daß es ein sehr schwieriges und vielfach ganz unausführbares Unternehmen sein würde, wenn man jene Kriterien auf die Entscheidung über Requisitionen beziehen und darnach deren Beschwerdefähigkeit beurtheilen wollte. Dies ist so offenbar, daß man schon deshalb jede andere Deutung, wenn sie anders möglich ist, vorziehen muß.

Nun kann unter „dem geordneten Instanzenzuge" ebensogut der nach der Justizorganisation des betreffenden Landes überhaupt, in thesi, geordnete Instanzenzug verstanden werden; die Gliederung der Gerichte in verschiedenen Stufen, von der untersten bis zur höchsten. Ist dies aber möglich und erwägt man die oben berührten Gründe, welche gegen die andere Auffassung sprechen, so sagt §. 36, daß für Beschwerden in Requisitionsangelegenheiten nach Maßgabe dieses Gesetzes stets der volle Instanzenzug bis zu dem höchsten Landesgericht hinauf gewährt ist. Für einen solchen Satz läßt sich außerdem anführen, daß die Gewährung der Rechtshülfe zwischen den Gliedern des Bundes eine eigenthümliche Angelegenheit darstellt, welche es verdient, über die sonst etwa bestehenden Schranken des Instanzenzugs hinaus den Weg bis zu der höchsten Spitze des Gerichtswesens offen zu finden; selbst dann, wenn dies in Bezug auf Requisitionen zwischen den eigenen Landesgerichten nicht der Fall sein sollte.

b. Wer hat die in §. 38 unterstellte, im Instanzenzuge geltend zu machende Beschwerde zu führen? Auch darüber schweigt das Gesetz.

Bei Erledigung dieser Frage ist zunächst festzuhalten, daß ein solches Rechtsmittel nach dem unzweifelhaften Sinn des §. 38 nur gewährt sein soll, wenn die Rechtshülfe für unzulässig erklärt oder verweigert wird. Hat das ersuchte Gericht die Rechtshülfe für zulässig erklärt, sei es daß es sich ausdrücklich darüber ausspricht, sei es daß es thatsächlich mit deren Gewährung vorangeht, so hat der ersuchende Theil keine Veranlassung zur Beschwerde. Allein auch derjenige Theil, welcher die Zulässigkeit der Rechtshülfe bestreitet oder einen Grund zur Verweigerung behauptet, bedarf gegen die Zulassung der Rechtshülfe von Seiten des ersuchten Gerichts keiner Beschwerde nach Maßgabe des §. 38. In Civilsachen genügt der Partei, welche die Gewährung der Rechtshülfe versagt wissen will, abgesehen von der Befugniß, demnächst im weiteren Verlaufe des Verfahrens bei dem ersuchenden Gericht den im Wege der Requisition vollzogenen Akt auf solchen Grund hin anzufechten, das Recht, bei dem ersuchten Gericht dieserhalb Gegenvorstellung zu erheben oder ihre Gegengründe in Gestalt von „Einwendungen" (§. 8) vorzubringen. Vgl. darüber die Vorbemerk. zu §. 3—6 unter Nr. 3, b.

Darüber entscheidet dann das ersuchte Gericht. Dasselbe gilt aber auch von Zeugen oder von Dritten in Civilsachen, und nicht minder von dem Angeschuldigten, Zeugen oder sonst Betheiligten in Strafsachen Ueberall versteht es sich von selbst, daß ein Jeder, der ein Interesse daran hat, die Gründe, aus denen die Rechtshülfe nach §. 37 verweigert werden muß, dem ersuchten Gericht vortragen, oder das richterliche

Offizium auf solche aufmerksam machen, nöthigenfalls Entscheidung darüber erwirken und gegen diese Entscheidung Beschwerde an das höhere Gericht ergreifen kann. Vgl. auch zu §. 20 Nr. 8, d.

Mit dieser Beschwerde befaßt sich unser Gesetz nicht weiter. Die Begründung, Form und Durchführung richtet sich eben, soweit damit die von dem ersuchten Gericht ressortirende Ausführung (s. zu §. 20 Nr. 8 a) angefochten wird, lediglich nach dem Landesrecht. Nur soviel versteht sich als Folge des vorliegenden Gesetzes von selbst, daß jedenfalls diejenige Beschwerde, welche behauptet, es sei von dem ersuchten Gericht gegen das Bundesgesetz gefehlt worden, ebensowenig dem betheiligten Privaten verschränkt werden kann, wie dem ersuchenden Gericht. Vgl. auch zu §. 20 Nr. 3 a. E.

Ueber die Zulässigkeit, heißt soviel als: über die Rechtmäßigkeit eines Unzulässigkeitsausspruchs des ersuchten Gerichts.

Nachdem sie sich solchergestalt objektiv präzisirt, ist die oben berührte Frage, wer zur Erhebung der Beschwerde befugt sei, Mangels anderweiter Bestimmung naturgemäß dahin zu beantworten: derjenige, der das Ersuchen gestellt hat.

Dies ist im Umfange des zweiten Abschnittes, in Strafsachen, entschieden nur das ersuchende Gericht (s. zu §. 20 Nr. 8 c), oder der ersuchende Staatsanwalt.

Was dagegen die Civilrechtspflege anlangt, so hat die Ansicht, daß immer oder doch in der Regel die Partei, in deren Interesse die Requisition ergeht, die Beschwerde zu ergreifen und durchzuführen habe, keinen Ausdruck gefunden. Indessen nach der herrschenden Auffassung [292] gilt das Ersuchen als ein, wenn auch im Parteieninteresse vorgenommener, Akt des ersuchenden Gerichts und die Gewährung der Rechtshülfe erscheint daher als eine zwischen dem ersuchenden und dem ersuchten Gericht zu erledigende Angelegenheit. Ist dies richtig, so kommt die Beschwerdeführung nach §. 38 dem requirirenden Gerichte zu; und zwar dergestalt ausschließlich, daß der betheiligten Partei nicht einmal eine subsidiär konkurrirende Befugniß zusteht. Weigert sich das ersuchende Gericht nach der Meinung der betheiligten Privatperson mit Unrecht, von der Beschwerde gegen das ersuchte Gericht Gebrauch zu machen, so bleibt ihr nur übrig, den Widerstand des ersteren durch Anruf der demselben vorgesetzten Instanz zu brechen.

Es entspricht jedoch nicht minder der natürlichen Regel, daß da, wo nach dem Gesetze das ersuchte Gericht nicht von einem ersuchenden Gericht, sondern von der Partei selbst um Rechtshülfe angegangen wird, auch die Partei es ist, welche die Beschwerdeführung zu betreiben hat. Nur muß die Partei nicht blos als Briefträger, sondern als wirklich betreibender Theil aufgetreten sein, wie dies insbesondere nach §. 4. 5. 10 12. 14 (Konkurskurator) vorkommen kann.

Aus demselben Grunde ist die Staaatsanwaltschaft, welche nur die

---

[292]) Wenigstens des gemeinen Rechts; s. Endemann a. a. O. Not. 13.

Vermittlung der Requisition besorgt (§. 6), sicher nicht legitimirt, die Beschwerde zu erheben.

5) Eine besondere Frage entsteht noch, wenn in Gemäßheit des §. 36 nicht ein Gericht, sondern eine Staatsanwaltschaft requirirt werden ist. Da für solche Fälle dieselben Vorschriften gelten sollen, wie für die an die Gerichte gestellten Requisitionen, so hat auch der Staatsanwalt nach §. 37 zu verfahren und ist in der Lage, über die Zulässigkeit der Rechtshülfe oder die Rechtmäßigkeit der Verweigerung derselben entscheiden zu müssen. Wenn aber aus §. 36 im Zusammenhalt mit §. 38 folgt, daß geeignetenfalls der ersuchende Theil auch von dem Staatsanwalt eine wirkliche Entscheidung in jener Richtung zu extrahiren befugt ist,[293]) so ist die weitere Folge, daß gegen eine vermeintlich unbegründete Ablehnung von Seiten des Staatsanwaltes nicht minder das in §. 38 vorausgesetzte Rechtsmittel zustehen muß. Allein die Beschwerde zieht nicht an die höhere Instanz des Staatsanwalts, also an den Ober- oder Generalstaatsanwalt und in letzter Linie an das Justizministerium, sondern nach §. 38, der die Entscheidung der Beschwerde wegen Versagung der Rechtshülfe ausschließlich den Gerichten im geordneten Instanzenzuge zuweist, an die höheren Gerichte; zunächst an dasjenige, welches für das Gericht, bei welchem der Staatsanwalt fungirt, im geordneten Instanzeuzuge vorgesetzt ist. Es zeigt sich also, daß in Folge des §. 38 allerdings ausnahmsweise die Staatsanwaltschaft unter die höhere Instanz der Gerichte gestellt wird.

§. 39.

„Bei Anwendung der Civil- und Strafprozeßgesetze, welche „Vorschriften zum Nachtheile der Ausländer enthalten, sowie „der Gesetze, welche sich auf den Konkurs über das Vermögen „der Ausländer beziehen, ist jeder Norddeutsche als Inländer „anzusehen".

„Insoweit nach Vorschrift der Prozeßgesetze Zustellungen „an Personen, welche im Auslande wohnen oder sich aufhalten, „an die Staatsanwaltschaft mit derselben Wirkung, wie an „diese Personen selbst, erfolgen, ist das Bundesgebiet als Aus-„land nicht anzusehen".

Der erste Satz des §. 39 ist die Antwort auf diejenigen Desiderien, welche, wie im Eingange der vorliegenden Ausführungen (nach Not. 3) bemerkt, das ganze Gesetz angeregt haben; eine Antwort, die vielleicht anders ausgefallen ist, als sie ursprünglich erwartet wurde. Es scheint fast sowohl von denjenigen, welche im Reichstage zuerst auf die aus Art. 3 d. B.-V. entstandenen Zweifel aufmerksam machten, als auch namentlich in dem Bundesrathe, wie die spezielle Zusammenstellung aller bisher aufgetauchten Kontroversen vermuthen läßt, der Wunsch gehegt worden zu sein, daß von Bundeswegen die hier und da streitig

---

[293]) Prot. der Civ.-Pr.-Kommiss. S. 102 oben.

gewordenen Konsequenzen des Art. 3 gezogen werden möchten, daß mit andern Worten von Bundeswegen für die Durchführung des in Art. 3 enthaltenen allgemeinen Grundsatzes gegenüber den einzelnen Landesrechten zu sorgen sei. So leicht sich die Gründe verstehen lassen, aus denen vorwiegend die kleineren Staaten gern ein Bundesgesetz darüber erlassen gesehen hätten, in wieweit und in welchen einzelnen Punkten ihr Landesrecht durch Art. 3 d. B.-V. gebrochen worden sei, so erhellt doch ebenso leicht, daß die Bundesgesetzgebung in eine umfassende und detaillirte Regelung aller hierher gehörigen Dinge nicht eintreten konnte. Ueberhaupt ist der Bundesgesetzgebung nicht zuzumuthen, daß sie, nachdem durch Bundesgesetz, hier also durch Art. 3 d. B.-V., ein weittragendes Prinzip ausgesprochen wurde, welches tief in die einzelnen Partikularrechte einschneidet, ihrerseits die letzteren daraufhin zu revidiren und mit dem Bundesgesetz in Einklang zu setzen habe. Vielmehr bleibt es Aufgabe und Pflicht der Einzelstaaten, diejenigen Aenderungen ihrer Sonderrechte selber vorzunehmen, welche in Folge und zur Ausführung einer bundesgesetzlichen Bestimmung nothwendig werden.

Bei Ausarbeitung des Gesetzes sah man deshalb vollständig davon ab, alle die seither wahrgenommenen oder sonst etwa noch wahrnehmbaren Mißverständnisse und Zweifel über die Wirksamkeit des Art. 3 d. B.-V. zu beseitigen. Um jedoch der geschilderten Veranlassung des Gesetzes einigermaßen Rechnung zu tragen und dieselbe unter der ausführlichen Regelung der Rechtshülfe, wozu sie den Anstoß gegeben, nicht gänzlich verschwinden zu lassen, wurde der sehr allgemein gehaltene Absatz 1 aufgenommen, zunächst für die Civilrechtspflege,[294]) später auch für die Strafrechtspflege, und deshalb in den dritten Abschnitt gestellt.[295]) Einen zweiten Satz, der durch Bezeichnung einiger Vorschriften, wie z. B. der das Armenrecht, die Beglaubigung der Vollmachten, die Sicherheitsleistungen für die Prozeßkosten u. s. w. betreffenden, den ersten Satz exemplifizirte, lehnte man ab.

Auf diese Weise enthält

1) der erste Absatz kaum Etwas mehr, als eine an sich selbstverständliche Konsequenz[296]) des Art. 3 d. B.-V. Der hier ausgesprochenen Konsequenz gegenüber sind die Gerichte des einzelnen Staates nicht minder in der Lage, prüfen zu müssen, ob darnach diese oder jene landesrechtliche Bestimmung auf Bundesangehörige ferner noch anwendbar sei, wie dem Art. 3 selbst gegenüber.

Der letztere sagt:

> Für den ganzen Umfang des Bundesgebietes besteht ein gemeinsames Indigenat mit der Wirkung, daß der Angehörige (Unterthan, Staatsbürger) eines jeden Bundesstaates in jedem andern Bundesstaate als Inländer zu behandeln, — auch in Betreff der Rechtsverfolgung und des Rechtsschutzes demselben (dem Einheimischen) gleich zu behandeln ist.

---

[294]) Prot. der Civ.-Pr.-Kommiss. S. 12, §. 10, berathen S. 23—25.

[295]) Das. S. 72, §. 33; S. 97, §. 35; angenommen ohne weitere Diskussion S. 102.

[296]) Wie die Motive zu dem damaligen §. 35 sagen.

Vergleicht man damit unseren §. 39, so ergiebt sich sofort, daß derselbe keineswegs eine umfassende Deklaration des Art. 3 in Bezug auf die gesammte Rechtsgesetzgebung enthält, sondern nur nach einer bestimmt begrenzten Richtung die Konsequenz zieht. Nach dem Wortlaut des Art. 3 soll, darüber kann kein Zweifel sein, jeder Norddeutsche in jedem einzelnen Bundesstaate in Bezug auf Rechtsverfolgung, aktive, wie passive, und Rechtsschutz, d. h. Theilnahme an allen Bestimmungen auch des materiellen Straf- und Civilrechts als Inländer behandelt werden.

Hier in §. 39 wird nur bestätigt, daß jeder Norddeutsche als Inländer anzusehen ist bei Anwendung der Civil- und Strafprozeßgesetze, sowie der Konkursgesetze. Da das Rechtshülfegesetz sich nur mit der Prozedur befaßt und da man sich mit dem materiellen Rechte womöglich gar nicht befassen wollte, beschränkte man sich darauf, Art. 3 in etwas anderer Fassung nochmals für das Prozeßrecht zu bestätigen.[297])

Aber selbst für dieses nur in einer beschränkten Richtung. Nur diejenigen Civil- und Strafprozeßgesetze werden beseitigt — denn das ist der Erfolg, wenn der Angehörige des andern Bundesstaates als Inländer angesehen werden muß —, welche Vorschriften zum Nachtheile der Ausläder enthalten, sowie in Bezug auf das Konkursrecht diejenigen Gesetze, welche sich auf den Konkurs über das Vermögen der Ausländer beziehen.

Was von dem Konkursrecht gesagt wird, ist eigentlich nur eine Wiederholung und Summirung dessen, was den §. 13 ff. zu Grunde liegt. Es sind die Gesetze gemeint, welche den Nichtangehörigen des einzelnen Staates in Bezug auf den Konkurs nachtheiliger stellen,[298]) bzw. die eigenen Angehörigen in Bezug auf den Konkurs des Nichtangehörigen, insonderheit rücksichtlich der im Lande gelegenen Vermögenstheile besonders begünstigen.

Für die Civil- und Strafrechtspflege überhaupt aber erklärt §. 39 alle diejenigen Vorschriften abgeschafft, welche zum Nachtheile der Ausländer ertheilt sind. Ob es sich um ein lex odiosa in diesem Sinne handelt, ist Angesichts der einzelnen Bestimmung zu prüfen. Die Schwierigkeiten einer solchen Prüfung lassen sich nicht verhehlen. Einmal wird in manchen Fällen sehr fraglich sein, ob die Vorschrift eine nachtheilige sei, oder nicht, oder ob, da sich der Gesichtspunkt der Benachtheiligung und des Schutzes vermischen kann, der Nachtheilscharakter gleichsam überwiegt. Sodann aber ist gewiß mit Recht da-

---

[297]) Daher unterblieb denn auch die Erledigung der Frage, ob gegen einen Bundesangehörigen in einem Einzelstaate Landesverweisung ausgesprochen werden dürfe. Prot. S. 56 a. a. E. Eine Frage, bei der man sich mehr zu wundern hat, daß es möglich geworden, sie verschieden zu beantworten, als daß es zweifelhaft sein könnte, wie sie nach Art. 3 und dem Freizügigkeitsgesetz vom 1. Nov. 1867 (abgesehen von dem Falle des §. 3 desselben) beantwortet werden muß

[298]) Dagegen wird umgekehrt die Vorschrift, wonach im Konkurs zu Gunsten ausländischer (auswärtiger, entfernter?) Gläubiger längere Fristen bestehen, durch diesen Paragraphen nicht berührt

rauf aufmerksam gemacht worden,[299]) daß die Partikularrechte zumal der kleineren Länder mehrfach Bestimmungen enthalten, welche zwar nominell Ausländer im Auge haben, in Wirklichkeit aber damit nur entfernter Wohnende treffen wollen. Dies gilt z. B. von der Vorschrift, daß Vollmachten der Ausländer beglaubigt sein sollen, während die Vollmachten der Inländer unbeglaubigt angenommen werden. Der Grund liegt in der Schwierigkeit einer wenigstens eventuell nöthig werdenden Kontrole der Authentizität bei entfernter Wohnenden. In einem großen Staate würde man solche Bestimmungen recht wohl für außerhalb eines einzelnen Kreis- oder Appellationsgerichts wohnende Personen ertheilen können und hat sie mitunter ertheilt. Für die kleineren Staaten aber ist der Umfang eines Appellations-, ja mitunter eines Kreisgerichtsbezirks identisch mit der Landesgrenze und der Sprachgebrauch: „Ausländer" in der That nur der kürzere Ausdruck für „entfernter, außerhalb eines gewissen, leicht zu übersehenden Rayons Wohnende".

Wie verhält es sich nun damit nach §. 39? Diese Erwägung ist keineswegs ausgeschlossen. Sie muß sogar, so subtil sie sein mag, angestellt werden, um zu entscheiden, ob wirklich die betreffende Bestimmung zum Nachtheile des Ausländers sein will und ist, oder nicht. Aber es wird in dieser Hinsicht mit voller Absicht auf die Erörterung des einzelnen Falles verwiesen.

Ueberdies hat die Aufstellung eines an sich so heikelen Kriteriums geringere Bedeutung, wenn man erwägt, daß §. 39 keineswegs den Art. 3 d. B.-V. dahin deklariren will und deklariren kann, daß nur die nachtheiligen Bestimmungen des Landesrechts gegen Ausländer nunmehr für Bundesangehörige außer Kraft treten. So wenig §. 39 den Konsequenzen des Art. 3 auf dem Gebiete des materiellen Rechts präjudizirt, so wenig hindert er eine folgerichtige Durchführung der in Art. 3 ausgesprochenen Gleichstellung auch gegenüber den, freilich nur ausnahmsweise vorfindlichen, Bestimmungen des Landesrechts, welche möglicherweise als eine Begünstigung des Ausländers erscheinen.

Der §. 39 glaubte eben nur Anlaß nehmen zu sollen, von dem zu reden, was er enthält. Alles Uebrige läßt er vollständig intakt.

Es erhellt ferner, daß §. 39 eigentlich gar nicht von Rechtshülfe handelt, sondern einen von dieser Materie ganz unabhängigen Satz einschiebt. Zur Probe braucht nur darauf hingewiesen zu werden, daß die Nichtbeachtung dieses Satzes natürlich nicht im Wege der Beschwerde nach §. 38, sondern im einzelnen Falle der Judikatur nur nach dem landesrechtlichen System der Rechtsmittel, und außerdem nur im Wege der politischen Beschwerde wegen Mißachtung des Bundesgesetzes angegriffen werden kann.

2) In Absatz 2 wird, wenn auch sonst vermieden wurde, einzelne Anwendungsfälle des Abs. 1 zu spezialisiren, doch eine Konsequenz ausdrücklich gezogen. Nach Art. 69 Nr. 9 der Rheinischen und §. 124 der Hannoverschen Civil-Prozeßordnung findet an Ausländer eine Zu-

[299]) S. die cit. Prot. S. 24.

stellung in der Weise statt, daß die Insinuation an die Staatsanwaltschaft (im Parquet) geschieht, mit der (fiktionsweisen) Wirkung, als ob der Partei selbst zugestellt worden wäre. Diese Bestimmung soll hier in Bezug auf Bundesangehörige beseitigt werden, sei es weil sie sich als eine nachtheilige und daher mit Abs. 1 unverträgliche darstellt, sei es, daß man mindestens eine ausdrückliche Deklaration[300]) für nöthig erachtete.

§. 40.

„Jeder Norddeutsche ist verpflichtet, auf Anordnung des „Civil- oder Strafgerichts vor demselben zum Zwecke seiner Vernehmung als Zeuge zu erscheinen, auch wenn er einem anderen „Bundesstaate angehört. Diese Vorschrift findet keine Anwendung auf Personen, welche nach dem am Wohnsitze derselben „geltenden Rechte nicht verbunden sind, persönlich vor Gericht zu „erscheinen oder in der betreffenden Sache Zeugniß abzulegen.

„Gehört der Zeuge einem anderen Bundesstaate an, so ist „seine Vorladung bei dem Gerichte seines Wohnsitzes zu beantragen. In diesem Falle ist der Zeuge befugt, die Zahlung der „Entschädigung für Zeitversäumniß und Reisekosten nach der in „dem einen oder dem anderen dieser Staaten geltenden Taxordnung zu fordern. Die Zahlung ist dem Zeugen auf Verlangen „vorschußweise zu leisten."

Auch dieser Paragraph geht, wenigstens theilweise, über die eigentliche Rechtshülfe hinaus. Er begründet schon jetzt, das Prinzip antizipirend, welches dem §. 478 des Entwurfs einer Norddeutschen Civil-Prozeßordnung zu Grunde liegt, eine allgemeine Zeugnißpflicht. Man hielt nicht nur, wie die Motive (zu dem damaligen §. 36) besagen für gerechtfertigt, daß in Gemäßheit des Art. 3 der B.-V. die Angehörigen der verschiedenen Bundesstaaten in Bezug auf Rechtshülfe wie Angehörige eines Staates zu behandeln sind, sondern war auch der Meinung, daß zunächst für Civilsachen[301]), sodann aber auch für Strafsachen, nach der in dem vorliegenden Gesetze eingeschlagenen Richtung die Anerkennung einer solchen Zeugnißpflicht geboten sei. Daraus erklärt sich auch die Fassung.

1) Von vorn herein steht fest, daß sich §. 40 mit der Requisition um Vernehmung eines Zeugen bei dem ersuchten Gericht nicht beschäftigt. Wie in den beiden vorangehenden Abschriften bemerkt wurde, gilt als ausgemacht, daß in Straf-[302]), wie in Civilsachen dem

[300]) Die Motive weisen auf die ähnliche Vorschrift (für Preußen) in der allg. Verfügung vom 12. Juli 1867 unter I, 1 hin. — S. über die Entstehung des Abs. 2 des §. 39 Prot. der Civ.-Pr. Kommiss. S. 82, nachdem im Uebrigen, vgl. S. 23, von einer besondern Erwähnung der Zustellungen Abstand genommen worden war.

[301]) Prot. der Civ.-Pr.-Kommiss. S. 5.

[302]) Vgl. zu §. 20 Nr. 5.

Ersuchen, zur Hülfe des Richters eine im Bezirke des requirirten Gerichts sich aufhaltende Person als Zeugen zu vernehmen, entsprochen wird. Dergleichen Requisitionen sind nach den allgemeinen Regeln zu vollziehen. Das ersuchte Gericht kann sie nur ablehnen, wenn eine der Voraussetzungen des §. 37 vorliegt. (Vgl. die Vorbemerkungen zu §§. 3—6 Nr. 3 a. E.) Verboten insbesondere erscheint aber die Vernehmung da, wo entweder dem ersuchten Gericht geradezu untersagt ist, die betreffende Person (z. B. den Landesherrn, einen fremden Gesandten, ebenso aber auch einen absolut Zeugnißunfähigen) zu der fraglichen Handlung heranzuziehen, oder wo die zu vernehmende Person ein Recht der Weigerung besitzt, welches dem ersuchten Gericht die Vernehmung zu einer nach seinem Recht verbotenen macht.

Diese Pflicht, sich als Zeuge vernehmen zu lassen[303]) bei dem Gerichte des Wohnortes oder Aufenthalts, ohne darum sich außerhalb des letzteren zu begeben, trifft von selbst alle Bundesangehörigen und erstreckt sich auch auf Fremde, welche sich innerhalb des Bundesgebietes aufhalten, vorausgesetzt, daß sie überhaupt dem Gerichtszwange des requirirten Gerichts unterworfen sind.

Was hier besonders zu ordnen nöthig erschien, war vielmehr die Frage, in wieweit Jemand kraft des Bundesgesetzes verpflichtet sein soll, behufs seiner Vernehmung als Zeuge vor dem Gerichte eines andern Bundesstaates zu erscheinen. Aus dem Folgenden wird sich ergeben, daß auch diese Frage nur in einer gewissen Beschränkung beantwortet ist. Namentlich befaßt sich §. 40 durchaus nicht damit, wie es mit der Verpflichtung, als Zeuge außerhalb des Wohnortes oder Aufenthaltsortes zu erscheinen, innerhalb desselben Einzelstaates aussieht; wenn auch nach einer Richtung (s. Nr. 2, a) auf den Zusammenhang dessen, was für das Gebiet des Einzelstaates Rechtens, mit dem, was für das ganze Bundesgebiet Rechtens, hingewiesen werden muß.

Indem §. 40 nur von der Erscheinenspflicht im Verhältniß zu den Gerichten eines jeden Bundesstaates handelt, geht er von der Zeugnißpflicht aus. Von dem Erscheinenmüssen an auswärtigem Orte kann der Natur der Sache nach nur für denjenigen die Rede sein, welcher jedenfalls auf Requisition bei seinem Wohnsitzgericht sich als Zeuge vernehmen zu lassen hätte; was eben bei allen Bundesangehörigen (in thesi, vorbehaltlich konkreter Befreiungsgründe) der Fall ist. Aber er nimmt ferner, auf Grund des bisherigen Rechtszustandes an, daß nicht jede zur Zeugnißablage bei ihrem Heimathsgerichte, auch auf Requisition,

[303]) Besonders diesen Begriff zu betonen, giebt der in jüngster Zeit vielbesprochene Fall Veranlassung, wo auf Verlangen der Schwarzburg-Rudolstädter Behörde ein Hamburgisches Gericht Lotterie-Kollekteure darüber vernehmen sollte, welche Leute, verbotswidrig nach dem Schwarzburger Gesetz, bei ihnen Loose genommen. Eine solche Vernehmung, die den Zweck hat, erst die Schuldigen zu ermitteln, ist, wenigstens nach gemeinem und Hamburger Recht, keine Zeugnißablage, sondern eine erzwungene Denunziation, zu der nach §. 37 mit Recht die Mitwirkung versagt wird, wenn das Landesrecht des ersuchten Gerichts solchen Zwang verbietet. Dagegen kann kein Gericht ablehnen, irgend Jemanden über die Thatsache, ob eine von dem requirirenden Gericht bestimmt bezeichnete Person diese oder jene Handlung begangen hat, zu vernehmen.

verpflichtete Person, seither auch schon verpflichtet war, auf Erfordern zum Zwecke der Zeugnißablage eine Reise, namentlich in ein anderes Staatsgebiet zu unternehmen.

2) Der erste Absatz enthält (im ersten Satze) das Prinzip und (im zweiten Satze) dessen Limitation.

a. Was den ersten Satz anlangt, so spricht er die Pflicht, zum Zwecke der Vernehmung als Zeuge zu erscheinen direkt aus. Der Zweck muß erkennbar sein. Niemand braucht zu erscheinen, wenn nicht gewiß ist, daß er eben nur als Zeuge erscheinen soll. Die Aufforderung, behufs Zeugnißablage nach dem fremden Gericht zu kommen, enthält daher allemal sicheres Geleite gegen die Behandlung als Angeschuldigter.

Die Verpflichtung bezieht sich direkt nur auf das Erscheinen als Zeuge. Ob sich die bei dem Vernehmungsgericht erschienene Person auch wirklich als Zeuge vernehmen lassen muß, ist eine andere Frage. Das Recht, dort etwaige Weigerungsgründe geltend zu machen, ist natürlich nicht verkürzt; das Vernehmungsgericht ist berechtigt und verpflichtet, über dieselben zu entscheiden. Ob die Entscheidung nach dem Rechte des vernehmenden Gerichts oder nach dem Rechte des Wohnortes des Zeugen zu fällen sei, könnte nach den allgemeinen Grundsätzen unsicher erscheinen. Indessen liefert der zweite Satz, wenn er gleich nicht unmittelbar so weit reicht, ein Argument dafür, daß über die Ablehnung des Zeugnisses auch bei dem vernehmenden Gericht nach dem Wohnortsrechte entschieden werden soll[304]).

Liegen genügende Ursachen zur Verweigerung des Zeugnisses nicht vor, dann involvirt allerdings die Pflicht zum Erscheinen thatsächlich auch die Pflicht der Zeugnißablage.

Jeder Norddeutsche. Die hier erklärte Verbindlichkeit, sich als Zeuge zu stellen, bezieht sich zunächst auf die Angehörigen des Norddeutschen Bundes. Ursprünglich lautete die Fassung weiter.[305]) Später hat man den Satz auf „jeden Bundesangehörigen" und zuletzt auf „jeden Norddeutschen" (in Uebereinstimmug mit einer mehrfach in der Bundesgesetzgebung gewählten Ausdrucksweise) gestellt. War es doch die Hauptsache, innerhalb des Bundesgebietes eine allgemeine Staatsbürgerpflicht des Zeugnisses zu begründen.

Was Nichtangehörige des Bundes betrifft, welche sich innerhalb des Bundesgebietes aufhalten, so ist die erste Frage, ob sie nach dem internationalen Recht überhaupt der Jurisdiktion der Gerichte des Ein=

---

[304]) So hat wenigstens der Bericht der Reichstags=Kommission, ohne Widerspruch zu erfahren, die Sache aufgefaßt. In der Civ.=Pr.=Kommission wurde diese Ansicht bestritten; s. Prot. S. 6 a. E., jedoch das Gegentheil zu beschließen abgelehnt. Da die Zeugnißpflicht zu den Rechtsverhältnissen der Person (statuta personalia nach der alten Ausdrucksweise) gehört, verdient die Ansicht der Reichstags=Kommission sicher Billigung.

Vgl. übrigens über das Entscheidungsrecht des Vernehmungsgerichts weiter auch Not. 312.

[305]) S. die cit. Prot. S. 10, §. 4.

zelstaates unterworfen sind, in welchem sie sich aufhalten; sodann die zweite Frage, ob sie nach dem internationalen Recht innerhalb dieses Staates auch gezwungen werden können, außerhalb ihres Aufenthaltsortes Zeugniß abzulegen, also zu solchem Behufe sich z. B. von Berlin nach Danzig, von Leipzig nach Dresden zu begeben. Ist das der Fall, so ergiebt sich aus der Natur der Sache, daß von ihnen dasselbe gelten muß, wie von den Bundesangehörigen. Mit dem einmal dem Aufenthaltsstaate gegenüber begründeten Zeugnißzwang ist nach der in dem gegenwärtigen Gesetze unterstellten Solidarität aller Rechtspflege des Bundesgebietes auch die Pflicht zum Erscheinen vor den Gerichten eines anderen Bundesstaates gegeben[306]).

Ist verpflichtet. Daß der Zeuge, welcher in Folge der hier begründeten gesetzlichen Verpflichtung bei dem auswärtigen Gerichte erscheint, vorbehaltlich der oben berührten Prüfung seiner Weigerung, in Bezug auf die Zeugnißablage und sein Verhalten bei solcher der Gerichtsgewalt dieses Gerichts unterworfen ist, bedarf kaum der Bemerkung. Aber auch der nicht erscheinende Zeuge, vorausgesetzt, daß er gehörig geladen (nach Abs. 2), unterliegt der Strafandrohung und der Ungehorsamsbestrafung von Seiten des Gerichtes, bei dem er sich stellen soll. Die von dem letzteren ausgesprochene Strafe muß auf Requisition von dem Gerichte des Aufenhalts vollstreckt werden. S. darüber zu §. 21 Nr. 2 und §. 33 Nr. 3.

Durch den hiernach bestehenden Zwang erspart sich in der Regel die zwangsweise Sistirung des Zeugen. Indessen läuft neben der in §. 40 geschaffenen Verbindlichkeit, welche den Zeugen nöthigen soll, ohne Anwendung direkten Zwanges zu kommen, die Möglichkeit her, wenn nöthig, die gefängliche Gestellung des Zeugen im Wege der Requisition zu erwirken. Vergl. die Vorbemerk. zu §§. 21--28 Nr. 2.

In Anwendung der Strafbefugniß gegen den ungehorsamen erschienenen, wie gegen den überhaupt gar nicht erschienenen Zeugen hat das Vernehmungsgericht bis zu Erlaß einer bundesgesetzlichen Bestimmung nach seinem Landesrecht zu verfahren. Ein Antrag, in dieser Beziehung hin gewisse Schranken zu setzen, wurde nach lebhafter Debatte schließlich abgelehnt[307]).

Auf Anordnung des Civil oder Strafgerichts. Der Ausdruck wurde, entgegen der sonst mehrfach gebrauchten Bezeichnung „Prozeß- und Untersuchungsgericht" beliebt, um zu erklären,

---

[306]) Dafür spricht auch die Art, wie in anderer Beziehung die Ausländer behandelt werden. S. zu §. 21 Nr. 2. — Auch läßt sich ferner anführen, daß, wenn die oben erwähnten Voraussetzungen zutreffen, die Verpflichtung des Ausländers, vor dem Gerichte eines andern Bundesstaates zu erscheinen, auch deshalb angenommen werden muß, weil ja unter jenen Voraussetzungen das Gericht des Aufenthaltsortes nach dem vorliegenden Gesetze auf Requisition verpflichtet sein würde, den Zeugen nöthigenfalls sogar gefänglich zu sistiren. Vgl zu §. 20 Nr. 5. 6.

[307]) S den Bericht der Reichstags-Kommiss. zu §. 40 und die stenographischen Berichte S. 1258 ff. und S. 1296.

daß auch das erkennende Strafgericht das Recht haben soll, das Erscheinen eines Zeugen zu fordern[308]). Mit den Worten: „auf Anordnung“ aber wird die Verpflichtung, um die es sich hier handelt, davon abhängig gemacht, daß das Erscheinensollen von dem Gericht verfügt worden ist. Ob das Gericht selber oder durch Vermittelung der Staatsbehörde, oder ob die Partei die Vorladung ausführen läßt, ist damit nicht zu verwechseln[309]). Es kommt hier nur darauf an, daß die Verfügung, die betreffende Person habe als Zeuge zu erscheinen, auf einem gerichtlichen Akte beruht.

In dieser Beziehung kann auch von einer analogen Anwendung des §. 40 auf Anordnungen der Staatsanwaltschaft keineswegs die Rede sein. Denn §. 36 stellt nur in Bezug auf den Erlaß von Requisitionen die Staatsanwaltschaft mit den Gerichten auf eine Stufe. Hier aber handelt es sich nicht um ein Recht der Requisition, sondern um die Konstituirung einer direkten gesetzlichen Erscheinenspflicht, und diese ist durch §. 40 ausschließlich dem Civil- oder Strafgericht gegenüber anerkannt worden.

Auch wenn er einem anderen Bundesstaate angehört. Man hielt für unnöthig, von denjenigen Norddeutschen, welche demselben Einzelstaate angehören, wie das Vernehmungsgericht, noch auszusprechen, daß sie der Aufforderung, als Zeugen zu erscheinen, Folge leisten müssen. Selbst wenn sie sich in einem anderen Einzelstaat aufhalten, bleiben sie, so nahm man an, den Gerichten des Staates, dem sie angehören, Gehorsam schuldig. Insofern war zunächst nur Veranlassung, denjenigen eine besondere Bundespflicht aufzulegen, welche, weil einem anderen Einzelstaat angehörig, nicht schon kraft ihrer Landesangehörigkeit eine solche Pflicht tragen.

Demgemäß bezieht sich der erste Satz hauptsächlich auf die Ordnung der Erscheinensverbindlichkeit zwischen den einzelnen Bundesstaaten. Diese Ordnung auch auf das Verhältniß verschiedener Rechtsgebiete eines einzelnen Staates zu erstrecken, wurde ausdrücklich abgelehnt[310]), indem jede Aenderung des inneren Landesrechts vermieden werden sollte.

Allein so, wie er lautet, deckt der erste Satz auch die Verpflichtung desjenigen (Bundesangehörigen), welcher sich außerhalb seines heimathlichen Einzelstaates im Bundesgebiet befindet, vor einem jeden Gericht, nicht blos vor dem seines Aufenthaltsortes, desjenigen Einzelstaates zu erscheinen, in dem er sich aufhält.

b. Der zweite Satz des ersten Absatzes macht von dem ersten Satz eine gewisse Ausnahme. Dadurch, daß aus demselben kein besonderer Absatz gebildet wurde, wie zuerst beantragt gewesen war, wird deutlich bekundet, daß sich die Ausnahme lediglich in dem Rahmen des ersten Satzes bewegt. Die Ausnahme hat also Nichts mit denjenigen Personen zu thun, welche Angehörige des requiriren-

---

308) Prot. S. 102.
309) Vgl. zu §. 5 und 6.
310) Prot. S. 102.

den Staates sind. Wie es sich mit deren Verpflichtung zum Erscheinen und zur Zeugnißablage verhält, bleibt nach dem zu 2, a (bei den Worten: „auch wenn angehört") Bemerkten ganz außer Spiel. Sie hat es ferner, so gut, wie der erste Satz, nur mit dem Fall zu thun, daß Jemand aufgefordert wird, sich zu einem auswärtigen Gericht zu begeben und dort Zeugniß abzulegen, nicht aber mit dem Fall, daß er Zeugniß auf auswärtige Requisition hin bei seinem Wohnsitz- oder Aufenthaltsgericht ablegen soll.

Dagegen stellt für die Personen, welche zwar dem Bunde, nicht aber dem Einzelstaate des Vernehmungsgerichts angehören, nach unserer Darlegung zu den Worten „jeder Norddeutsche" des Abs. 1 aber auch für Nichtangehörige des Bundes die Regel auf, daß für sie das Recht des Wohnsitzes entscheidend sein soll.

Der Begriff des Wohnsitzes muß, da das Gesetz an anderen Stellen sich mit dem Bewußtsein des Ausdrucks „Aufenthalt, Aufhalten" bedient hat, im technischen Sinne genommen werden. Ein blos temporärer Aufenthalt begründet noch kein Recht, nach dem dort geltenden Gesetz[311]) das Zeugniß oder das Erscheinen zu verweigern.

Nach dem Rechte des Wohnsitzes aber kann der Zeuge, wie hier logisch gewiß richtig unterschieden wird, aus zwei Gründen, die in einem einzelnen Falle zusammentreffen können, von denen aber auch schon jeder für sich genügt, von der Erscheinespflicht des Abs. 1 frei werden. Nemlich weil er nach jenem Recht

aa. entweder nicht verbunden ist, persönlich vor Gericht zu erscheinen. Bekanntlich wird manchen Personen aus gewissen Rücksichten nicht zugemuthet, sich nach dem Gerichte zu begeben und dort verhören zu lassen; ohne daß damit ausgeschlossen wäre, sie in ihrer Wohnung (in aedibus), sei es durch einen Deputirten, sei es durch das ganze Gericht, welches sich dorthin begiebt, zu vernehmen. Ist nun eine solche Person, z. B. ein Mitglied der landesherrlichen Familie, nicht schuldig, an seinem Wohnsitz den Weg nach dem Gericht zu machen, so soll sie noch weniger gehalten sein, den Weg nach einem anderen Gerichte, insbesondere nach dem eines anderen Bundesstaates zurückzulegen. Hier bleibt für das auswärtige Gericht nur die Requisition um Vernehmung in dem Hause übrig.

bb. Oder, weil er nicht verbunden ist, in der betreffenden Sache Zeugniß abzulegen. Wäre dies nicht hinzugefügt, so müßte derjenige, welcher Gründe zur Ablehnung des Zeugnisses für sich hat, seien diese auch noch so stark und zweifellos, jedenfalls bei dem Vernehmungsgericht erscheinen, sofern er nicht zugleich eine Befreiung von dem persönlichen Erscheinen geltend zu machen vermöchte. Daß der Grund zur Verweigerung des Zeugnisses auch von dem erschienenen Zeugen dem Vernehmungsgericht unterbreitet werden kann, ist bereits

---

311) Vgl. Not. 304 a. E. — Windscheid, Lehrb. des Pandektenrechts §. 35, Nr. 1.

bemerkt worden (s. Nr. 2, a z. A.). Allein da es offenbar zu hart wäre, einen Zeugen zu einer Reise an das auswärtige Gericht zu nöthigen, wenn er einen Ablehnungsgrund für sich hat, nur um diesen dort vorzuschützen, ist hier ausgesprochen, daß ihn ein solcher Ablehnungsgrund von dem persönlichen Erscheinen befreit. Das hat den Erfolg, daß der Zeuge seine Weigerung dem Vernehmungsgericht schriftlich vorzulegen berechtigt ist. Ob dies dadurch geschieht, daß der Zeuge selber eine Schrift dorthin schickt, oder dadurch, daß er sich bei seinem Wohnsitzgericht zu Protokoll erklärt oder sonst dessen Vermittlung zur Uebersendung in Anspruch nimmt, ist dasselbe.

Die Entscheidung, ob die Weigerung begründet sei, muß nach dem am Wohnsitz des Zeugen geltenden Recht von Statten gehen (vgl. Not. 311. 304) und gebührt bei dem hier unterstellten Verhältniß, wo von einem ersuchenden und ersuchten Gericht gar nicht die Rede ist, lediglich dem Gerichte, welches den Zeugen verlangt[312]). Erst wenn das Wohnsitzgericht förmlich um Vorladung requirirt würde[313]), könnte überhaupt die Frage aufgeworfen werden, ob dieses oder das requirirende Gericht kompetent sei, über die Ablehnungsgründe zu befinden. Allein auch in einem solchen Falle muß Mangels einer abweichenden Bestimmung dem ersuchten Gericht die Befugniß abgesprochen werden, endgültig über die Verpflichtung zur Zeugnißablage zu kognoszіren. Als ersuchtes Gericht hat es nur zu fragen, ob die requirirte Handlung, das ist hier die Vorladung, von ihm vorgenommen werden darf (vgl. §. 37). Es läßt sich nicht bezweifeln, daß auch ein solcher Zeuge, welcher nicht verbunden ist, Zeugniß abzulegen, doch vorgeladen werden kann. Denn ob derselbe von seiner Nichtverbindlichkeit Gebrauch machen will, steht noch dahin. Mit der Vorladung, die, weil nicht verboten, geschehen muß, ist die Funktion des requirirten Gerichts beendigt[314]).

3) Der zweite Absatz hat den Schutz der pekuniären Interessen des Zeugen zum Gegenstand, die man nothwendig sicher zu stellen hatte, wenn die ausgedehnte und unter Umständen schwer belästigende Pflicht des Abs. 1 eingeführt wurde.

a. Gehört der Zeuge — zu beantragen. Dieser erste Satz bezieht sich also nicht auf den Fall, daß ein Zeuge, wenn auch in einem andern Bundesstaate sich aufhaltend, vor ein Gericht des-

---

[312]) Zu einer ausdrücklichen Regelung dieses Punktes ist es nicht gekommen; s. Prot. S. 6.

[313]) S. übrigens, was sogleich im Folgenden unter Nr. 3 zu bemerken ist.

[314]) Dasselbe muß konsequenter Weise sogar da angenommen werden, wo um Vorladung eines Zeugen requirirt wird, der in Bezug auf die Vernehmung als unstatthafter Zeuge erscheint, wenn nicht die Vorladung verboten ist. Indessen wird auch ohne besondere Vorschrift die nöthige Vermittelung, welche Konflikten vorbeugt, eintreten.

jenigen Einzelstaates citirt wird, dessen Angehöriger er ist. In dieser Hinsicht bleibt es bei dem Landesrecht.

Ebensowenig hat man den Fall anders behandeln wollen, wo Jemand zwar nicht Angehöriger des Einzelstaates, vor dessen Gericht er erscheinen soll, vielleicht sogar nicht einmal Angehöriger irgend eines Bundesstaates ist, sich aber in dem Gebiete jenes Einzelstaates dergestalt aufhält, daß er in diesem schon kraft des Landesrechts geladen werden kann.

Indem man davon ausging, regelmäßig werde der Zeuge von dem Gericht, welches ihn persönlich vor sich sehen will, unmittelbar, insbesondere nach neuerem Gebrauche, mittelst Zustellung der Ladung durch die Post vollkommen wirksam geladen, und indem man ferner als ausgemacht ansah, daß es einer Ermächtigung oder Licenz des Heimathsgerichtes zur Folgeleistung, wie sie früher vielfach üblich gewesen, nachdem in Abs. 1 eine allgemeine bundesgesetzliche Verpflichtung erklärt worden, nicht mehr bedarf, ist es keineswegs die Intention des vorliegenden Satzes, auszusprechen, daß der einem andern Bundesstaate angehörige und außerhalb des Staates des Vernehmungsgerichtes wohnhafte Zeuge nur im Wege der Requisition seines Wohnsitzgerichtes vorgeladen werden könne. Eine dahin zielende Fassung wurde aufgegeben und durch die jetzige ersetzt.[315])

Der Zweck des ersten Satzes ist, theils dem Geladenen die Ausübung des im letzten (dritten) Satze gewährten Anrechts auf Vorschuß praktisch möglich zu machen, theils demselben, wenn er glaubt, vom Erscheinen befreit zu sein, bei diesem Gericht seine Gründe zu erklären. S. über deren weitere Behandlung Nr. 2, bb. Eben deshalb ist auch ein ausdrücklicher Vorbehalt für den Fall, daß der Zeuge im Gebiete des Rheinischen Rechtes wohnt, wo eine gerichtliche Vorladung nicht vorkommt, unterblieben.[316]) Die Vorladung soll, das ist der Sinn, durch das Gericht des Wohnsitzes laufen, gleichviel ob die Zustellung der Ladung von diesem Gerichte unmittelbar ausgeführt, oder nur angeordnet und durch den Gerichtsvollzieher besorgt wird, damit der Zeuge wisse, wie es mit seiner Entschädigung steht.

In keiner Weise sagt also unser Satz, daß etwa die Rechtsgültigkeit der Vorladung von dem hier anbefohlenen Modus abhängt. Zunächst hat er die Bedeutung einer instruktionellen Anweisung für das Vernehmungsgericht. Indirekt, im Zusammenhange mit dem letzten Satze des §. 40 wird er freilich zugleich für die betheiligte Person von weitergehender Bedeutung, insofern dieselbe der Vorladung nicht zu folgen braucht, bevor sie von ihrem Wohnsitzgerichte Vorschuß empfangen hat.

b. In diesem Falle — fordern. Der zweite Satz erkennt ein-

---

[315]) Vgl. Prot. S. 6 und 10 §. 4, Abs. 2 mit S. 73, §. 35, Abs. 4 und S. 97, §. 36, Abs. 2.

[316]) Prot. S. 73 a. a. O.

mal, wenn auch nur implicite, an, daß jeder Zeuge, der nach Maaßgabe dieses Gesetzes,[317]) sei es in Civil-, sei es in Strafsachen, vorgeladen wird, unbedingt einen Anspruch sowohl auf Entschädigung für Zeitversäumniß (Diäten), als auch auf Reisekosten hat.[318]) Sodann gibt er, soviel das Quantum anlangt, dem Zeugen die Wahl zwischen der Taxordnung seines Wohnsitzstaates und derjenigen des Staates, vor dessen Gericht er erscheinen muß. Der Zeuge kann darnach die ihm vortheilhaftere Berechnung anstellen.[319])

Eben weil dies nur die Festsetzung des Maaßstabes betrifft, wird durch den Umstand, daß etwa noch bei den Taxordnungen ein Ansatz, insbesondere z. B. für Versäumniß, in dem betreffenden Falle mangelt, nicht das nach der Idee des ganzen Satzes durchweg anerkannte Recht berührt. In solchem Falle kann nicht dem Zeugen die Vergütung abgesprochen werden, sondern es bleibt nur übrig, in Ermangelung des sonst gebotenen Anhaltspunktes dieselbe nach freiem Ermessen quantitativ zu bestimmen.

c. Die Zahlung — zu leisten. Kein Zeuge soll genöthigt werden, die Reise zu dem auswärtigen Gericht ohne Vorschuß zu machen, obwohl man sich nicht verhehlte, daß damit auch Mißbrauch getrieben und Schaden angerichtet werden mag. Da es leicht sein kann, daß dem Zeugen die Möglichkeit fehlt, aus eigenen Mitteln den Aufwand zu bestreiten, oder auf anderem Wege dazu zu gelangen, erklärt der letzte Satz, daß ihm die Zahlung auf Verlangen vorschußweise zu leisten ist.

Was hiernach die Lage des Zeugen betrifft, so hat er also die Befugniß, die Reise abzulehnen, bevor er vorschußweise Zahlung empfangen. — Man ist davon ausgegangen, daß der Zeuge sich dieserhalb an sein Wohnsitzgericht halten kann, von dem aus die Vorladung nach dem ersten Satz (s. Nr. 3, a) an ihn kommt; was natürlich nicht ausschließt, daß er sich, wenn er dies vorzieht, darum an das Vernehmungsgericht wendet. Nach dem Wortlaut „die Zahlung", d. i. der nach dem vorangehenden Satze gebührenden Beträge, kann er sowohl wegen der Reisekosten, als auch wegen der Versäumniß Vorschuß, sei es vollen, sei es theilweisen, begehren. Die definitive Feststellung wird oft im Voraus kaum möglich sein. Jedenfalls unterliegt das vorschußweise zu bewilligende Quantum dem Ermessen des Wohnsitzgerichtes.

Damit erscheint der Zeuge hinlänglich gedeckt. Reist derselbe, ohne Vorschuß verlangt zu haben, so haftet ihm das Wohnsitzgericht nicht

---

[317]) Für die innerhalb des Einzelstaatsgebietes sich bewegenden Vorladungen der eigenen Angehörigen (s. unter a) bleibt das Landesrecht in unberührter Geltung.

[318]) Vorausgesetzt, muß man annehmen, daß er wirklich Zeuge wird. Denn wenn er nur erscheint, um das Zeugniß zu verweigern, so wird man bei der unter Nr. 2 bb dargestellten Möglichkeit, wenigstens nicht unbedingt Entschädigung für die überflüssige Reise gewähren sollen.

[319]) Vgl. auch den Entwurf der Civ.-Pr.-Ordn. für den Norddeutschen Bund §. 482.

weiter.[320]) Er hat dann seine Schadloshaltung lediglich bei dem Vernehmungsgericht, oder bei der nach dessen Recht verpflichteten Partei zu suchen.

Was dagegen die Lage des Wohnsitzgerichtes anlangt, welches hiernach dem Zeugen nöthigenfalls Zahlung zu gewähren hat, so bleibt demselben überlassen, woher es die Mittel zur Zahlung nehmen will und nach seinen Verhältnissen, je nachdem es einen dazu anwendbaren Fonds besitzt, oder nicht, nehmen kann. Es hat also zu erwägen, ob es dem die Vorladung beantragenden Gericht gegenüber in Vorschuß gehen, oder von diesem zuvor Deckung fordern mag. Die beantragte Vorladung ist wegen Mangels der Deckung nicht zu verweigern. Sie ist schon vollzogen, wenn der Zeuge Vorschuß verlangt und damit die Frage der Deckung anregt. Es genügt, daß der Zeuge nicht zu erscheinen braucht, wenn das Wohnsitzgericht Mangels Deckung von Seiten des Vernehmungsgerichts den Vorschuß zu leisten nicht im Stande ist.

Ueberhaupt zeigt sich, daß die Beschaffung dieser Mittel für die Zeugen eine ganz getrennte Angelegenheit ist, und darnach ist auch der Ersatz der von dem Wohnsitzgerichte gemachten Auslagen, da sie nicht „Kosten der Rechtshülfe“ sind,[321]) unabhängig von §. 40 zwischen den beiden Gerichten zu erledigen.

§. 41.

„Die Injuriensachen, welche im Wege des Civilprozesses „verhandelt werden, gelten in Ansehung der Gewährung der „Rechtshülfe als bürgerliche Rechtsstreitigkeiten. Soweit jedoch „eine Strafe zu vollstrecken ist, kommen die Vorschriften des „§. 33 zur Anwendung.“

In §. 41, sowie in §. 42 sind noch zwei Deklarationen beigefügt worden, durch welche möglichen Zweifeln vorgebeugt werden soll.

Die Injuriensachen, von denen §. 41 spricht, werden nach den meisten neueren Gesetzen vorwiegend, oft ausschließlich im Wege des strafgerichtlichen Verfahrens erledigt. Alsdann leiden auf die Rechtshülfe in solchen Sachen durchweg die Bestimmungen des zweiten Abschnitts, selbst die über Auslieferung, wenn ja einmal dazu Gelegenheit sich bieten möchte,[322]) Anwendung. Die Injuriensachen sind alsdann Strafsachen (s. zu §. 20 Nr. 4); ein Charakter, der ihnen dadurch, daß die Verfolgung nur auf Privatanklage und Privatbetrieb hin stattfindet,

---

[320]) Der Antrag, den Zeugen dieses Gericht wenigstens subsidiär haftbar zu machen, wurde abgelehnt. Prot S. 8.

[321]) Das sind höchstens die Kosten, welche etwa durch die auf Antrag (Nr. 3, a) bewirkte Vorladung entstehen.

[322]) Da in einer Injuriensache kaum an eine Auslieferung behufs der Verfolgung und ebensowenig an eine Auslieferung zur Strafvollstreckung (s. unten zu diesem Paragraphen) zu denken ist, lohnt es auch nicht, auf die Anwendung des §. 24 einzugehen, wenn in dem ersuchten Staate dieselbe Injuriensache bereits im Civilprozesse anhängig geworden wäre.

ebensowenig entzogen wird, wie andern in derselben Weise zu verfolgenden Sachen.

Eher könnte sich Zweifel erheben, ob nicht die Injuriensachen, wenn sie im Wege des Civilprozesses verhandelt werden, dennoch einen strafrechtlichen Charakter an sich tragen und ihrem eigentlichen Wesen nach, wenn auch in anderer Prozedurform behandelt, als Strafsachen anzusehen seien.[323]) Der erste Satz entscheidet, daß sie in Ansehung der Gewährung der Rechtshülfe als bürgerliche Rechtsstreitigkeiten (vgl. zu §. 1 Nr. 1, b) gelten, also unter die Bestimmungen des ersten Abschnitts fallen sollen. Indessen fügt der zweite Satz eine Einschränkung in Betreff der Vollstreckung des ergehenden Urtheils bei.

Es ist nemlich nach einzelnen Partikularrechten möglich, daß das Urtheil über eine im bürgerlichen Prozeß verhandelte Injuriensache nicht blos eine Kondemnation civilrechtlicher Natur, sondern eine Strafe gegen den Injurianten ausspricht. Die rein civilistische Kondemnation wird, wenn zu Requisition Veranlassung, nach Abschnitt 1 vollstreckt, die strafmäßige dagegen zufolge unseres §. 41 nach Abschnitt 2. Dieser Gedanke liegt dem letzten Satze zu Grunde. Anstatt auf den ganzen Abschnitt 2 ist auf §. 33 verwiesen worden, weil nicht zu erwarten ist, daß in einer im bürgerlichen Verfahren verhandelten Sache eine Strafe über die Art und das Maaß des §. 33 hinaus erkannt wird. Meist handelt es sich in solchem Falle nur um Geldstrafe, von welcher bereits zu §. 33 Nr. 1 bemerkt wurde, daß deren Vollstreckung nach diesem Paragraphen von der Vollstreckung nach Abschnitt 1 kaum abweicht. Eben darum hat auch die schärfere und unter Umständen schwierige Entscheidung, ob eine dem Injurianten auferlegte Geldleistung als Folge der civilrechtlichen (ästimatorischen) Klage, oder als Strafe zuerkannt sei, wenig praktischen Werth. Was eintreten müsse, wenn in dem Civilurtheil eine mehr als sechswöchige Freiheitsstrafe diktirt worden ist, kann dahin gestellt bleiben.

§. 42.

„Ist von dem Strafrichter auf Civilentschädigung erkannt, „so bestimmt sich die Gewährung der Rechtshülfe für die Voll„streckung des Erkenntnisses nach den Vorschriften über die „Vollstreckung der in bürgerlichen Rechtsstreitigkeiten erlassenen „Erkenntnisse".

Die im Wege des sog. Adhäsionsprozesses in dem Strafurtheil erfolgte Zuerkennung der Civil- oder Privatentschädigung soll ihre Vollstreckung, natürlich vorausgesetzt, daß überhaupt Vollstreckung möglich ist,[324]) nach den Vorschriften des ersten Abschnittes von Statten

[323]) Der Nürnb. Entw. §. 34 schied sie von der Rechtshülfe in bürgerlichen Sachen ganz aus. S. Nürnb. Prot. S. 21.

[324]) Wenn nur das Recht auf Entschädigung ohne sofortige quantitative Fixirung zuerkannt wurde, wie dies nach verschiedenen Partikularrechten üblich, so ist noch gar Nichts zu vollstrecken.

geben. Denn das Erkenntniß über den Privatanspruch auf Entschädigung verliert nicht dadurch seine Natur, daß es sich an das Strafurtheil anhängt.

In Bezug auf die Instruktion des Entschädigungspunktes hingegen ist ein Gleiches nicht verordnet worden. Mithin muß man annehmen, daß die hierzu erforderliche Rechtshülfe, indem jene Instruktion einen integrirenden Bestandtheil der Untersuchung bildet und in der Regel gar nicht als besonderer Abschnitt erkennbar ist, lediglich nach Maßgabe des zweiten Abschnittes, erwirkt wird, d. h. wesentlich aus der Initiative des Untersuchungsgerichts und nicht aus der Initiative der betheiligten Civilpartei hervorgeht.

§. 43.

„Die Kosten der Rechtshülfe sind von der ersuchenden Behörde zu bezahlen.

„Wenn eine zahlungspflichtige Partei nicht vorhanden, oder „wenn die zahlungspflichtige Partei unvermögend ist, so wird „die Rechtshülfe kosten- und gebührenfrei geleistet. Es sind „jedoch die baaren Auslagen, welche durch eine Auslieferung „oder durch eine Strafvollstreckung entstehen, der ersuchten Behörde zu erstatten".

Die Motive weisen zur Begründung dieses Paragraphen kurzweg darauf hin, daß seine Bestimmung den in den meisten Staatsverträgen anerkannten Grundsätzen entspricht, und der Reichstag hat ohne Diskussion denselben genehmigt. Indessen ist bei der Berathung des Gesetzentwurfs die Feststellung keineswegs ohne Widerstreit und ohne Schwierigkeit erfolgt.[325])

1) Der erste Satz: die Kosten — bezahlen, gibt den Hauptgrundsatz an. Das ersuchende Gericht hat dem ersuchten Gericht (diese Worte fanden sich in der ursprünglich genehmigten Fassung[326]) ausdrücklich vor) die Kosten der Rechtshülfe, d. h. die Kosten, welche durch die Ausführung des Ersuchens bei dem ersuchten Gerichte erwachsen sind, zu bezahlen. Wie sie zu bezahlen sind, ob im Voraus, oder nachträglich, namentlich als Ersatz der gemachten Aufwendungen, richtet sich nach den Umständen. Es ist nicht ausgeschlossen,[327]) daß das ersuchte Gericht, wenn es seinerseits keine Mittel dazu in Händen hat, oder aus andern Gründen da, wo es (mit Rücksicht auf Abs. 2) überhaupt Zahlung zu verlangen berechtigt ist, auch Vorauszahlung verlangen kann.

[325]) Prot. S. 53. 102.

[326]) Prot. S. 103. — Wenn daran ein Interesse sein sollte, so hindert die jetzige Fassung freilich auch nicht, daß nicht blos das ersuchte Gericht, sondern auch die bei der Ausführung des Ersuchens betheiligten Personen, z. B. die bei dem ersuchten Gericht abgehörten Zeugen wegen ihrer Gebühren, sich unmittelbar an das zahlungspflichtige ersuchende Gericht wenden.

[327]) Vgl. die Analogie des §. 40, Abs. 2.

Dabei ist aber festzuhalten, daß das Recht auf Zahlung keineswegs mit der Verpflichtung zur Rechtshülfe in Zusammenhang gebracht wird. Nirgends ist dem ersuchten Gerichte die Befugniß verliehen, die letztere von dem Empfange oder der Sicherstellung der Zahlung abhängig zu machen. Denn es genügt, daß in dem Umfange, in welchem dies in §. 43 anerkannt wird, das ersuchende Gericht, hinter dem, wenn es einem anderen Staate angehört, der ersuchende Staat steht, für zahlungsverbindlich erklärt ist. Das ersuchte Gericht hält sich vermöge dieses Satzes an die ersuchende Behörde[32a]) und braucht sich, das ist eigentlich, wie sich aus Abs. 2 ergibt, der hauptsächliche Sinn des Abs. 1, von diesem nicht etwa an die zahlungspflichtige Partei verweisen zu lassen. Vielmehr ist es Sache der ersuchenden Behörde, ihrerseits von dieser letzteren die Kosten beizuziehen.

Unter den Kosten der Rechtshülfe ist alles Mögliche begriffen, was behufs Ausführung der Requisition aufzuwenden nöthig wird; eigene Kosten, Stempel, Gebühren des ersuchten Gerichts selbst, Gebühren gerichtlicher Hülfspersonen, eines nach §. 3 bestellten Anwalts oder Vertreters, Zeugengebühren u. dgl. Dagegen gehört der nach §. 40 einem Zeugen zu leistende Vorschuß, da er, wie dort unter Nr. 3 c. bemerkt, nicht zu den Kosten der Rechtshülfe gerechnet werden darf, und schon aus dem gleichen Grunde der Aufwand, welcher durch eine nach §. 27 eröffnete Prozedur (s. zu §. 27 Nr. 3) entsteht, nicht hierher.

Der erste Absatz unterstellt eine „ersuchende Behörde". Er bezieht sich mithin nicht auf diejenigen Fälle, in denen gar keine ersuchende Behörde vorhanden ist, vielmehr die Anordnung des Prozeßgerichts der Partei überantwortet wird, um die Ausführung bei dem anderen Gericht im Wege des Selbstbetriebs zu erwirken. Vgl. zu §. 3 Nr. 2b; §. 5 Nr. 3. In solchem Falle hat es das um der Ausführung willen angegangene Gericht in Bezug auf die Kosten nur mit der anrufenden Partei zu thun und diese nach seinem (Landes-) Kostenrecht zu behandeln. Auch in Hinsicht des §. 43 wird also der Begriff der ersuchenden Stelle, im Gegensatz zu der blos das Ersuchen oder den Antrag Vermittelnden erheblich. Vgl. zu §. 36 Nr. 1.

2) In Abs. 2 wird der objektive Umfang der Zahlungsverbindlichkeit des ersuchenden Gerichts bestimmt, und zwar dergestalt, daß die nach Abs. 1 anscheinend allgemeine Ersatzpflicht in dem erheblichsten Maße zusammenschrumpft.

Die Rechtshülfe wird kosten- und gebührenfrei geleistet, das ersuchte Gericht hat also weder wegen der von ihm anzusetzenden Gerichtskosten und Gerichtsgebühren, noch auch wegen sonstiger Aufwendungen und Auslagen, die es bei Ausführung der Requisition machen muß, Anspruch auf Ersatz:

[32a]) Man hätte hier ebensogut sagen können „Gericht". Nach dem Folgenden ergiebt sich, daß die Zahlungspflicht sich nur auf Fälle bezieht, in denen lediglich das Gericht requirirt. Indessen, da von der „ersuchten Behörde" in demselben Paragraphen die Rede ist, um Gericht und Staatsanwaltschaft zusammenzufassen, heißt es auch hierbei „ersuchende Behörde".

a. wenn eine zahlungspflichtige Partei nicht vorhanden ist. Damit wird erklärt, daß in Strafsachen, in denen eine Partei in dem hier unterstellten, zunächst nur auf den Civilrechtsstreit anwendbaren Sinne regelmäßig überhaupt nicht existirt, die Kosten lediglich von dem ersuchten Gericht getragen werden. Höchstens kann die Frage aufgeworfen werden, ob nicht in Injuriensachen, vielleicht auch noch in anderen Privatanklagesachen nach dem Landesrecht das ganze Verfahren so anzusehen ist, daß der Begriff der Partei (und Gegenpartei) nicht vermißt wird. Ist dies der Fall, so erscheint der erste Satz des Abs. 2 unbedenklich anwendbar. Davon abgesehen sind zufolge des letzten Satzes, ausgenommen die baaren Auslagen, welche durch eine Auslieferung, z. B. durch Transport und Begleitung des Arrestaten, oder durch eine Strafvollstreckung (nach §. 33) entstehen. Sie sollen unter allen Umständen der ersuchten Behörde erstattet werden. Bis auf diesen Rest von Ersatz hat man eben für das Gebiet der Strafrechtspflege als das Geeignetste angesehen, daß die Gewährung der Rechtshülfe auf Kosten des ersuchten Gerichts vor sich geht.[329]) Man rechnete darauf, daß sich die hierdurch entstehenden Lasten im Ganzen von selbst ausgleichen werden und glaubte so am einfachsten über alle Weiterungen hinauszukommen.

Was zu den ersatzfähigen „Auslagen" gehört, läßt sich allgemeinhin nicht definiren. Nicht ohne Absicht aber ist das Prädikat „baare" besonders hinzugefügt worden. Daraus ergiebt sich, daß die Ausnahme streng auf die effektiv ausgezahlten Aufwendungen zu beschränken sind, welche anläßlich einer Auslieferung und Strafvollstreckung, Handlungen, die nur im Strafverfahren vorkommen, etwa entstehen.

b. Wenn die zahlungspflichtige Partei, die an sich als vorhanden vorausgesetzt wird, unvermögend ist. Das heißt zweierlei:

Einmal hat die ersuchte Behörde von vorn herein die Rechtshülfe kosten- und gebührenfrei zu leisten,[330]) wenn schon im Voraus feststeht, daß die zahlungspflichtige Partei die Kosten nicht bezahlen kann. Dies wird namentlich der Fall sein, wenn die Partei bei dem ersuchenden Gericht mit dem Armenrecht versehen ist, ohne daß jedoch die Vorschrift nur auf diesen Fall beschränkt oder andrerseits das ersuchte Gericht formell durch die Bewilligung des Armenrechts von Seiten des ersuchenden Gerichts gebunden wäre. Es kommt lediglich auf das Unvermögen an, für dessen Vorhandensein das bestehende Armenrecht zwar ein wichtiges und in der Regel auslängliches, aber keineswegs ein absolutes und ausschließliches Argument liefert.

Sodann fällt auf Grund des vorliegenden Satzes der Anspruch des ersuchten Gerichts auf Erstattung der bereits erwachsenen Kosten hinweg, den es sonst erheben könnte. Weder von der selbstbetrei-

---

[329]) Prot. S. 53 (zu §. 14).

[330]) Darin liegt zugleich, daß niemals um der Kosten willen die Rechtshülfe verweigert werden kann.

benden Partei, noch von dem ersuchenden Gericht (s. Nr. 1 a. E.) kann das ersuchte Gericht Ersatz verlangen. Das ersuchende Gericht insbesondere kann in jedem Falle die ihm nach Abs. 1 angesonnene Zahlungsverbindlichkeit durch den Nachweis, daß die Partei unvermögend, daß namentlich die Exekution vergeblich bei derselben versucht worden sei, ablehnen.

Es leuchtet darnach ein, daß in der That der Abs. 1 §. 43 kaum mehr Bedeutung hat, als daß das ersuchende Gericht, um dem ersuchten das Geschäft zu erleichtern, von der zahlungsfähigen Partei die Kosten der Requisition einzieht (oder auch für diese auslegt) und der ersuchten Stelle übermittelt.

§. 44.

„Wird ein Gesuch um Rechtshülfe an eine nicht zuständige „Behörde gerichtet, so hat diese das Gesuch an die zuständige „Behörde abzugeben."

Der hier aufgestellte Satz bedarf keiner Rechtfertigung. Zur Vermeidung von Weitläufigkeiten und Verzögerungen der Rechtshülfe wird vorgeschrieben," daß einer Requisition gegenüber, welche sich an eine für den betreffenden Fall unzuständige Behörde (Gericht oder Staatsanwaltschaft) gewendet hat, die letztere nicht lediglich mit einem ablehnenden Hinweis auf ihre Unzuständigkeit loskommen soll. Sie soll vielmehr wo möglich dafür sorgen, daß dies unrichtig dirigirte Ersuchen an den rechten Ort gelangt.

Unter Unzuständigkeit ist sowohl die sachliche (ratione materiae), z. B. zwischen Handels- und ordentlichem Civilgericht, als die subjektive (ratione personae), weil z. B. die auszuliefernde Person sich in einem anderen Gerichtsbezirke aufhält, verstanden. In Uebereinstimmung sowohl mit dem dem zweiten Abschnitte zu Grunde gelegten Gedanken, daß eigentlich die Requisition sich an alle Gerichte des ersuchten Staates wendet, als mit dem den ersten Abschnitt beherrschenden Prinzip, wonach alle Civilgerichte des Bundesgebietes in demselben Verhältniß zu einander stehen, wie die Gerichte eines Staates, wird dem zunächst angegangenen Gericht die Verpflichtung auferlegt, nicht ohne Weiteres wegen seiner Unzuständigkeit die Gewährung der Rechtshülfe abzulehnen, sondern das Gesuch der zuständigen Stelle zu überweisen; vorausgesetzt natürlich, daß ihm die zuständige Stelle, an welche das Gesuch gehört, bekannt ist. Nach der allgemeinen Fassung des §. 44 beschränkt sich dies nicht einmal auf den Fall, daß die Abgabe an ein Gericht oder einen Staatsanwalt desselben Einzelstaates zu erfolgen hat. Die Verpflichtung erscheint als eine instruktionelle, deren Verletzung im Wege der disziplinarischen Beschwerde (im Gegensatze zu §. 38) zu rügen ist.[331])

Je schärfer dem §. 44 Folge gegeben wird, desto mehr reduzirt sich von vorn herein die Ablehnung des Ersuchens auf den in §. 37 her-

---

[331]) S. zu §. 38 bei Not. 288.

vorgehobenen Grund, daß die Vornahme der beantragten Handlung überhaupt nicht zu dem Geschäftskreise der Gerichte oder Staatsanwälte des ersuchten Staates gehört. Insoweit diese Voraussetzung fehlt, kann von einer Abgabe an ein zuständiges Gericht oder an eine zuständige Staatsanwalt nicht die Rede sein. Allein §. 44 lautet so umfassend, daß immerhin auch in diesem Falle die Verbindlichkeit der ersuchten Stelle ausgesprochen ist, die Requisition, sofern irgend eine andere „Behörde" da ist, welche ihr zu entsprechen vermag, an letztere weiter zu befördern. Vgl. zu §. 37 Nr. 1.

Durch die Abgabe des Ersuchens von Seiten der unzuständigen Behörde an die zuständige Gerichtsbehörde oder Staatsanwaltschaft, wird die letztere in die Lage versetzt, als ob sie von Anfang an requirirt worden wäre. Sie hat alle Rechte und Verbindlichkeiten, welche das Gesetz dem „ersuchten Gericht" beimißt. Die abgebende Behörde übernimmt kraft des vorliegenden Paragraphen nur die Vermittelung der richtigen Adresse. In Folge dessen ist also, was auch mit dem im zweiten Abschnitt eingehaltenen Standpunkt übereinstimmt, jede Requisition so zu verstehen, als ob sie nicht blos an die zunächst benannte, sondern eventuell zugleich an jede andere zuständige Stelle desselben Staates adressirt worden sei. Vgl. auch zu §. 38 Nr. 2.

§. 45.

„Die Bestimmungen dieses Gesetzes finden auch auf bereits „anhängige Sachen unter folgenden Beschränkungen Anwendung:

1) „die Vollstreckung eines Civil- oder Straferkenntnisses, „welches in einem Bundesstaate vor dem Zeitpunkte, „in welchem dieses Gesetz in Kraft tritt, im Wege des „Kontumazialverfahrens ergangen ist, findet in einem „anderen Bundesstaate auf Grund dieses Gesetzes „nicht statt;
2) „die Bestimmungen der §§. 13 bis 18 finden keine „Anwendung, wenn der Konkurs vor dem Zeitpunkte „eröffnet ist, in welchem dieses Gesetz in Kraft tritt."

Die vorliegenden transitorischen Beschränkungen der Wirksamkeit des Gesetzes rechtfertigen sich aus den in den Motiven angeführten Gründen. Sie betreffen zweierlei Sachen, welche schon vor dem Zeitpunkte, mit dem dieses Gesetz in Kraft getreten ist, also nach Art. 2 der B.-V. mit dem vierzehnten Tage nach dem Ablaufe des Tages, an welchem das betreffende Stück des Bundesgesetzblattes in Berlin ausgegeben worden ist (1. Juni 1869), also hier vor dem 15. Juni d. J., bereits anhängig geworden waren.

Nr. 1 nimmt von der Wirksamkeit des Gesetzes die Vollstreckung der vor jenem Tage im Wege des Kontumazialverfahrens ergangenen Civil- oder Straferkenntnisse aus. Der triftige Grund ist der, daß die Betheiligten möglicherweise gerade deshalb sich in contumaciam haben verurtheilen lassen, weil sie nach dem bisherigen Zustande der Rechtshülfe sicher waren, daß das Urtheil gegen sie doch nicht zur Vollstreckung gelangen werde.

Nr. 2 erscheint angemessen, weil die Anwendung des Gesetzes (§. 13 ff.) auf ein bereits vorher eröffnetes (s. über diesen Begriff zu §. 13 Nr. 1) Konkursverfahren eine wesentliche Störung des letzteren zur Folge haben würde.

§. 46.

„Die zwischen einzelnen Bundesstaaten über Leistung der „Rechtshülfe abgeschlossenen Verträge bleiben insoweit in Kraft, „als sie mit gegenwärtigem Gesetze nicht im Widerspruche stehen."

Auf der einen Seite zieht dieser Paragraph nur die Konsequenz, welche sich nach Art. 2 der B.=V. von selbst ergiebt; die Konsequenz, daß, wie alle Landesgesetze, so insbesondere diejenigen einzelstaatlichen Konventionen über Leistung der Rechtshülfe außer Kraft treten, welche mit diesem Bundesgesetze in Widerspruch stehen. Ueber den Sinn derselben s. Einleitung Nr. 3 g. E. Vgl. auch die Bemerkungen zu §. 1 noch Not. 14 und zu §.

Insbesondere kann es, wie die Motive hervorheben, keinem Zweifel unterliegen, daß die Konventionen ihre Geltung verlieren, insoweit dieses Gesetz die Rechtshülfe in einem über dieselben hinausgehenden Maaße garantirt.

Auf der andern Seite heben die Motive aber zugleich hervor, daß die Gültigkeit der Konventionen zwischen den einzelnen Bundesstaaten insoweit, als sie die Rechtshülfe in größerem Umfange, als dieses Gesetz, gewährleisten, namentlich eine noch weiter reichende Verbindlichkeit zur Auslieferung, anerkennen, „nicht ausgeschlossen sein würde". Indessen wenn auch die formelle Richtigkeit dieser Folgerung zuzugestehen ist, da eben der Vorzug des Bundesgesetzes vor dem Landesgesetz oder der Landeskonvention dasjenige nicht berührt, was gar nicht in den Rahmen des Bundesgesetzes fällt, so hat dieselbe doch wenig praktische Bedeutung. Was die Civilrechtspflege anlangt, so giebt schwerlich irgend ein Staatsvertrag die Rechtshülfe noch weiter, als der erste Abschnitt des Bundesgesetzes. Was aber die Strafrechtspflege anlangt, so stellt der Kommissionsbericht des Reichstags in Bezug auf die Auslieferung die Ansicht auf, welche oben zu §. 20 Nr. 3 bereits als die allein richtige bezeichnet wurde. So, wie jetzt die Auslieferungspflicht geordnet worden ist, darf unmöglich noch die Gültigkeit weitergehender Konventionen anerkannt werden. Denn diese stehen mit dem Gesetz, welches in tantum (§. 24 ff.) unbedingten Schutz gegen die Auslieferung darbieten will, im Widerspruch.

Ob im Uebrigen noch Etwas von dem Inhalte einzelner Staatsverträge erhalten bleibt, würde sich nur aus einer genauen Vergleichung derselben ergeben. Gerade weil die Prüfung, ob darin wirklich eine weitergehende Verbindlichkeit zur Rechtshülfe ausgesprochen sei, nicht ohne erhebliche Schwierigkeit abgehen wird, empfiehlt sich gewiß eine Revision jener Verträge, zu dem Zweck, um sie völlig mit dem Bundesgesetz in Einklang zu bringen. Indessen glaubte man ausweislich der Motive diese Aufgabe den betheiligten Landesregierungen überlassen zu müssen.

Eine Resolution, welche den Bundeskanzler aufforderte,

„in der nächsten Sitzungsperiode des Reichstags eine übersichtliche Zusammenstellung derjenigen Bestimmungen aus den unter den einzelnen Norddeutschen Staaten abgeschlossenen Jurisdiktionsverträgen vorzulegen, welche nach der Annahme des Rechtshülfegesetzes noch als fortbestehend anerkannt werden",

fand keine Zustimmung. Besonders wurde dagegen geltend gemacht, daß es Sache der richterlichen Entscheidung sei, in jedem einzelnen Falle darüber zu befinden, ob eine Bestimmung der Konvention Angesichts des Bundesgesetzes noch fortbestehe. Dem Bundeskanzleramt komme es nicht zu, im Verwaltungswege durch eine von ihm ausgehende Zusammenstellung darüber zu verfügen, was von den einzelnen Konventionen noch für rechtsbeständig zu erachten sei.[332])

Dagegen erhielt die in der Einleitung unter Nr. 2 von uns berührte Ueberzeugung, daß unmöglich, nachdem der Norddeutsche Bund als solcher die Rechtshülfe innerhalb seines Bundesgebietes zwischen den einzelnen Bundesgliedern einheitlich gestaltet, nach außen hin das bisherige Verhältniß fortbestehen könne, nach einer Richtung hin Ausdruck durch eine Resolution. Man sprach die Erwartung aus, der Bundeskanzler werde

„die geeigneten Schritte zur Herbeiführung des Abschlusses von Jurisdiktionsverträgen mit den Süddeutschen Staaten thun".

Allein es erhellt, daß mit der Erfüllung dieses Verlangens bei Weitem nicht genug geschehen wird. Hat sich einmal für die Rechtshülfe der Bund, in Betreff der Civilrechtspflege ganz, in Betreff der Strafrechtspflege wenigstens annähernd, als ein Rechtsgebiet konstituirt, ist einmal auch nach dieser Seite hin der Begriff des Norddeutschen Bundesangehörigen maßgebend geworden, und wird sich dies Alles in noch schärferer Weise bei der zur Einheit des Rechts, der Prozedur und der Justizeinrichtungen fortschreitenden Gesetzgebung des Bundes demnächst geltend machen, so geräth es zum unerträglichen Widerspruch, wenn nach außen hin der Bundesangehörige in Bezug auf die Jurisdiktion nicht als Bundesangehöriger, sondern lediglich als Landesangehöriger behandelt wird. Was in Bezug auf die Auslieferung hervorgehoben wurde, gilt von der gesammten Rechtshülfe. Unmöglich kann der Rechtsverkehr nach außen auf die Konventionen, welche die Einzelstaaten mit dem Auslande geschlossen haben, gestellt bleiben. Gerade nach außen hin müssen Jurisdiktionsverträge des Bundes alle einzelstaatliche Konventionen ersetzen. Denn das muß sich bald zeigen: Nichts ist für das Nationalgefühl beleidigender und für den Nordbund unpassender, als daß der Norddeutsche, der innerhalb des Bundesstaates Recht und Pflicht als Bundesangehöriger hat, in Fragen der Rechtshülfe gegenüber Frankreich, Italien u. s. w. zur Stunde lediglich als Sachse, Preuße u. s. w. nach Jurisdiktionsverträgen, die unter sich sehr abweichen, behandelt werden soll.

[332]) Stenogr. Berichte S. 1260.

Druck von Eduard Weinberg in Berlin.

FSC
www.fsc.org
MIX
Papier | Fördert
gute Waldnutzung
FSC® C083411

Kolibri 360 GmbH
Ferdinand-Jühlke-Straße 7
99095 Erfurt, Deutschland
produktsicherheit@kolibri360.de